JN080750

日本近現代史

季武嘉也

（新訂）日本近現代史（'21）

装丁・ブックデザイン：畑中　猛

s-54

まえがき

ここ数年、「ポピュリズム」という言葉をよく耳にするようになったのではないであろうか。詳しい定義は別のところで調べていただくこととして、簡単に紹介すれば、大衆の利益や考え方の実現に向け、積極的な施策を打ち出そうとする政治姿勢を指すことが多い。この面を取り上げれば、それは民主主義の発展にとっても望ましい方向であり、また大衆の経済的利益の実現に実際に成功している国家も多いようである。しかし一方で、そのような変革を阻もうとする勢力に対しては、これも積極的に批判し闘おうとする傾向が強いという意見もある。このためポピュリズム政治の下では、場合によっては国民と直接的に結びついた指導者に権力が集中しすぎて、逆に間接民主制によって支えられてきた議会が軽視されているのではないかという指摘もある。人類が今後どのような方向に向かうのか、もちろん不明であるが、現在の我々はさまざまに存在する選択肢の岐路に立っているといえるのではないであろうか。

ところで、日本では一八九〇（明治二三）年に大日本帝国憲法が施行され、同時に帝国議会が設置された。同憲法の規定では天皇に主権があり議会の権限は限定的であったが、それでもその後、しだいに民間勢力としての政党が発展し、一九一八（大正七）年には本格的な政党内閣が実現するまでに至った。残念ながら、一九三一（昭和六）年の満州事変、翌年の五・一五事件によって政党政治は一時途絶えるが、一九四五年の敗戦からは議院内閣制が敷かれ、現在に至るまで安定的に継続している。とすれば、昭和前期の一五年間を除いた明治維新以降の一五〇年間においては、日本では議うか。

会制・政党制という制度が、おおむね順調に成長し定着したとみることも可能なのではないであろうか。

それでは、非欧米世界では比較的珍しいこのような現象の要因はどこにあったのだろうか。その第一は、もちろん、国民多数の「自由」「民主主義」という政治思想への共感であろう。しかし、思想だけで制度を安定的に運用することが困難であることも事実である。そこで第二に考えられることは、実際の政党の主張や政策が現実の国民生活とそれなりに結びついていたからではないかということである。換言すれば、完全ではないにしろ、政党は民意に応えながら社会の中で定着してきたのではないかということである。そこで、本書では「社会の中の政党」「民意と政党」という観点から、明治維新以降の日本の議会制・政党制が、常に変化し続ける時代状況の中で、国民とどのように関係しながら現在に至ったのかを説明し、同時に日本的な特色も明らかにしたいと考えている。ここで一つ確認しておきたいのは、「現実の国民生活」とは単なる家計のことではなく、当然のことではあるが、法律も外交も財政も国民生活に大いに関係を持っているということである。この点も分かりやすく説明していきたい。

言うまでもなく最近の国際的・社会的変動は目まぐるしく、ともすれば、我々はそれに振り回されるばかりになってしまうかもしれない。しかし、ここで少し立ち止まって歴史を振り返ることも有益なのではないであろうか。本書がその一助になれば、執筆者にとって大いに幸いである。

二〇二〇年一一月

執筆者を代表して　　季武　嘉也

目次

1 社会の中の政党

季武　嘉也

《学習のポイント》 ここでは、本書全体の導入として、明治時代から現代に至るまでの政党と民意のかかわり方について問題を提起する。まず、政党の目的・機能、政党組織、政党制の面から日本の政党の特徴を捉え、その上で政党が誕生した背景と、その後の変遷を五つの時期に分けて説明する。

《キーワード》 名望家政党、大衆政党、二大政党制、一党優位政党制、公党

1．はじめに

日本の最初の政党は、一八七四（明治七）年一月一二日に板垣退助（たいすけ）・副島種臣（そえじまたねおみ）・後藤象二郎（しょうじろう）ら数名が結成した愛国公党とされている。その結成直後に、彼らが政府に提出した民撰議院設立建白書が自由民権運動の口火となったことは有名であろう。それから約一五〇年後の現在の日本では、所属する国会議員が五人以上であるか、または直近の国政選挙で全国を通して二％以上の得票を得た政治団体を、法律上の政党と定義している。そして、小政党や地方政党のようにこの条件に該当しない団体も政党と称してよいが、法律上の政党には選挙運動（公職選挙法によりビラ・ポスター・選挙カー・政見放送などで優遇）、政治資金（政治資金規正法により政党本部または支部には団体（企

業・労働組合）献金可、それ以外は個人献金のみ。法律上の政党には税法上の控除もあり）、政党交付金（政党助成法により所属議員数・得票数に応じて一定の金銭を国家から支給）などの面で公的に優遇されている。

このようにしてみると、近現代日本の政治は概ね政党の発展とともに歩んできたといえよう。もっとも、政党が常に民意をくみ上げ、その民意を政治に正しく反映してきたかといえば、それも事実とは異なると言わざるを得ない。また、弾圧や戦争によって政党の機能が十分に発揮できない時期もあった。しかし、現在の研究では、すべての時期を通じて政党は一定の役割を果たしてきたことが明らかになっている。とすれば、様々な障害もあったろうが、日本では議会制・政党制という慣行が定着し機能してきたといえるのではないだろうか。このことを可能にした最大の要因は、「自由」「民主主義」という政治思想への幅広い国民の共感であったことは間違いないであろう。そして、その共感の背景には、議会制・政党制が現実の国民生活や民意と深いつながりを持っているという多くの国民の判断があったと推測される。そこで本書では、「社会の中の政党」「民意と政党」という観点から、日本の政党が、変化し続ける時代状況の中で、現実社会の民意とどのように関係しながら現在に至ったのかを考え、同時に日本の政党の特色も明らかにしていきたい。この章では、政党に関する基礎知識と、本書の概略を示しておく。

2. 政党に関する基礎知識

周知のように、政党の起源は一七世紀後半のホイッグ党（後の自由党）とトーリー党（保守党）とされている。両党は国王継承問題で二つのグループが対立したことから発生したが、後に両党ともに国王と対立し、一六八八年の名誉革命を経て立憲君主制を、さらに政党政治をも勝ち取った。以後、イギリスでは概ね二大政党制によって議会政治が展開され、それが現在でも民主政治の一つのモデルとされている。

とすれば、政党を最も単純に定義すれば、共通の政治的主義・主張を持った人々が団結し、権力の獲得を目指す政治団体といえる。ただし、三〇〇年以上に及ぶ歴史の中では、政党も様々に姿を変えてきた。ここでは、日本と関連する範囲において、政党の目的・機能、政党組織、政党システム（政党制）の三点に関する最小限の知識を確認しておこう。

まず、目的・機能であるが、前述の定義からすれば、共通の政治的主義・主張の実現が目的の一つであり、具体的にはその方向に民意を指導、説得し、その民意を背景として権力を獲得し、主義・主張に沿った政策を実現することである。このことは基本的にすべての政党に当てはまるものであるが、中でも「共通の政治的主義・主張」を重視した政党は、イデオロギー的純度が高くなることが予想される。日本の場合でいえば、自由主義・改進主義を打ち出した明治初期の政党がこれに該当しよう。さらに地域・階級・業界など社会の特定領域から出される要望を代弁することを政党の利益表出機能というが、農民や労働者など無産（むさん）階級の利益のために、社会主義、共産主義という思想を背景にもって、一九二五（大正一四）年頃から結成された無産政党などもこれに当てはまろう。このような政党は、党員の献身度や帰属意識は高いが、一方で排他性が強くなり党勢拡大の妨害になる可能性も高い。また、イデオロギーのみに沿って政党ができた場合、その数は多すぎて、ほとんど政治運営が絶望的になることも予想される。

これに対し権力の獲得という側面に着目すれば、利益集約機能を強め幅広く支持を集めることを重視する政党も存在する。利益集約機能とは、その根底には全党員が同意するような原則は存在するのだが、社会における多様な利益を自らの主義・主張に沿って調整したり、さらにそれをまとめあげて政策体系として提示することを意味する。この場合、一定の人々の利益だけに偏ることがないので、日本でいえば、明治後期から大正期にかけての立憲政友会や、五五年体制下の自由民主党のように、安定した多数党を形成して権力を継続的に保持できる可能性が高くなる。しかし、裾野が幅広いだけに政策的統一性を欠いたり、派閥対立が表面化するなど党内が分裂気味になることも多いであろう。

この他にも、民意とは無関係に自己のイデオロギーを暴力によって達成しようとする革命党、他政党の存在を認めず独裁的に国民を指導する前衛党なども存在する。

次に政党組織の面から見よう。明治初期の政党については次節で述べることにし、明治中期～大正期の日本の主要な政党は名望家政党と呼ばれる。この提唱者である社会学者マックス・ウェーバーによれば、一九世紀以降の西欧で、納税資格によって有権者が地方の地主や都市の有力商工業者、あるいは知的職業者（弁護士・大学教授）など一定の階層に限定されていた時代の政党のことで、そこでは名望家たちが各地域で私的、個人的にクラブを形成し、候補者を推薦して当選させていた。これを日本に即して見れば、一八八九（明治二二）年に制定された衆議院議員選挙法は直接国税一五円以上を納める二五歳以上の男性を有権者と定め（全人口の約一％）たが、それに該当したのは概ね伝統的な村社会のリーダーや都市有力商工業者たちで、それが日本における名望家であった。そして、確かに日本でも選挙が近づくと、彼らは郡ごとに有権者全体または政党別に支持者が集まり、予選会を実施したり話し合ったりして推薦者を決め、さらに周辺の郡の名望家たちと交渉して候補者を決定するケースが通常であった。また、大都市でも大中資本家層と土着の名望資産家が提携して予選を行ったり、区単位でその地名を冠した公民（有権者）の親睦団体を結成し候補者を一本化した。そのような場では、人格識見が候補者を選定する基準となるが、議員を二期務めると他地域の人物に譲ることが多かった。つまり、このような方法によって、日本でも彼らは自らの発言権を維持し名誉の配分にあずかっていたのであった。しかし、少なくとも日本の場合、名望家政党が大衆に対して閉じられていたとは単純にはいえない。村民と何世代にもわたって築かれた強い信頼関係である地方名望家秩序というものがあり、名望家は彼らの意向を無視して行動することができなかったし、また村民も名望家の選挙に積極的にかかわっていたのである。

さて、一九世紀後半に社会主義思想が広まり普通選挙もしだいに導入されていった西欧では、社会主義者たちによって大衆政党という新しい組織形態が生まれた。これは、大衆が個人として加入し党費も払う、指導部は党員の間から選挙される、など民主的組織であることが特徴である。社会主義者といえば、前述の日本の無産政党や、戦後の日本社会党、日本共産党がこれに該当することになろう。ただしその実態を比較すれば、例えば無産政党や戦後の日本社会党の場合は、個人党員の意向よりも有力労働組合の影響力が強く、また民主主義に基づく運営というよりも、イデオロギーをめぐる根深い路線対立に拘泥されることが多かったように思われる。一方、保守系の名望家政党も普通選挙実施以降は、名望家政党であり続けることは不可能となり、その結果、簡単にいえば、各候補者は名望家のみならず、選挙区内の各種団体・組合を個人後援会として組織していった。この傾向は第二次世界大戦後も継続し、その多くは自由民主党に合流した。こうして、保守系政党も大衆的基盤に立つことになったが、しかし、このような個人後援会はあくまでも候補者側が主導権を持ち、自らが当選するために大衆を組織したものであって、前述の大衆政党の定義とは大きく異なることも明らかであろう。このように、有権者に対し議員側が優位に立つ政党を、政治学者デュヴェルジェは幹部政党と定義している。ただし、自民党はその後もさらに支持基盤を広げ、一九七〇年代には包括政党と呼ばれるようになった。包括政党とは、特定のイデオロギーや階級に依存せず、無党派層を含む幅広い層から支持を得るのが特徴である。現在では、自民党に限らず多くの政党が幹部政党的要素を持ちつつ、包括政党の方向を目指しているようである。

次に政党システムについて。政党システムとは政党間の関係を表すもので、現在最も広く知られているのはサルトーリの分類である。彼によれば、一党制・ヘゲモニー政党制・一党優位政党制・二党制・穏健な多党制・分極的多党制・原子化政党制、の七つに分けられるという[*1]。ごく簡単に説明すれば、以下のようになる。

一党制……旧ソ連やキューバ、ベトナムのように一党が独裁
ヘゲモニー政党制……事実上一党制で、他党は存在できるが、平等な競争は許されない。中国や北朝鮮
一党優位政党制……複数政党が平等に競争するが、一党のみが継続して多数となり政権を担当
二党制……イギリス、アメリカのように政権交代する二大政党
穏健な多党制……イデオロギー距離の近い三～五の政党が単独または連立し政権を担当
分極的多党制……イデオロギー距離の遠い六～八の政党間で、中道政党が単独または連立し政権を担当

原子化政党制……全国的な政党が存在しない時期に多数の政党が簇生（そうせい）する状態

では、日本の場合はどうであろうか。詳しくは後述するが、基本的前提として、一九四七（昭和二二）年までは議会制民主主義ではないので、単純に政党システムを切り出して論じることはできない。しかし、議席数の消長自体は社会の動向を強く反映しているので、ここではその概略のみを記しておこう。周知のように、一八八一（明治一四）年に自由党が、翌年に立憲改進党が結成され、これ以降第二次世界大戦以前では、この二つの政党とその後継の政党が議席の多くを占めてきた。すなわち、

●自由党 → 憲政党（一八九八） → 立憲政友会（一九〇〇）

●立憲改進党 → 進歩党（一八九六） → 憲政本党（一八九八） → 立憲国民党（一九一〇） → 立憲同志会（一九一三） → 憲政会（一九一六） → 立憲民政党（一九二七）

というように、自由党系と改進党系の二つの流れが確認できる。また戦後では、五五年体制（一九五五～九三）といわれ、第一党が自由民主党、第二党が日本社会党という状態が長く続き、五五年体制崩壊後は新進党・民主党が反自民勢力の結集の核となった時期もあった。こうしてみれば、日本の政党システムの基調は二大政党制であったということも可能であろう。ただし、もう少し細かく見てみれば、別の姿が浮かんでくる。**〈表1－1〉**は一八九〇（明治二三）年から二〇一七（平成二九）年までに施行された衆議院議員総選挙について、第一党と第二党の議席数・議席獲得率を一覧表にしたものである。この数字だけに従えば、戦前では第一回から第一一回までほとんど

表 1－1　衆議院議員総選挙における第一党・第二党の議席数・議席獲得率

総選挙	執行年	定員	第一党	議席数	議席率	第二党	議席数	議席率
第 1 回	1890	300	自由党	130	43%	大成会	79	26%
第 2 回	1892	300	自由党	94	31%	中央交渉部	83	28%
第 3 回	1894	300	自由党	120	40%	改進党	49	16%
第 4 回	1894	300	自由党	104	35%	改進党	45	15%
第 5 回	1898	300	自由党	105	35%	改進党	103	34%
第 6 回	1898	300	憲政党	224	75%	国民協会	21	7%
第 7 回	1902	376	政友会	191	51%	憲政本党	95	25%
第 8 回	1903	376	政友会	175	47%	憲政本党	85	23%
第 9 回	1904	379	政友会	133	35%	憲政本党	90	24%
第 10 回	1908	379	政友会	188	50%	憲政本党	70	18%
第 11 回	1912	381	政友会	209	55%	国民党	95	25%
第 12 回	1915	381	同志会	153	40%	政友会	108	28%
第 13 回	1917	381	政友会	165	43%	憲政会	121	32%
第 14 回	1920	464	政友会	278	60%	憲政会	110	24%
第 15 回	1924	464	憲政会	152	33%	政友本党	111	24%
第 16 回	1928	466	政友会	217	47%	民政党	216	46%
第 17 回	1930	466	民政党	273	59%	政友会	174	37%
第 18 回	1932	466	政友会	301	65%	民政党	146	31%
第 19 回	1936	466	民政党	205	44%	政友会	174	37%
第 20 回	1937	466	民政党	179	38%	政友会	175	38%
第 21 回	1942	466	推薦	381	82%	非推薦	85	18%
第 22 回	1946	464	自由党	140	30%	進歩党	94	20%
第 23 回	1947	460	社会党	143	31%	自由党	131	28%
第 24 回	1949	466	民自党	264	57%	進歩党	69	15%
第 25 回	1952	466	自由党	240	52%	社会党	111	24%
第 26 回	1953	466	自由党	234	50%	社会党	138	30%
第 27 回	1955	467	民主党	185	40%	社会党	156	33%
第 28 回	1958	467	自民党	287	61%	社会党	166	36%
第 29 回	1960	467	自民党	296	63%	社会党	145	31%
第 30 回	1963	467	自民党	283	61%	社会党	144	31%

総選挙	執行年	定員	第一党	議席数	議席率	第二党	議席数	議席率
第31回	1967	486	自民党	277	57%	社会党	140	29%
第32回	1969	486	自民党	288	59%	社会党	90	19%
第33回	1972	491	自民党	271	55%	社会党	118	24%
第34回	1976	511	自民党	249	49%	社会党	123	24%
第35回	1979	511	自民党	248	49%	社会党	107	21%
第36回	1980	511	自民党	284	56%	社会党	107	21%
第37回	1983	511	自民党	250	49%	社会党	112	22%
第38回	1986	512	自民党	300	59%	社会党	85	17%
第39回	1990	512	自民党	275	54%	社会党	136	27%
第40回	1993	511	自民党	223	44%	社会党	70	14%
第41回	1996	500	自民党	239	48%	新進党	156	31%
第42回	2000	480	自民党	233	49%	民主党	127	26%
第43回	2003	480	自民党	237	49%	民主党	177	37%
第44回	2005	480	自民党	296	62%	民主党	113	24%
第45回	2009	480	民主党	308	64%	自民党	119	25%
第46回	2012	480	自民党	294	61%	民主党	57	12%
第47回	2014	475	自民党	291	61%	民主党	73	15%
第48回	2017	465	自民党	284	61%	立憲民主党	55	12%

出典）遠山茂樹・安達淑子著『近代日本政治史必携』（岩波書店、1961年）などによる。

自由党系が第一党を占め、戦後でも五五年体制期は自民党が常に第一党を占めると同時に政権も維持した。したがって、これらの時期は一党優位政党制とするのが妥当なように思われる。これ以外の時期では、戦前の第一二〜二〇回および戦後の第四〇〜四五回は二大政党制、戦後の第二二〜二七回は多党制、第四六回以降は一党優位政党制とみることができよう。ただし、各政党システムの間に厳密な定義があるわけではなく、またいま記した時期区分の中にも例外が含まれている。したがって、もっと掘り下げる必要があるが、それは次章以降に譲ろう。

以上、政党に関する主要な学説を日本の政党の実態に照らして見てきたが、学説がそのまま当てはまるわけではないことも明らかであろう。政党が社会・国家の状態や伝統の中で、生き物のように存在する以上、それは当然であるのかもしれない。

3. 日本における政党の誕生

次に、日本で政党が発生するまでの経緯をここでまとめて説明しておこう。よく知られているように、日本にとって一八五三年のペリー来航は植民地化の危機、民族の危機として意識された。そして、これを克服するには、従来の分断的な封建体制を改めて中央集権化し、さらに武士が主導する身分制を撤廃して、国民全員が国家に協力する必要があると考える者が多く出現した。こうして幕末には、天皇中心の政治体制の構築や、四民平等・立憲主義の実現が共通の目的となって明治維新が実現した。しかし、それ以降も目的を達成するには多くの障害が存在した。そのうち、本書と関連する点を挙げれば、まず一つは、立憲主義を採ろうにも、そもそも立憲主義とは何かを理解することの困難さがあった。「党派には保守党と自由党と徒党のようなものがあつて、双方負けず劣らず鎬を削つて争ふて居ると云ふ。何の事だ。太平無事の天下に、政治上の喧嘩をして居ると云ふ。サア分らない。コリャ大変なことだ」（『福翁自伝』）という福沢諭吉の有名な言葉があるが、憲法・議会・政党という概念自体が当時の日本人にとって未知のものであった。もう一つ挙げれば、国民全員の協力体制を構築することの困難さもあった。近世江戸社会では村ごとに小宇宙が形成され、その中で長い年月をかけて安定した社会関係が構築されていたが、そのような村の人々に変革を説得する必要がある一方で、開国や四民平等に伴う巨大な社会構造の変化によって従来の生活基盤を維持できない人々も数多く生まれた。いずれにしても、国民の意識を大きく変えなければならず、政党はこれら困難を解決するための装置としても期待されたのである。

では、具体的に政党はどのように受容されたのであろうか[*2]。儒学の影響が強かった当時、「党」といえば「朋党」として理解された。「朋党」とは、一部の人々が共通の私的な利益の実現を目指して徒党を組むことで、否定的な意味を持っていた。そのような中で、政党は立憲政治にとって自明な存在として無自覚に西欧から輸入された。すなわち、日本では政党は現実の要請からではなく、まず無から創造する必要があったのである。その最初の試みが冒頭で紹介した愛国公党であった。公党としたのは、私的利益を追求する徒党とは異なり、私的な集団ではあるが、公共の利益、国家の利益を目的とするということを強調したいためであった。この公党的政党理念であれば、例えば共通（公共）の利益のために無自覚に隣保団結して行動を共にしてきた日本の伝統的な地域共同体とも近いものであり、当時の日本人でも受容しやすいものであったといえよう。また、そのような政党に対する国民の期待も高まっていた。身分制に反発して自由民権を求める人々、士族のように身分制廃止によって収入を断たれた人々、藩閥政府の権力独占に反発する人々、対外競争を強く意識してナショナリズムを主張する人々、などその動機は様々であったが、公共性を獲得した政党はこれら人々の不満の受け皿となって急速に社会の中に浸透し、自由党・改進党の結成につながったのである。

ただし、このような政党理念は大きな問題を孕んでいた。一八八一年、大隈重信は「立憲の政は政党の政なり。政党の争は主義の争なり。故に其主義国民過半数の保持する所と為れは其政党政柄を得へく、之に反すれは政柄を失ふへし」と、イギリス流の議会政治を導入すべしとする内容の意見書を提出し、これが契機となって明治一四年政変が起こり、さらに国会開設の勅諭が発せられて議会設置が決まった。そして大隈は、翌年には自由党と「主義」を争うべく、もう一つの政党である改進党を結成した。これによって、前述のように日本における二つの政党の流れができ、イギリス流の二大政党制が日本でも有力なモデルとなったのである。しかし、先に見たように公党的政党理念は、地域であれ国家であれ共同体の共通の利益の実現を目指しており、この下では政党数は一党優位政党制のように一つでもよいのであり、二大政党制では相対立する二つの主義の存在が前提になっているため、公党的政党理念論者から見ると、二つの政党の存在は共同体（国家）を分裂し破壊するものであると映ることもあり、両者は相互に排他的な面を持っていた。そして、既に見たように、日本の政党史は社会の状況と連関しながらも、一党優位政党制と二党制の間で揺れ動いてきたのである。

4. 日本の政党の変遷と時期区分

最後に本書の全体像を示す意味で、ごく簡単に、この一五〇年の日本の政党の歴史を概観しておこう。ここでは、概ね三〇年ずつ五つに時期区分して説明していきたい。

第Ⅰ期は、明治維新から一八九八（明治三一）年の憲政党内閣誕生およびその分裂までの時期である（第二・三章）。前節で述べたように、ペリー来航以後は、民族的危機意識が高まり、巨大な社会変動が起こった時代であった。この克服のために期待されて誕生した政党であるが、その後、自由・改進両党は数年を経ずして解党状態に追い込まれてしまった。その原因の第一は、「政党の争は主義の争なり」とばかりに政党の内外で各グループが主義をめぐる主導権争いに没頭し、最終的には最も過激なグループが暴力事件を起こし収拾できない状態に陥ったためであった。また、例えば自由党が改進党に対し、「偽党撲滅」と主張して執拗に攻撃したように、公党的政党理念に基づく排他性も原因の一つであった。

しかし、一八九〇年に決まっていた帝国議会開設が近づくと、誰を国会議員に選出するかという具体的問題が浮上し大同団結運動が起こった。これは、保守系勢力も含めて主義をめぐる争いを棚上げし、多くの国民が納得できるような国民的課題（言論集会の自由、地租軽減、条約改正）の実現を目指し大合同しようというものであった。実際の方法としては、まず各地域で地方的団結を形成してその代表たる議員を選出し、その議員が全国から集合して政党を結成するとともに、各地の民意を積み上げる形で国民全体の輿論を形成しようとするものであった。一般に、選挙を実施するに際して選挙区を設定することが多い。これは国民の代表を選ぶ場合、様々な方法が考えられるが、「最も自然的な社会的団結を基礎として、之を以て代表者を出だすの単位となすに若くは無い。而して此の如き最も自然的な社会的団結は実に地方的の団結である」（美濃部達吉[*3]：第六章参照）というように、市・郡・県などの地域単位が国民の最も自然の団結なのでその単位で代表者を出し、その代表者が集まって議論し意見を集約すれば、各地域の利益はおのずから全国的利益に統合されていくであろうという地域代表制の考え方に基づいている。これで分かるように、大同団結運動も地域代表制の発想に近いといえよう。大同団結運動は議会の場というよりも、政党という場で国民輿論を形成しようとしたのであった。しかし、実際の第一回衆議院議員総選挙で大同団結することはなかった。

さて、約束通り帝国議会が設置されたが、ここで一つだけ議会の位置について確認しておこう。議院内閣制を採用した現在の日本国憲法と異なり、大日本帝国憲法では衆議院は予算や法律についての権限を持っているだけであった。簡単にいえば、衆議院は貴族院・軍・枢密院・官僚機構などとともに天皇の下で同等のレベルにあり、政治の中心となる首相・大臣は天皇が任命した。では実際の政治運営はどうであったかといえば、大正期までは衆議院以外の各機関に強い影響力を持った藩閥と呼ばれる、元老を中心とした集団が政治の主導権を握っていた。このような中での初期の議会は、藩閥政府が提出する予算案に対し、殖産興業推進の立場からそれを支持する吏党と、減税を要求する自由党・改進党など民党が対立した。このため、実際の議席数では自由党と改進党の二党制に近いのだが、主義を争うという意味では、あくまでも国民・マスコミの間で広まったイメージ上のものであるが、民党と吏党の二党制と見なすことも可能と思われる。ただし、吏党も対外政策においては、むしろ改進党などの強硬論に近く、対立は単純なものではなかった。このような混乱した状況も日清戦争頃を境にしだいに落ち着き、戦後経営や殖産興業など政策的課題も明確になった。そして、一八九八年には一部の吏党も含めた民党の大合同である憲政党が樹立され、ここに初めて隈板（わいはん）内閣という政党内閣が実現した。政党内閣（責任内閣）は、民党・吏党を問わず多くの国民が望んできたものであると同時に、一党優位政党の出現でもあった。以上のように、この時期は国家的危機と大規模な社会変動の中で、実体としての政党ばかりではなく、民党 対 吏党（藩閥）というイメージ上の二党制が形成され、最終的には国民統合のシンボルとして、イメージ上の民党を具現化した憲政党が一党優位政党として誕生したのである。ただし、イメージ上の産物である憲政党は、実際には四か月で分裂し、憲政党と憲政本党という現実の二大政党が誕生した。

第Ⅱ期は、一九〇〇年の立憲政友会の出現から、一九二五（大正一四）年の普通選挙成立まで（第四〜六章）、この時期の特徴は、制限選挙の下で全国的に多くの地方名望家を組織した政友会が一党優位政党の地位を占め、政権にも参与することが長かったことである。そして、政友会は積極主義を標榜（ひょうぼう）し、道路・鉄道・学校・産業施設など各地の利益を集約して全国的近代化政策を推進し、安定した地域発展を支えた。その一方で、地方名望家の支持を得て着実に政党内閣への道を切り開き、一九一八（大正七）年にはついに初の本格的政党内閣である原敬（はらたかし）内閣を樹立することに成功した。ただし、ここで注意すべきは、憲政党から別れた憲政本党とその後継政党の存在である。彼らは、社会の変容に伴って生まれる、政友会では収容できない様々な社会勢力を糾合して第二党の地位を確実に占め続け、一度は第一党にもなった。つまり、この時期は、弱い一党優位政党制であり、二党制に近い面も持ち合わせていたのである。

第Ⅲ期は、普通選挙の実施から、戦争を挟んで五五年体制が完成する一九五五（昭和三〇）年までである（第七〜一一章）。この時期は、第一次世界大戦後の小作争議・労働争議の急増に示されるように、資本家・地主に対する批判が拡大して地方名望家秩序が動揺し、さらに大型の経済危機の発生、戦争の勃発、占領と、やはり危機と社会変動の時代であった。このような中で、地方名望家を支持基盤にしていた政友会・憲政会も既成政党と呼ばれ批判の対象となった。この両党の力を弱める意味も込められて普選が採用されたのであるが、実施当初は逆に既成政党が勢力を拡大し、両党による本来の意味の二大政党制が実現するという皮肉な結果となった。ただし、その原因について、既成政党が投票買収をしたためではないかという疑念が広まった。また政党内閣下で発生した昭和恐慌や中国ナショナリズムの台頭に対し、政党内閣の対応が適切ではなかったのではないかという批判も生じた。

こうして国家的危機への対処に「失敗」したとされて政党内閣時代は終焉（しゅうえん）したが、政党自体の活動が休止したわけではなかった。官僚や軍が無産政党とも連携し執拗に既成政党を攻撃しても、既成政党系議員が大きく減少することはなく、彼らは多数を背景に常に政権に対し一定の発言権を持つことができた。では、なぜ彼らは当選し続けることができたのかといえば、それは個人後援会の創出によるところが大きかった。これは、候補者が党組織に依存せず個人として大衆を組織化することで普選に対応しようとした結果であった。このような試みは既成政党系に限らず、無産政党系の候補者たちも行った。つまり、各議員・候補は政党組織から事実上離れ、原子化したのである。そして、戦争を挟んで一九五五年には既成政党系は自由民主党に結集し、無産政党の議員たちも日本社会党に合同して二大政党制となった。以上のように、この第Ⅲ期も現実の議席数では政友会と民政党という既成政党同士の二党制に近いものであったが、第Ⅰ期と同じように、既成政党 対 反既成政党（無産政党）というイメージ上の二大政党制が形成され、最終的にはそれが具現化して自由民主党と、その対抗馬としての日本社会党という現実の二大政党が誕生したのであった。

第Ⅳ期は、一九五五年から一九八九（平成元）年一二月のマルタ会談を経てソ連が崩壊し冷戦が終了するまでである（第一二〜一四章）。この時期は、世界的な冷戦構造に対応して保守・革新両陣営が形成され、日本では二大政党のうちの保守陣営である自民党が長期にわたって政権を維持し、いわゆる五五年体制を築いて一党優位政党制となった時代であった。自民党は個人後援会のみならず、各地の開発を集約的に進めて様々な業界団体・地域団体にも支持基盤を広げ、無党派層も取り込んで包括政党となった。こうして、自民党は安定した政治体制の上で高度経済成長を達成することに成功した。しかし、一九六〇年代後半以後では、相対得票率を見ると四〇％台で推移しており、連立を組まなければならない時期もあるなど、実際にはそれほど安定したものではなかった。特に、大都市部およびその周辺の自治体では、環境・福祉・生活にかかわる課題の解決を訴えて革新陣営が保守陣営を上回った。つまり、ここでも弱い一党優位政党制であったといえよう。

ここまで見てくると、政党と民意の関係を考える場合、民意というものをいくつかに分けて考える必要があるように思われる。第一は、個人・地域・階級・業界などそれぞれ個別の要求が政党によって表出・集約されているかという意味での個別の民意で、もちろんこれは本書の基本的なテーマである。第二のものは、政策などによって選挙ごとに選択を変える流動的な民意で、無党派層がこれに該当する。これらに対し、第三の民意は個別的利害とは少し距離をとり、国民あるいはその代弁者としての言論界が、政党制のあり方が民意に沿っているか否かという、全体に対する民意である。例えば、イメージとしての二大政党制であった第Ⅰ・Ⅲ期の場合は、第三の意味の民意が勝手に二大政党制を想定しているが、実際の政党制はそうなっておらず、むしろ政党がそのような民意に刺激されて追いつこうとする構築期のように思われる。逆に、第Ⅱ・Ⅳ期の弱い一党優位政党制の時代は、実際にはそれなりに強い優位政党が存在するのだが、第三の意味の民意が必ずしもそのような強さを望んでおらず、いわば政権選択の可能性を維持するため、優位政党を牽制する役割を果たしていたように思われる。政党と民意は、このような点でも相互に関係しあっていたといえよう。

最後の第Ⅴ期は、一九八九年以降から現在まで（第一五章）であるが、当初はイギリスやアメリカのように、保守派と民主派による政権選択可能な二党制的方向に進むかに見えたが、経済不況、グローバル化、自然災害など、新たな形の危機に直面しなければならなかった。一方、政党もその姿を大きく変えた。冷戦の終了によるイデオロギー間対立の減少、それに伴い従来とは異なる政策体系やマニュフェストを作成した他党との差別化、「政治主導」という掛け声の下、官僚に対する政治の優位、さらには首相官邸の優位という現象が進行した。いずれにしても、政党と民意の関係は、ともにその存在意義を高めながらも、現在ではその関係のあり方が大きく問われているようである。

演習問題

1. 日本では、どのようにして政党が定着したのであろうか。
2. 日本では、どのような政党制（政党システム）が多かったのであろうか。
3. 現代の日本人と政党は、どのようにかかわっているのか考えてみよう。

《本文脚注》

＊1　現在では、サルトーリの分類をそのまま適用するのではなく、様々な修正が加えられている。例えば、岡崎晴輝「サルトーリ再考」（『年報政治学』第六七巻第二号、二〇一六年）参照。

＊2　この点については、主に山田央子『明治政党論史』（創文社、一九九九年）を参照。

＊3　美濃部達吉「現行選挙法を非難す（四）」（『読売新聞』一九一二年三月八日）。

参考文献

川人貞史・吉野孝・平野浩・加藤淳子『現代の政党と選挙』（有斐閣、二〇一一年）

東京財団政策研究所「明治一五〇年を展望する」（https://www.tkfd.or.jp/research/political-review/vv9o8b-2）

2　統一国家の形成と政党の誕生

五百旗頭　薫

《**学習のポイント**》　開国後の政治・外交の危機は王政復古と廃藩置県をもたらし、日本人に対する国家統一は実現した。さらに外国人（主に欧米人・華人）の特権を排除するための条約改正交渉が続き、これに連動して政党が発達する。これらの経緯を概観する。

《**キーワード**》　尊王攘夷、公武合体、自由党、改進党、条約改正

1．鎖国と開国

一九世紀の半ば、日本は欧米に対して開国した。開国をしたということは、その前は鎖国していたということである。開国を知るためには、まず鎖国を理解しなければならない。

スペインやポルトガルが東アジア海域に進出して来た大航海時代、日本は貿易の決済手段としての銀を大量に生産・供給し、国際通商網に深く組み込まれた。一六世紀の終盤から一七世紀にかけて、豊臣政権や徳川幕府が鎖国を定めたが、それはキリシタンを警戒し、その追放に主眼を置いたものであった。特に日本人の改宗を警戒していたので、日本人の海外渡航の禁止が主たる手段であった。つまり貿易の利益は理解しており、そのための異国船の来航には寛容であったし、長崎のオランダ出島や唐人屋敷、琉球や蝦夷地、朝鮮通信使を通じて、公式・非公式の貿易を続けたのである。

状況が変わり始めたのは、一八世紀からである。まず、貿易の決済手段が乏しくなった。銀の生産が低下し、かわりの銅の生産も停滞したからである。貿易の必要性も低下した。主な輸入品であった生糸が国産化され、綿業も発達したからである。

寛政の改革を行った松平定信（さだのぶ）が、出島貿易を縮小し、鎖国を厳格化した。一七九一年、定信は異国船に対する全国的な対処ルールを明文化した。異国船が漂着ではなく意図的に来航した場合は柔らかに召捕り、抵抗したら打ち砕くよう命じるもので、従来の慣行に反する厳しいものであった。

問題は、厳格な鎖国を維持する実力があるかどうかであった。だから定信は江戸近海の海防の強化に力を注ぎ、長期的にはオランダの技術による洋式軍艦の建造も計画していた。定信はしかし失脚し、その後、海防の強化は繰り返し提起されたものの、財政的な制約から遅々として進まなかった。異国船に対する規則も、衝突を避けるため緩やかにしたり、来航を牽制するためまた厳しくしたりと、動揺を繰り返した。

一八五三年、米国のマシュー・ペリー率いる黒船艦隊が浦賀に現れた時には、筆頭老中阿部正弘らは海防力の不足を自覚していた。翌年に和親条約を締結し、来航した船・人への人道的な扱いを約束した。他の列強とも同様の条約を結んだ。

だが欧米には、役人の介在しない自由な貿易への欲求があった。筆頭老中を継いだ堀田正睦（ほったまさよし）は、「蘭癖（らんぺき）」（当時、「蘭」（オランダ）は西洋一般のことを指した）と呼ばれるほど海外への関心が強く、有利な開国を目指して積極的に交渉に応じた。孝明（こうめい）天皇が反対し、かつ将軍跡継ぎ問題に巻き込まれたことで、堀田は失脚する。だが一八五八年、幕府は米国総領事タウンゼント・ハリスとの間に修好通商条約を結んだ。国交を樹立し、開港（神奈川（横浜）・兵庫（神戸）・長崎・新潟・函館）

および開市（江戸・大坂）で貿易を行うことを認めた。それ以外の内地での居住・旅行・通商は、条約上認めずに済んだ。オランダ、ロシア、イギリス、フランスもこれに追随した。

このように日本は、近世初期には西洋との交流を経験済であった。江戸時代の後半からは鎖国の厳格化を試みたが、それに見合う実力がないことも確認済であった。黒船来航の衝撃を受けることで、戦争を経ずに段階的に、かつ比較的有利な開国ができたのである。

しかし開国への国内の反発は強かった。幕府は海防を強めようとするたびに、鎖国を守るためという大義名分を掲げて来たので、厳格な鎖国が日本の伝統であるという観念は定着していたのである。天皇の勅許を得ずに調印したことへの批判が、これに加わった。幕府の独断とそれによる開国とを批判する、尊王攘夷運動が下級武士を中心に台頭する。

大名に仕え、その大名が将軍に従っている限りは、幕府への批判には限度がある。過激な尊王攘夷派の中には、脱藩して「浪士」になる者が現れた。これに共感する百姓・町人は「草莽（そうもう）」として、各地を歩き回る浪士に宿や資金を提供し、情報交換の仲立ちをし、後には武力行使に参画することもあった。全国大の運動のネットワークがこうして成立し、欧米による植民地化の危機を呼号した。実際には、英仏は貿易ができるならば日本を植民地化する意図はなく、ロシアとの国境問題もサハリン（樺太）での偶発的な衝突にとどまっていた。それでも民族独立の危機が喧伝（けんでん）され、したがって日本人という一つの民族が広く観念されたことは、政治史的に重要であった。

幕政を批判する者に対して、大老の井伊直弼（いいなおすけ）は徹底的な弾圧を加えた（安政の大獄）。一八六〇年、井伊は水戸の浪士に襲われて落命した（桜田門外の変）。幕府の威信は失墜した。

尊王攘夷運動は、全国大の政治運動（暴力を伴ったが）であったことに加え、維新の先駆けという肯定的な意味でも、暴力や混乱や破壊といった否定的な意味でも強烈な記憶を遺(のこ)したことで、後代の政党政治に深い影響を与えた。否定的には、過激な言動で内外の危機を招いたトラウマは、政党が藩閥や外国との協調を決心する際に想起すべき反面教師であった。肯定的には、身を挺した回天の大業という勲(いさおし)は、そもそも政党を創る者を鼓舞するだけでなく、党幹部を突き上げる党員や、果ては政党を突き上げる青年将校にも一定の正統性を与えた。日本の政党のめまぐるしい相克や明暗は、ミクロに観察し、当事者の物言いや息遣いに迫れば迫るほどに、尊王攘夷運動が時代を超えて持つ両義的なインパクトを痛感させるのである。

2. 王政復古と廃藩置県

尊王攘夷と佐幕開国の対立を緩和するために、公武合体運動が展開された。公武とは公家と武家のことで、朝廷と幕府を和解させる運動である。幕府としても、政局を安定させ、開国への了解を取り付けるために、これを歓迎せざるを得なかった。長州・薩摩・土佐・越前といった意欲と力量のある大名にとって、これは幕政に参画する好機であった。したがって公武合体運動は、当時の公議政体論と密接な関係にあった。公議政体論とは、幕府の政権独占を批判し、広く意見を問うよう求める主張であり、今日でいう権力の抑制や政治参加の拡大と親和的であった。欧米の立憲政体についての知識が日本に流入するだけでなく、幕臣の大久保一翁(いちおう)や薩摩の西郷隆盛(たかもり)といった有力者に影響を及ぼしたのは、このような政治状況の下においてであった。

だが公武合体運動は政局と対外関係の安定をもたらさなかった。現状（幕政と条約）に不満を持っているのは朝廷であるから、公武合体は朝廷をなだめようとする有力大名の手柄争いとなった。成功し、新しい大名が参入するほどに、朝廷に有利な内容となるのは否めなかった。当初は朝廷に開国を説いていたのが、幕府改造計画となり、ついには幕府に攘夷を約束させるという話になった。

将軍家茂(いえもち)は、一八六三年六月二五日に攘夷を実行すると約束させられた。この約束は守られなかったが、この日に長州は下関海峡を通過する外国船に砲撃を加え、後に英仏米蘭連合艦隊の反撃を受けた。八月一五日には、生麦(なまむぎ)事件(前年九月一四日、神奈川の生麦村付近で騎乗したまま島津久光の行列と遭遇したイギリス人が殺傷された)の責任を追及するイギリスの艦隊が薩摩と交戦し、鹿児島を砲撃した(薩英戦争)。

さすがに孝明天皇も行き過ぎを憂慮した。家茂の後見たる徳川慶喜(よしのぶ)らと、薩摩など公武合体派の協力によって、九月三〇日に文久三年の政変が断行された。朝廷・京都から、長州を中心とする尊王攘夷派が追放されたのである。その後、慶喜は公武合体派も排除し、京都守護職松平容保(かたもり)(会津)、京都所司代松平定敬(さだあき)(桑名)とともに朝廷への影響力を強めていく。列国の艦隊の圧力と慶喜の要請とにより、一八六五年一一月に孝明天皇はようやく条約を勅許した。

朝廷と幕府という二つの中心がある限り、そのパイプを誰が握るかをめぐって手柄争いが続く。幕府の有力な出先たる慶喜が畿内に常駐することで、この問題を解消し、国政の要となった。公武合体運動は、二つの中心を前提とするという自らの構造的限界に躓(つまず)くことで、統一国家への道を開いたといえる。家茂が病死すると慶喜が後を継ぎ、フランスの支援を受けて軍の近代化を進めた。

統一政府が必要だとして、それを慶喜に任せて良いかについては争いがあった。特に慶喜が、一度ならまだしも、二回も長州を征伐しようとしたことは、幕府への反発・警戒を強め、幕府こそが国内分裂の元凶であるという批判に説得力を与えた。公武合体派の薩摩は倒幕派に転じ、長州と提携した。慶喜への信任の厚い孝明天皇が病死し、睦仁親王（明治天皇）が践祚したことも、慶喜にとって痛手であった。慶喜は一八六七年一一月九日に大政奉還を宣言し、新しい政体での主導権を確保しようとした。だが薩摩はこれを無視して一八六八（明治元）年一月三日に王政復古を断行する。続く戊辰戦争により、旧幕府勢力の敗北が確定した。

新政府にとって、次なる課題は領域支配の統一であった。統一の度合いや速度をめぐる対立は、もちろん深刻であった。長州の木戸孝允や、大蔵省の大隈重信（肥前）、伊藤博文・井上馨（長州）は、財源の必要もあり、大名への統制や財源の搾取に熱心であった。幕府にかわり、今度は彼らが公議政体論からの批判にさらされた。特に倒幕で中心的な役割を果たした薩摩からの反発は、事実上の当主たる島津久光を筆頭にひときわ強く、これに配慮せざるを得ない西郷も、木戸らと衝突した。同じく薩摩出身の大久保利通が調停に奔走するが、新政府は繰り返し分裂の危機に直面した。

危機の頂点において、新政府は一挙に廃藩置県を宣言するという賭けに出た。一八七一年八月二九日のことである。諸大名はこれを受け入れた。薩摩・長州・土佐が新政府の直轄軍を提供していたことや、多くの大名が財政破綻に陥っていたこと、倒幕に出遅れた有力藩が新政府に協力・参画する機会をうかがっていたこと等が、背景としてある。これらに加え、統一国家を作るということが、時代の要請として幅広く受け入れられていたことがあるだろう。その度合いや速度をめぐる内部対立が抜き差しならないものとなった時、明治政府内はこれを一気に行うという賭けを共有し、成功したのである。

3. 行政権回復交渉と政党の発達

次なる課題は、内外人への支配の統一であった。そのための努力が、条約改正であった。王政復古の際、新政府は条約の継承を宣言した。それは各国の承認を得るために必要であったが、尊王攘夷派の失望を招くことは分かり切っていた。そこで、条約の弊害を検討して改正することをも宣言した。それ以来、条約改正は明治政府最大の政治的債務となり、外交課題となった。だが何を改正するのか。

米欧五か国と締結した修好通商条約は、その後一八六九年に至るまで他のヨーロッパ諸国との間でも成立し（ポルトガル、プロイセン（後に北ドイツ連邦）、スイス、ベルギー、イタリア、デンマーク、スウェーデン＝ノルウェー、スペイン、オーストリア＝ハンガリー君主国）、さらにハワイ、ペルーとも同様の待遇を認める条約が結ばれた（条約名は少しずつ異なる）。これらの条約により、日本は協定関税制度を受け入れた。条約に付属の関税表を超える関税を、課税できないということである。また、領事裁判権を認めた。主に対人間の紛争や犯罪において、条約国人が被告の場合、その条約国の領事が本国の法律に従って裁判するということである。例えば横浜でイギリス人が被告となった場合には、横浜のイギリス領事がイギリス法に従って裁判する。

なお、清朝とは一八七一年に修好条規を結び、互いに協定関税制度を受け入れ、領事裁判権を認め合った。朝鮮とも一八七六年に修好条規を結び、日本が朝鮮における領事裁判権を獲得し、互いに当初は無関税を、後には協定関税を認め合った。

幕府は条約締結の際、領事裁判も協定関税も問題視しなかった。だが日本が西洋型の主権国家を目指すようになるにつれ、主権の制約として意識するようになる。廃藩置県が実現して以来、条約改正交渉が断続的に試みられ、また、一人前の主権国家と認められるための国内改革が継続的に行われた。領事裁判の撤廃は法権回復、関税自主権の回復は税権回復として、繰り返し日本政府の交渉方針に謳われた。だが領事裁判も協定関税も条約の根幹となる規定であり、欧米がその改正を容易に認めないことは日本側も承知していた。そこで、一八八〇年代に入るまで、実際に日本政府が一貫して追求したのは、行政権の回復であった。行政権の回復とは何か。

既に述べたように、領事裁判権はもっぱら対人間の事件において発動される。政府と私人の関係を規律し、あるいは社会の秩序を定めた法規（当時よく「行政規則」と呼ばれた）に外国人が違反した場合の裁判権の所在については、条約の明文の規定はなかった。ところが、この場合も領事裁判で処理することが条約の運用となっていた。しかも行政規則が領事裁判で適用されるためには、事前に外国の了解を得ておく運用となっていた。その了解がなければ、日本の行政規則が内外人一律に遵守される保証はなかったのである。このような運用を、新しい条約で改めさせることが、行政権回復であった。ここには、この運用が条約の明文では規定されていないので、交渉が容易であるという思惑もあった。

欧米に対峙（たいじ）できる統一国家を新政府が目指すために、特に頼りにしたのは行政の力であった。しかも一九世紀には公共事業や給付行政の財源・能力が乏しかったため、法規行政の重要性が高かった。健康で有能で協力的な国民を育成し、企業活動と工場労働を保護・促進し、税収と兵士を確保するために、衛生・検疫、言論・出版、殖産興業、課税など様々な分野で法令を発し、改廃した。煩雑な朝令暮改への国内の批判は強かったが、やむを得ない面もあった。これらの行政規則を外国との事前協議なしに貫徹することは、国家統一の総仕上げの意義があった。

米国は協力的であり、一八七八年には駐米公使吉田清成とエヴァーツ国務長官の間で、関税自主権回復と貿易行政規則の制定権を日本に認めた吉田・エヴァーツ協定が締結された。だがヨーロッパ諸国も行政権についての日本の主張に一定の理解を示すものの、容易に既得権を手放そうとはしなかった。吉田・エヴァーツ協定はヨーロッパの賛同を条件にしていたので、発効しなかった。

日本は行政権回復交渉を清朝に対しても試みた。日清修好条規に付属する通商章程と、欧米との条約に付属する貿易規則の内容が微妙に異なっていたことが、貿易行政を複雑にしていた。しかも仮に欧米との間で条約改正ができても、清朝に特権が残っていると、欧米側が最恵国条項によってそれを獲得してしまう恐れがあった。

日本は一八七九年に琉球処分を断行すると、宮古島・八重山諸島を清朝に委ねることを交換条件に、条規改正を求めた。翌年一〇月に駐清公使宍戸璣と総理衙門は合意に達したが、李鴻章の反対で総理衙門は翻意し、翌月に調印延期を通告した。日本政府は強い反発を示した。だが琉球問題を抱き合わせにしつつ、欧米と日本との未来の合意に追随するよう迫るという日本の交渉手法に対しては、清朝側は翻意する前から不快感を示していた。

以上に述べたような条約改正問題は、日本における政党の発達にどうかかわったか。

日本の主要政党の母体となったのは、自由民権運動である。その指導者たる板垣退助（土佐）は、西郷とともに征韓論を唱え、大久保・木戸らが内治優先を説くのと衝突し、一八七三年、明治六年の政変で下野して運動を始めたのであった。これに象徴されるように、自由民権運動の一部には強硬な対外態度の傾向があった。当然、条約改正を熱唱した。だが自由民権運動や、その主流が一八八一年に結成した自由党は、条約改正の具体論に入るよりも、条約改正を実現するには薩摩・長州出身者を中心とする藩閥政府では力不足であり、国民の後援を得るために国会を開設すべし、と論じた。国内の政治体制への関心の方が強く、いつしか自由党も内治を優先していたのである。

西郷が一八七七年に西南戦争を起こして自決し、同じ頃に木戸が病没し、翌年に大久保が暗殺されると、大隈・伊藤・井上馨らが政府の中心となった。だが自由民権運動からの圧力が強まる中、一八八一年、明治十四年の政変が起きた。伊藤らが一八九〇年を期した国会開設を約束し、ただし民権派との内通が疑われた大隈を追放した事件である。自由党はその直後に結成されたのであるが、大隈は自由党に合流しなかった民権結社とともに、翌年に立憲改進党を結成した。そして自由党と異なり、具体的な経済・外交政策への見識を誇示しようとした。地租の大規模な減税を求め、その財源として関税増収を先行させた条約改正を提案したのである。

国会開設と運動拡大を重視する自由党と、個別政策と政権交代を重視する改進党とが分立し、戦前の二大政党の源流となった。こうなった背景には、当時の条約改正交渉の様態がある。行政権回復交渉は、日本の実力や状況に照らして現実的かつ切実であったが、いかにも地味であった。それさえも難航していた。したがって、政党は藩閥政府を批判し共感を広げることができた。だが同時に、政府が急速に改正を実現したり、あるいは実現しようとして取り返しのつかない過ちをおかしたりする可能性は低かった。このような気安い停滞状況の下、政党の条約改正論は、自由党のように国会開設論に回収されたり、改進党のように関税・地租論に展開されたりしたのである。こうして政党は幕末以来の対外論の熱気からしばし距離を置き、攘夷運動の伝統から離陸し得たといえよう。

4. 法権回復と与野党の成立

条約改正交渉の場として一八八二年、東京で条約改正予備会議が開催された。行政権回復要求には一定の説得力があり、日本が西洋文明の摂取に熱心であることは欧米にも認知されていた。ドイツが協力的になり、イギリスも孤立を恐れて交渉妥結の道を探り始めた。一八八六年からは、やはり東京で条約改正会議が開かれた。だが各国代表の異論や条件闘争を乗り越えて前進するのは容易ではなかった。一八八六年五月末から六月にかけて、井上馨外相はイギリス公使フランシス・プランケットとドイツ公使フォン・ホルレーベンと協議し、内地を開放するかわりに、領事裁判そのものの撤廃を早期に実現する方針へと転換した。領事裁判がなくなれば、領事裁判の拡大運用がもたらした行政規則の事前協議の慣行も消滅する。そして言うまでもなく、法権回復は日本にとって、内地開放は欧米にとって、条約の抜本改正という偉業であった。

一八八七年四月二二日、条約改正会議は新条約の裁判部分のひな型として裁判管轄条約案を採択した。欧米人を日本の司法に委ねるには、法典の編纂や裁判官の能力がまだ不十分とみなされたため、日本は同条約案において、内地開放に加え、①未整備の法典を編纂し、領事裁判撤廃前に各国政府に見せること、②外国人の訴訟のため、裁判所に外国人法律家を任用すること、を追加の譲歩として約束した。

これらが問題になった。②は司法の統一性を領事裁判とは別の意味で損なうようにもみえ、①は行政規則の事前協議という不愉快な慣行を重大な法典にまで拡大するようにもみえた。お雇い外国人のボアソナードや法制官僚の井上毅(こわし)らの強い反対を受けてこの案は廃棄され、井上は九月に外相を辞任した。

一八八八年二月、大隈が政権に復帰し、後任の外相となった。大隈は会議方式から各国別交渉方式に転換し、①は法典編纂の意思を宣言するにとどめ、②は大審院（現在の最高裁）の判事に限定したが、骨格は変わらなかった。だからこそ、米国・ロシア・ドイツと矢継ぎ早に調印にこぎつけた。

政党にとってこうした状況は、まさに前節で述べた、「政府が急速に改正を実現したり、あるいは実現しようとして取り返しのつかない過ちをおかしたりする可能性」を示していた。自由党は一八八〇年代前半の松方デフレに苦しめられ、激化民権事件に巻き込まれ、公式には解党（一八八四年）するほどに逼塞していたが、井上の条約改正交渉の挫折を機に復活し、後藤象二郎らが外交の挽回を訴えて聴衆を沸かせた。続いて大隈の条約改正案の①と②を糾弾し、改進党と激しく論戦した。これらのことは、政党がナショナリズムを動員して支持を拡大する始まりとなった。

条約改正への反対運動は、自由民権運動に加わっていなかった勢力も活性化した。行き過ぎた西洋化が、日本の伝統や独立を脅かすと危惧する保守派・国権派である。一八八九年一〇月一八日、玄洋社系の活動家、来島恒喜が手りゅう弾を大隈に投げ、重傷を負わせた。再び交渉は打ち切られ、大隈は外相を辞任した。

政府は二度の失敗に懲りて、イギリスを相手に①と②を極小化する交渉を優先する方針へと転換した。最も高いハードルではあるが、そこを突破した先は国内外の波乱要因は少ないはずであった。

当面のハードルが高いのは確かであり、条約改正交渉はさらなる長期化の気配を示す。再び、内政の季節となった。国会が予定通り一八九〇年に開設される中、自由党と改進党は和解し、地租減税を目指した歳出削減闘争を衆議院で展開した。山県有朋内閣は第一議会、第一次松方正義内閣は第二・第三議会への対策に疲弊し、相次いで退陣した。藩閥の筆頭たる伊藤が第二次内閣を組織したが第四議会も紛糾し、明治天皇に和協の詔勅を出させて収拾するまでに追い詰められた。

ただこの頃には、陸奥宗光外相の下、日英の条約改正交渉が妥結に近づきつつあった。実は既に山県内閣の青木周蔵外相の時から、イギリスは日本の国会が敵対的な立法をすることを警戒し、②を放棄し、①の極小化に応じていた。青木外相は日本政府内の異論に妨げられたが、陸奥外相には強力な伊藤首相の後押しがあり、かつ青木が駐英公使を引き受けてくれた。自由党は、陸奥と昵懇な星亨を中心に、伊藤内閣と和解し、与党の地位を狙うようになった。改進党は孤立した。

再び、「政府が急速に改正を実現し」そうな形勢となった。ところが今度は「取り返しのつかない過ちをおかしたりする可能性」が薄弱であった。それでも伊藤内閣・自由党に対抗する一つの方法は、内地開放そのものに反対することであった。安倍井磐根のような保守派・国権派と、大井憲太郎のように自由党から脱落した勢力から、内地雑居尚早論が提起された。土地や資源、有望な産業は西洋人に買い占められ、労働者や商人は質素・勤勉な華人に圧倒される、と警告した。

この尚早論者が最も恐れたのはしかし、自分たちが攘夷の再来とみなされることであった。西洋人に多くの美点があることを認め、これと対等に渡り合うためには準備が必要であると弁明し、時が来れば雑居してよいと示唆した。それでも改進党や、国権派の中でも陸羯南のような知識人は、内地雑居尚早論に賛成しなかった。だが、その「精神」は評価するとした。強い相手に対して毅然と対処する精神である。伊藤内閣や、藩閥政府はこの精神が欠けている。現行条約が不平等であることはさておき、その条約にも明記されていない特権をむざむざと認めているからである。現状でこの弊害があるのだから、内地を開放すれば弊害は拡大する。安倍井も、自分が内地雑居に反対した真意はそこにある、と認めた（『国民新聞』一八九三年一〇月一一日）。

そうなると内地開放の是非は問題ではない。現行条約であれ、来るべき対等条約であれ、条約通りに運用する精神が重要である。今ある外国人の不当な特権をまず回収し、この精神があることを示すべきである。この主張を「条約励行」という。条約を励行せよ、つまり条約を条文通りに実施せよ、という意味である。条約そのものよりもその運用を問題視する点は、行政権回復交渉の精神の再来ともいえる。内地雑居尚早派もこれに合流し、対外硬派は衆議院の過半を占めた。

街頭で外国人を脅かす事件も起こった。イギリスは反発し、伊藤は第五議会と第六議会、二度も衆議院を解散する羽目となった。二度目の選挙戦の最中に日英交渉が妥結し（一八九四年七月一六日、通商航海条約調印）、日清戦争が勃発したことで（八月一日、宣戦布告）、内閣は窮地を脱した。

日清戦争は日本の政治を変えた。多くの国民が戦況に一喜一憂し、国家の運命を自らの運命と一体視した。講和後は戦後経営ブームが高揚し、戦前のような減税を目指した予算闘争の機運は弱まった。その意味で、政府への圧力は軽減された。だが国威発揚への期待を政府が満たせなければ、批判の対象となる。対外硬運動は条約改正から大陸進出へと焦点を移しながら、政府への攻撃手段として有効であり続けた。

講和後の一八九五年四月に独仏ロの三国干渉を受け、遼東半島を清朝に還付すると、伊藤内閣は再び窮地に陥り、一一月に自由党を正式に与党として迎えることで第九議会を乗り切った。これに対抗して、改進党などの対外硬派は翌一八九六年三月に進歩党を結成する。いずれも衆議院三〇〇議席の三分の一近くを占める二大政党が、与野党として対峙した。政党が直接に閣僚の多数を占める慣行が定着するのは三〇年ほど後のことではあるが、明示的な与党を持たない統治はもはや難しかった。一八九八年には、一時的ではあったが自由党と進歩党が合同し、初の政党内閣（第一次大隈重信内閣、隈板内閣）を組織した。

内地雑居尚早論が条約励行論に吸収される過程を見ると、開国を進め、西洋型の主権国家と国際関係に適応することへのコンセンサスが幅広く成立していたことが分かる。その意味で、攘夷からは卒業していた。だが攘夷の精神の残滓はあった。幕末のように条約や国際法を拒絶するかわりに、それらに基づいて自己主張し、政府や外国がこれに従わないとみると糾弾する言動においてである。行政権回復交渉には、この発想があった。対外硬派によって政治運動となった。こうした言動には良い面もある。条約・国際法に沿って自己主張するので、国際関係への適応がスムーズになった。他方で、短期的には外交関係を険悪にする可能性がある。長期的には、国際的な規範意識が既存の条約を超えて変化した場合、これにどこまで順応するかを悩ましい問題とする。それが国内政治問題化すると、さらに悩ましくなる。ここで、政党は災いをなすことができる。災いをなすことができるならば、善をなすこともできるかもしれない。これらの危機と可能性について、我々はまだ明確な指針を見出していないようである。

演習問題

1. 開国をめぐって激しい国内対立が起こったのはなぜか。
2. 条約改正問題は政党にどのような影響を与えたか。
3. 内地雑居尚早論にはどのような意義があるか。

参考文献

小宮一夫『条約改正と国内政治』（吉川弘文館、二〇〇一年）
五百旗頭薫『大隈重信と政党政治――複数政党制の起源　明治十四年－大正三年』（東京大学出版会、二〇〇三年）
三谷博『ペリー来航』（吉川弘文館、二〇〇三年）
山口啓二『鎖国と開国』（岩波現代文庫、二〇〇六年）
五百旗頭薫『条約改正史――法権回復への展望とナショナリズム』（有斐閣、二〇一〇年）
宮地正人『幕末維新変革史』上・下（岩波書店、二〇一二年）
家近良樹『江戸幕府崩壊――孝明天皇と「一会桑」』（講談社学術文庫、二〇一四年）

3 大同団結運動から隈板内閣へ

季武 嘉也

《学習のポイント》 一八八六年頃から、国民の力を結集しようとする大同団結運動が起こったが、その後の帝国議会や地方議会では対立ばかりが目立つこととなった。しかし、日清戦争頃を境に対立は収束し、一八九八年の隈板内閣で一定の団結に成功した。ここでは、当時の日本社会との関係から、この過程を説明する。

《キーワード》 民党、吏党、陸羯南、積み上げ型政党、町村合併、平岡浩太郎

1．はじめに

一八八七（明治二〇）年五月一五日、全国から二〇三名の自由民権家を集めて大阪で開催された全国有志懇親会の席上、主催者の星亨（ほしとおる）は「今日の時勢は、我々有志が我は自由党なり、我は改進党なり、我は独立党なり、我は保守党なり抔（など）とて主義上に些少（さしょう）の異同あるを以て相分立するを許さざるの場合なり。今日の時勢に処するには小異を捨て大同に就（つ）き、相互に包容して大に計画する所勿（なか）る可（べ）からず」（「東京日日新聞」一八八七年五月一九日）と述べ大同団結を宣言した。この運動は、第二章で見た条約改正をめぐる政府批判とも結びついて、いわゆる「三大事件建白運動」（言論集会の自由、地租軽減、条約改正）と連動し、世論を盛り上げることに成功した。しかし、これに危

機感を抱いた藩閥政府は保安条例を制定し、四〇〇名以上の運動家を東京から追放して事態を鎮静化させた。

こうして、大同団結運動は一旦収束したが、政党の大合同を目指す動きはこの後も継続し、最終的には一八九八年に、自由党と進歩党が合同し結成された憲政党を基礎とする第一次大隈重信内閣（隈板内閣）の誕生へとつながっていった。このような視点から見れば、一八八七年からの一〇年間は、それまで個々別々に活動していた地方的勢力が全国的に結集し、ついには政党内閣を実現するに至った一連の時代とみることができよう。言うまでもなく、封建制の江戸時代では武士以外の者たちが全国的に結合する機会はなかったのであるから、この運動が近代日本社会の形成に重要な意味を持ったことは明らかであろう。そこでこの章では、なぜ彼らは大同団結しようとしたのか、どのようにそれが可能であったのか、そしてそれがどのような歴史上の意味を持ったのか、について考えていきたい。

2. 町村から全国へ

第一章で見たように、一八七四（明治七）年一月に板垣退助らが日本初となる愛国公党を結成し、民撰議院設立建白書を発表すると、自由民権運動が急速に広まった。しかし、士族を中心とした同党は、佐賀の乱や西南戦争などの士族反乱と関係したこともあり、大きな成果を挙げることなく消滅した。しかし、西南戦争以後になると自由民権運動は社会各層に大きな影響力を持つようになった。例えば、自発的、主体的に学習し生活や社会の変革に取り組む民衆の姿勢（文化革命）を示したのは色川大吉氏であったが[*1]、民衆以外でも地租改正に不満を持った全国の豪農や豪商たちは地租軽減・民力休養を主張し、国会の開設を目指して国会期成同盟に集結した。彼らは、それぞれの地域で政治結社を結成し、また一八七八年に府県会規則が制定され府県会が設置されると、府県会議員の多くは彼らによって占められた（豪農民権、県議路線、在村的潮流などと呼ばれている）。そして国会期成同盟は、一八八一年にはついに一〇年後に国会を開設するという勅諭を勝ち取ることに成功し、さらに自由党、立憲改進党という本格的な政党の結成へとつながった。

こうして大きな期待を受けて誕生した自由党・改進党であるが、その後すぐに機能不全に陥ってしまった。藩閥政府が政党に対し、支部の設置や連絡通信することを禁止するなど規制を強化したこと、「松方デフレ」と呼ばれる財政政策によって農民層が分解し、その打撃を被って活動が停滞したり、あるいは急進化、暴力化したことなどが要因に挙げられるが、政党側にも重要な問題が存在した。簡単にいえば、前述のように、自由民権運動は社会各層が参加したことで大きな盛り上がりを見せたわけであるが、逆にそうであったがために統一性を欠いていたのである。それ故、国会開設までの一〇年間という長すぎる未来に向けて、具体的にどのような政党を組織するかで合意することができなかった。この頃の政党組織の編成をめぐる議論を見ると、第一章で紹介したように、自らを「公党」と称し逆に相手を「偽党」と罵ったり、上からの統率がとれた「軍隊」的組織にするか、自由で流動的な「無形」の組織にするかで対立があった。結局、これらの問題を克服できないまま、各政党は分裂状態となり、機能不全に陥ったのである。

この点は地方の状況も同じであった。府県会の設置以降、府県会は現実政治の中心舞台となった。そこでは官選知事と複数の党派が、やはり入り乱れて激しく対立した。大きな傾向としては、近代的で開明的な施策を実行しようとする官選知事が提案する予算案に対し、地租軽減・「民力休養」

を主張する民権派が反対するというケースが多かったが、事態はそれほど簡単ではなく、知事を支持する勢力があったり、民権派内でも選挙問題（投票が有効か無効か）や人事問題（府県会役員ポスト）、さらには近代化政策をめぐる対立（例えば道路を通すにしても、どこに通すのかなど地域間の対立）が存在した。江戸時代では約二五〇あった藩を、約五〇府県に統合したのであるから、府県会が混乱するのも当然であった。

しかし、前述したように、一八八六年頃になると状況は大きく変化し、大同団結運動という形で政党再結成の動きが急加速した。この運動の特徴の第一は、いったい誰が最初の国会議員になるのかが、現実問題として強く意識されていたことであった。当時、最も国会議員に近いと思われていたのは県会議員であった。確かに、彼らは自らが主宰する地方政社を持っていたが、それでも各府県には数十名の府県会議員がいたので、たとえ候補者を彼らに限定したとしても五〜一〇倍の競争率であった。そのため、国会議員を目指そうとする者は、どうしても他グループと提携＝「団結」する必要があったのである。このことはまた、大同団結運動が士族民権、豪農民権や県議路線の流れをくむ政治運動であり、民衆の文化的運動とは一線を画すものであったことも意味していた。

第二は、「我は自由党なり、我は改進党なり、我は独立党なり、我は保守党なり」という抽象的な政治イデオロギーではなく、「実際問題」で大同団結しようとしたことである。確かに、大同団結運動を提唱したのは自由党系の人物であり、運動の主流も彼らであったが、それ以外からも多くの支持者が生まれた。例えば、ナショナリズムの提唱者として知られる陸羯南（くがかつなん）もその一人である。彼は、現在の政治家にとって必要なことはイデオロギーをめぐって争うことではなく、「眼前に横はる所の実際の問題に就き、各々其（その）意見議論を相投合するや否やを研究すること」であり、具体的には「憲法なり、外交政略の方針なり、財政の整理なり、兵馬及警察の組織なり、地方自治の問題なり、農工商の政策なり」がその実際の問題である、そして、もしこれらについて意見が大体において一致すれば、イデオロギーを超えて大同団結すべきであると述べている（『陸羯南全集一』みすず書房、二〇〇七年、五五一頁）。陸羯南が言うところの民権派と保守派が最も一致できる「実際問題」として、この時期最もふさわしいのが「外交政略の方針」、すなわち条約改正問題であった。両派は井上馨（かおる）外相が外国人判事を登用しようとしたことを民族的危機として捉え、強硬に反対運動を繰り広げた。国家的対外危機に対し、国民は一体となって立ち向かうべきであるという挙国一致論は、近代日本でしばしば見られるところであるが、こういう形でナショナリズムに基づく「実際問題」をイデオロギーに優先させようとしたのである。これはさらに三大事件建白運動へと発展したが、ちなみに三大事件のうちの「言論の自由」でも両派が一致していたように、保守派も決して民主化に消極的であったわけではなかった。この両派の政策的異同については、また後述することにしたい。

第三は、最初に地方的団結を形成し、それを積み上げる形で全国的な政党を結成しようとしたことである。この点について、やはり陸羯南が次のように述べている。

従来の輿論なるものは、多くは社会の上層に浮べる流動の輿論にして、其深く下層に沈める人民の固形体の輿論に遠かりしと謂（い）はざるべからず。蓋（けだ）し此（こ）の社会の下層に沈める人民の輿論を発揮し、之（こ）れ〔を〕して一国政治の原動力とならしむべきの機関は地方的団結にして、即ち地方的団結は各々其地方人民の意見を代表し、更らに他の地方の同志一味なる地方的団結と相連

> 合し相団結して、遂に全国の大団結となるを得ば、是れ即ち吾輩が所謂完全たる集合体を形成するの時期決して遠きに非ざるべし。完全たる集合体とは何ぞや、真正の政党是れなり（『陸羯南全集 一』四六五頁）

陸羯南が欧化主義に反対し、歴史的伝統の上に立つ国民の統一（「国民主義」）を提唱したことは有名であるが、ここにあるように、そのためには政党こそがその担い手として最もふさわしい、と彼は考えていた。そして、「社会の下層に沈める人民の輿論」を吸い上げ大きな世論を形成するには、地方的団結を積み上げて全国大に統合することが重要であると指摘した。こうすることで、大同団結運動は民意の形成という点でも新たな方法を示したのである。地方社会を分断する封建制が終わってまだ日も浅く、通信手段も現代ほど発達していない当時において、このような方法は最も現実的であった。

実はこの点に関しても、自由党系運動家と重なり合う部分があった。山田央子氏は、当時イギリスでは名望家政党から組織政党（大衆政党）へ移行しつつあり、その中で政党は「有権者が平等に参加できる機会（パブリック・ミーティング）をベースに、それを下から上へ積み上げるピラミッド型の組織を創り上げようとしていた」*2と述べ、日本の自由党も同じような「軍隊」的組織を目指していたとしている。つまり、表面的な組織形態の面から見れば世界的な傾向と合致していたのである。さらにいえば、民権派とは正反対の立場にあり、後に吏党指導者となる藩閥政治家の品川弥二郎は、「宇内の大勢は今や頻りに吾人を叱咤して、列国虎闘龍搏の競争場裏に駆逐し、復蝸角の小争を許さず。此の時に当り、猶区々の感情の為めに互に相疎外して国家の当さに為すべきの事業も着手すること能はずして荏苒歳月を空過せば、則ち終に此の大勢を奈何せんや」「一市一村の経済組織鞏固にして、而して後一国の経済も始めて鞏固なる訳合で、地方の生産力萎靡振はずんば、一国の経済は亦進歩する訳はありません」[*3]と述べている。ここで品川が問題にしているのは経済であるが、小異を捨てて地方から積み上げようという発想自体には、相通ずるものがあるといえよう。

以上のように、大同団結運動は多くの国民から支持が得られるであろう「実際問題」を軸にして地方的団結を積み上げ、全国的団結に統合しようとすることで、民権派も保守派も取り込むことが可能となり、実際に幅広い支持を得て急速に拡大していったのであった。

しかし、すべての勢力がこの趣旨に賛同したわけではなかった。改進党の一部は確かに大同団結運動に参加したが、それは自党の党勢拡張のための手段であったという。そもそも改進党に強い影響力を持つ大隈重信や福沢諭吉は、イギリス流の保守党・自由党による二大政党制、すなわち二つの党がそれぞれの主義に基づいて時代状況に合わせた政策を打ち出して有権者に訴え、より多くの支持を得た党が政党内閣を組織することを理想としていた。これに対し、積み上げ型政党論の下では、「一国政党の分立は、成るべく数少くして勢大ならんことを要す。然らざれば、完全なる輿論代議の機関となりて、政治の原動力となること能はざるなり」（『陸羯南全集一』五五二頁）とあるように、何よりも幅広い国民の輿論に立った強い政党を「政治の原動力」にすること、すなわち一党優位政党的な政党内閣の実現に主眼が置かれており、複数政党がそれぞれ別個の政策を訴えて対立することは、むしろこのような形の政党内閣の実現を遠ざけることを意味した。この二つの考え方は、以後の歴史の中でも繰り返し登場することになる。

3．混乱する地方と国会

このように盛り上がった大同団結運動であるが、残念ながらこの運動も急速に退潮してしまった。まず、藩閥政府は一八八七年一二月に保安条例を制定し、治安を害する恐れがあるとして多くの運動家を東京から追放した（ただし、これは運動が全国に拡散する結果を招いた）。この他、政府は大隈重信、後藤象二郎（しょうじろう）らを入閣させ、彼らを運動から引き離そうとした。さらに、運動側も組織化の方法をめぐって、大同団結運動に集結した緩やかな連合をそのまま政党組織にしようとする河野広中（ひろなか）ら「政社論」派（大同倶楽部）と、イデオロギーに比重を置き「軍隊」的組織化に反発する大井憲太郎らの「非政社論」派（大同協和会）の二派が対立、一八八九年五月には分裂し、結局これをもって運動は幕を閉じた。

ただし、一八九〇年七月の第一回衆議院議員総選挙を控えて、運動家たちはすぐに再団結する必要に迫られることになった。しかし、選挙の場合はライバル候補より一票でも多く取ればよいので大同団結する必要はなく、結局各府県では大同倶楽部、大同協和会、愛国公党（板垣退助が高知県や関西地方の旧自由党系運動家を組織）、改進党、保守派が入り乱れて提携・対抗しながら選挙戦が繰り広げられた。地方的団結とは程遠い状態だったのである。

さて、このような状態であったため党派別の選挙結果は判然としないが、概ね自由党系が一三〇名、改進党が四〇名、保守派が七九名であった。こうした中で、むしろ中央政界の方がいち早く団結を取り戻しつつあった。簡単にいえば、近代化政策を力強く推進すべく様々な事業を予算に盛り込んでくる強力な藩閥政府に対抗するため、民権派もある程度団結する必要に迫られたのである。

まず、自由党系とも改進党とも関係が良好であった九州地方の議員（『日本政党史論二』一四二頁）が中心をなしていた九州同志会が民党の大合同を提案した。もしこれが実現すれば、三〇〇議席中の一七〇議席となり過半数を獲得することになる。しかし、改進党が脱退したため、旧自由党系のみが新たに立憲自由党を結成し、改進党は独立の立場を維持した。こうして、自由党は過半数にこそ達しなかったが第一党となった。そして一八九〇年一一月、帝国議会が始まり、超然主義に立つ藩閥政府が強硬な姿勢で予算案を提出すると、民力休養論を主張して頑強な抵抗を試みるようになった。そして、同じく民力休養論の改進党も自由党を支持したことで、過半数を超える「民党」陣営が形成されることになった。

一方、保守派も七九名を集めて大成会を結成した。ここで、保守派について少し説明を加えておきたい。民権派は条約改正問題で国権拡張を強く支持したが、保守派の多くも、明治維新が達成した自由や民主化に反対なわけではなかった。彼らが民権派と違う点は、例えば吉野泰三が「〔民権派の〕壮士日々に怠惰に流れ、或は女道に溺れ、或は困友相嫉視し腐敗言ふべからず」と批判したように、道徳や天皇制に基づいた社会秩序を重んじる傾向が強く、民党の自由気ままさに強く反発したことである。そのため彼らには弁護士や教員出身者が多かった。もう一つ重要な点は、前述の品川弥二郎の言葉にもあったように、彼らは殖産興業に熱心であったことである。この点で彼らは、民力休養論の民党よりも藩閥政府の考えに近かった。そのため藩閥勢力に対しては是々非々的に柔軟に対応していたが、結果的には藩閥政府寄りの立場をとることが多く、民権派からは「吏党」と呼ばれた。こうして、中央政界は「民党」対「藩閥政府・吏党」という対抗図式ができ、一八九四年の日清戦争勃発まで両陣営はお互いに妥協できない深刻な対立を繰り広げた。升味準之輔氏が述べるように、大同団結運動以前に府県会を舞台に対立していた知事と府県会議員の対立が、そのままこの時期の帝国議会に持ち込まれたのである（『日本政党史論二』五頁）。

次に、目を地方に転じよう。帝国議会開設頃から目立つのは町村レベルの対立であった。その契機となったのは一八八九年から施行された市制町村制であった（ここで市制には触れない）。町村は江戸時代においても自治が認められていたが、町村制は町村予算の決定、町村条例の制定、町村有財産の管理など改めてその自治を認めるとともに、その町村に居住し、地租を納めるかまたは直接国税二円以上を納める二五歳以上の男性戸主を公民と定義し、公民の中から無給の名誉職村長や議員を選挙して町村の運営にあたらせることを規定した。また、条文では示されなかったが、政府は財政規模を拡大することで町村運営を円滑に進めようと町村合併を促した。江戸時代では概ね約一〇〇戸で構成される村が全国に約七万存在していたが、政府が三〇〇～五〇〇戸を標準に合併を指令した結果、町村数は約一万五〇〇〇に減少した。こうして出来上がった近代町村は、まず道路、小学校、産業振興など近代的施策を自ら計画し実行しなければならなくなった。しかも、二〇〇年以上の伝統を持ちそれぞれ習慣が異なる近世村（近代町村では大字に相当）を統合したため、地域的な対立も持ち込まれた。これについて、衆議院議員の大津淳一郎は、当時の衆議院議員選挙での小選挙区制度と関連させて、後に次のように述べている。

> 当時を回想致しますれば、町村治に及ぼした弊害は実に甚しいもので、単り町村会議員の選挙ばかりでない。役場の取合の争ばかりではない。随て此刑事訴訟等まで及び、郡として五六若くは七八の裁判事件の起って居らぬ郡はなかった。（一九一九年二月二六日の議会での発言）

役場の取り合いとは、合併した近代町村の中のどこの大字に町村役場を置くかという問題である。同じくどこに小学校を設立するか、どこに道路を通すかも対立の要因となった。また、刑事訴訟とは選挙投票の有効無効を争う裁判である場合が多かった。しかも、興味深いことに、これらは単なる地域間対立としてではなく、党派間の争いとして表面化することが多かった。すなわち、大同団結運動以前の府県会における対立が、やはりここにも持ち込まれたのである。

以上のように、一八八九年から設置され始めた町村会も、一八九〇年から開設された帝国議会も、府県会と同じような対立が持ち込まれ、中央も地方も分裂し混乱状態となった。ところで、帝国議会と町村会では当然その性質が大きく異なる。帝国議会の場合は近代化施策を推進しようとする藩閥政府と「民力休養」を叫ぶ民党が対立したのに対し、町村会の場合は町村長も民選なので単純に「官」対「民」とはならない。さらに町村では役場の位置など主義や政策ではない極めてローカルな対立である場合が多かった。にもかかわらず、その両者が政党を介して連動した点にこの時期の特徴があったのである。

4. 混乱の収拾と大同団結の完成

前述の大津淳一郎の発言のところでも登場したが、第一回（一八九〇）～六回（一八九八）衆議院議員総選挙は小選挙区制度で行われた。選挙区制度といえば、定数一名を原則とする小選挙区制度の下では二大政党制に近づき、比例代表制では多党制になるという有名なデュヴェルジェの法則がある。これは、例えば小選挙区の場合、三名の候補者がおり、そのうち有力な二候補者は議席を目指して争うが、三番手と目される候補者は当選の可能性が低いので、その候補の支持者はより自分の意見に近い有力二候補のうちのいずれかに投票する可能性が高まって、三番手候補は結局淘汰（とうた）されたり、あるいは候補者の側も有力な一番手の候補者に対し、二番手と三番手が連合したりするためと思われる。そして、この傾向が全国的に波及すれば、政権の座をめぐって二つの政党が生き残るであろうということを暗示している。また、最近では小選挙区に限らず、定員がM名であれば、候補者数はしだいにM＋1名に収束していく（M＋1の法則）ことが知られている。

そこで、第一～六回の全国各選挙区を、

①一位独占型　一位候補得票率が全体の半分以上、かつ二位候補得票率の二倍以上

②二候補対立型　二位候補得票率が一位候補の半分以上、かつ両候補合計が全体の三分の二以上

③三候補以上混戦型　その他

という基準で分類したところ、〈表3−1〉のようになった。もし、デュヴェルジェの法則が有効に作用すれば二候補対立型が増加するはずであり、確かに第一・二回はその通りになったが、その後は一位独占型がしだいに増加し、同法則が全く成り立っていないことが分かる。そして、最終的には第一次大隈内閣下の第六回総選挙で与

表3−1　第1～6回総選挙における票の分散度合

選挙回	執行年月	一位独占型	二候補対立型	その他
第1回	1890.7	20%	57%	23%
第2回	1892.2	26%	71%	3%
第3回	1894.3	36%	63%	1%
第4回	1894.9	50%	50%	0%
第5回	1898.3	43%	57%	0%
第6回	1898.8	63%	37%	0%

出典）季武嘉也「戦前期の総選挙と地域社会」（『日本歴史』544号）

党憲政党候補者が多くの選挙区を独占し、かつ同党の議席獲得率は八〇%に達した。この八〇%という数字は、一九四二（昭和一七）年の翼賛選挙での推薦候補の当選率とほぼ同じである。すなわち、数字の上では、地方的団結を基礎とした全国的団結がほぼ実現したことになり、ここに大同団結運動以来の一つの結実を見ることができよう。

では、あれほどの激しかった対立が減少した要因は何であったのであろうか。第一に考えられる理由は、日清戦争の影響である。日清戦争が始まった直後に実施された第四回総選挙を見れば、一位独占型が急増していることが分かろう。そして、選挙後に開催された第七帝国議会ではそれまでの対立が嘘のように、政府予算案に対し議会が全会一致で賛成した。このように、初めての近代的戦争を体験する中で国家意識が生まれ、「国民」が創出されたことはしばしば説かれてきたが、ここでもそのような面が確認されよう。第二は、「地方自治は民主主義の学校」（ジェームズ・ブライス）という名言もあるが、特に町村レベルの対立を見ると、当初は慣習の相違から種々の面で騒動や訴訟が起こったが、それを重ねていくうちにしだいに自治に習熟していったことが考えられる。「日清戦後経営の過程で、教育・土木・勧業・衛生・消防・兵事等の多面な地方行政が府県知事・郡長・警察署長等の指揮下に新町村を通して展開されたが、それを通じて旧村＝大字（部落）の新町村への統合（他面で旧村の「行政村化」）が進められ」*4たのである。第三は、本稿にとって最も重要な点であるが、国民の関心が近代化や殖産興業に向かっていったことである。日清戦争前後から中央政界の民党も従来の民力休養論から、多少の税金を払ってでも近代的諸設備を建設し殖産興業を進めようという方向に転換しつつあったが、同じ傾向が地方名望家を中心に地域社会にも起こりつつあった。彼らは政争よりも経済発展を重視し始めたのである。

こうして、政党合同の環境は整えられつつあったが、最後に憲政党の実際の成立過程を見ながら、その意味を考えていきたい。前述のように、民党側も民力休養論から転換しなければならないことは十分理解していたが、それまで民力休養論によって国民の支持を調達してきただけに、転換には周到な用意が必要であった。このような中、一八九六年に成立した第二次松方正義内閣は地租の増徴を打ち出した。日清戦争に勝利した日本であるが、さらに帝国として上を目指すべく、同内閣は軍備拡大（将来の日露戦争に備えて）、産業振興などの日清戦後経営を打ち出し、そのための財源として、地租を二・五％から四％に増徴しようという案を提出したのである。しかし、これによって民党側は硬化し、両者の関係は再び暗礁に乗り上げることになった。

ここで登場したのが平岡浩太郎であった。まず簡単に平岡を紹介すれば、一八五一年福岡藩士の子として生まれた彼は、一八七七年の西南戦争で西郷軍側に立って参戦したが、敗れて投獄された。出獄後は自由民権運動、国会開設運動に取り組む一方で、一八七九年にアジア主義の団体として有名な玄洋社の初代社長に就任した。以後、福岡県の筑豊炭鉱の経営に携わって得た巨利を資金にして、中国や朝鮮を舞台に様々な経済的事業や政治的謀略を展開した。そして、一八九四年の衆議院議員選挙で吏党国民協会所属として当選すると、政治活動に本格的に乗り出した。平岡が政治家として尽力した一つが製鉄所の八幡誘致であった。一八九六年に重工業発展の基盤となる製鉄所建設が決定され、翌年には福岡県北九州の八幡に建設することが明らかとなったが、彼はこの裏面で活動したのである。

彼がもう一つ力を尽くしたのが地租増徴実現のための工作であった。「平岡浩太郎伝」草稿（国立国会図書館憲政資料室所蔵『平岡浩太郎関係文書』）によれば、地租増徴を実現するためには松方正義と進歩党大隈重信の提携が必要と考えた彼は、岩崎弥之助に両者の仲介を依頼し、それが成功して前述の第二次松方内閣が成立したという。しかし、結局大隈は地租増徴に反対して外相を辞し内閣も瓦解した。そこで平岡は、次の第三次伊藤博文（ひろぶみ）内閣の下でも地租増徴を目指したが、やはり民党の反対が強くて困難が予想されたため、彼はこの頃から政党を改造しなければ何事も進まないと考えるようになり、そのために国会開設運動の頃の仲間で当時は民党に所属していた議員たちと、自由党・進歩党を合併させた新党の結成を計画した。これは、一方で民党議員には地租増徴の承認を、他方では藩閥勢力に政党内閣の承認を、それぞれ約束させることで、両方を実現しようとするものであった*5。通説的には、地租増徴に強く抵抗するために両党が合同したと捉えられているが、実は合同を推進した人物の中には平岡のような者もいたのである。

この後の推移を簡単に記せば、一八九八年六月二二日、両党は地租増徴に承認を与えずに合同して憲政党を結成、これを見た第三次伊藤内閣は、六月二四日に総辞職して後継首相に大隈重信を推薦、六月三〇日第一次大隈内閣成立、八月一〇日総選挙で憲政党が圧勝、しかし、様々な対立を内包した大隈内閣は短期間で崩壊、ということになった。こうして、結果的に見れば、平岡の地租増徴工作は失敗し、次の第二次山県内閣下での実現まで待たなければならなかったが、憲政党創立、政党内閣実現には成功し、憲政史上に大きな功績を印すことになった。

では一体、国権派の指導者である平岡が、民党の大連合による政党内閣実現と地租増徴に拘（こだわ）ったのであろうか。前者に関していえることは、平岡が積み上げ型政党の実現に強く執着していたということである。憲政党結成一年前の一八九七年六月、福岡県に筑前倶楽部なる団体が生まれた。この団体は「旧来の感情を融和し協同一致、与（とも）に倶（とも）に地方の利害を研究し、提携補翼以て殖産興業、教育の発達を図ら」なければならないとして、平岡らが中心となり、福岡県の二大勢力である自由党系と玄洋社系が地方的団結したものであった（『新修福岡市史　資料編近現代二』二〇一五年、五九二頁）。そして、これを背景に翌年の福岡県の選挙区のほとんどで憲政党が圧倒的票数で勝利した。前述の九州同志会もそうであるが、福岡県は積み上げ型の組織化が成功した最も典型的な地域であり、平岡の行動はこの延長線上にあったといえよう。

後者に関していえば、前述の筑前倶楽部設立の目的が「今や我国の形勢急転、海陸軍の拡張、経済の膨張より殖産興業、教育の発達に至る頗る其面目を革新」しなければならないなど重大な変革を迫られているが、「是迄の政党は唯だ藩閥政府を倒すを以て主要の目的と為したるも、今後は地方の利害に関し実際問題に就て保守と進歩の区別を生するに至るべし」（『新修福岡市史　資料編近現代二』六〇八頁）と述べているように、平岡は単に地租増徴のみならず、さらにその先の「進歩」的で積極的な政策の実行を見据えていたものと思われる。具体的には積極的財政を基礎に八幡製鉄所建設を中核にすえた産業発展と、それを背景に日露戦争を視野に入れた軍備拡大、対外発展という「実際問題」であったろう。ただし、もちろん平岡のような考えに基づいて憲政党に参加した者は少数であり、実際に地租増徴は実現しなかった。しかし、参加した者たちの多くは、同舟異夢ではあっても、平岡と同じように大同団結の上に何らかの政治課題の解決を夢見ていたと思われる。

以上のように、憲政党内閣は積み上げ型政党という十年来の夢が実現した結果であった。しかし、それが現実となった瞬間、あまりに多くの対立を含んでおり、政権運営能力を欠いていたことも明らかとなった。このことは、「保守と進歩の区別を生する」と平岡自身述べているように、当事者たちも自覚していた。そのため、この後、政党内閣実現を目指そうとすれば、その政権運営能力があることを示す必要が生まれた。このように、憲政党内閣の成立は一つの到達点であると同時に、新たな挑戦の出発点でもあった。

演習問題

1. なぜ、大同団結論者はイデオロギーを超えて大同団結しようと考えたのであろうか。
2. 日本の町村は、江戸時代から明治時代になって、どのように変わったのであろうか。
3. 日清戦争まで激しかった中央・地方の政党間対立は、なぜその後、急速に収束したのであろうか。

《本文脚注》

＊1　色川大吉『自由民権』（岩波新書、一九八一年）。

＊2　山田央子「政党の成立と凋落」（季武嘉也・武田知己編『日本政党史』吉川博文館、二〇一一年）四〇頁。

＊3　村田峯次郎『品川子爵伝』（大日本図書、一九一〇年）四一八頁、五二六頁。
＊4　大石嘉一郎『近代日本地方自治の歩み』（大月書店、二〇〇七年）一四一頁。
＊5　山下大輔「憲政党の党内対立について」（『法政史論』二九、二〇〇二年）。

参考文献

升味準之輔『日本政党史論』第二巻（東京大学出版会、一九六六年）
坂野潤治『明治憲法体制の確立』（東京大学出版会、一九七一年）
鳥海靖「帝国議会開設に至る『民党』の形成」（坂根義久編『論集日本歴史一〇　自由民権』有精堂出版、一九七三年）
山田央子『明治政党論史』（創文社、一九九九年）
前田亮介『全国政治の始動』（東京大学出版会、二〇一六年）

4 政友会の成立と地方利益

松本　洋幸

《**学習のポイント**》　日清戦争後、藩閥政府と民党の関係はしだいに接近していき、一九〇〇年には立憲政友会が発足する。この流れを主導した星亨は、地方振興を望む声をくみ上げながら党勢拡張へとつなげていき、その政治スタイルは原敬へと継承されていった。ここでは日清戦争後から大正政変に至る政治過程を、地方利益という観点から追っていく。

《**キーワード**》　立憲政友会、地方利益、地方名望家、星亨、原敬、近代水道

1．日清戦争後の政界と立憲政友会の誕生

帝国議会開設以来、激しく対立してきた藩閥政府と民党との関係は、日清戦争を境に大きく変化した。第二次伊藤内閣は、陸海軍拡張と国内産業育成を主軸とする日清戦後経営方針を打ち出し、第九回帝国議会には総額約三・二億円（一〇年間）の計画案を提出した。この中には、陸軍六個師団の新設や甲鉄戦艦四隻の建造のほか、鉄道建設・製鋼事業・電話拡張など民間産業育成にかかわる費用も含まれていた。自由党はこれに全面的に賛同したほか、議会終了後には板垣退助（たいすけ）が内相として入閣した。続く第二次松方（まつかた）内閣には、今度は進歩党の事実上の党首である大隈重信（おおくましげのぶ）が外相として入閣するなど、藩閥と民党の間でしだいに提携を目指す動きが目立つようになった。日清戦後経

営を円滑に進めるべく政治の安定を希求する政府側と、政権参入と地方の殖産興業の促進を図ろうとする民党側の思惑が一致したのである＊1。

ただし、両者の提携関係は不安定なものであった。日清戦後経営は清国からの賠償金と事業公債を財源としていたが、それだけでは不足するため、その補塡のための地租増徴は避けられず、地主層に支えられた民党の反発は必至であった。第三次伊藤内閣で地租増徴案が具体化すると、民党連合が復活し（憲政党の結成）、隈板内閣が成立する。しかし民党連合路線も強靭ではなく、隈板内閣はわずか四か月で瓦解し、憲政党（旧自由党系）の支持を受けて第二次山県内閣が誕生した。

自由党の中で藩閥政府との提携路線を主導したのが、星亨＊2（一八五〇－一九〇一）である。自由党の闘士であった星は、関東派を中心に少壮代議士・壮士らの声望を集め、第二回総選挙で当選を果たし、衆議院議長にも就任した。第二次伊藤内閣が誕生すると、陸奥宗光外相を介して内閣と気脈を通じつつ、民党連合路線から決別して自由党を責任政党へと脱皮させようとした。また商事専門の弁護士としての経験から、都市の商工業者・実業家を新たな支持基盤に取り込もうとした。数度にわたる欧米生活の経験をもとに、日本の将来を海外貿易の発展に求め、今後は「地方の生産」を促進して国富増進につなげなければならない、そのためには地方の鉄道・道路・港湾などの産業基盤の整備が必要であると考え、民力休養論の「消極主義」に対峙させて、これを「積極主義」と呼んだ。自由党の民力休養論から民力育成論への転換は第四回帝国議会の頃から見られていたが、こうした「積極主義」が党勢拡張戦略と結びついて本格的に展開されるのが、日清戦争後の時代である。

憲政党を分裂させた星は、第二次山県内閣との提携を政党内閣実現へのステップと考え、約三割強の地租増徴案を五年間の期限付という条件で呑むかわりに、地方における鉄道・港湾・教育等の拡充を迫った。その一方で、地方の党勢拡張を図るべく、特にライバル・憲政本党の強力な地盤で、減租要求の根強い東北六県を重点的に遊説した。以下の史料は、憲政党東北出張所の開設に際して、星が行った演説である。（引用は、旧字体の漢字は新字体に改め、適宜、句読点も補っている。）

東北の将来は如何にすべき乎。東北は消極的即ち専制時代の方針を取るべきか、将（又）積極的即ち憲政に適当する方針を取るべきか。予をして東北の取る可き方針を言はしめば、是非とも憲政に適応する積極主義を取らねばならぬと断言する。東北は西南に比して農事整理上の優劣如何と云へば是も後れて居る。経済は如何、工業も商業も矢張其通りで金融機関も劣て居る。故に之が改良進歩を図て完備せしめねばならぬ。農業にせよ工商業にせよ、交通機関が十分に備はらねば進まない。交通機関が完備すれば輸出入が容易になるから農商工業共に発達する。故に、交通機関を完備するのが第一必要である。東北の交通機関を以て関西に比すれば発達して居らないから之を発達せしめねばならぬ。教育に於ても普通教育にせよ高等教育にせよ皆後れて居る。高等教育は学ぶ処が少ない。之を関西の如く高くせんとすれば積極主義を取り新に設けるより外はない。是即ち築港の事鉄道完成の事大学を設立して人々の学問を高尚にする事を決議案とした所以である。然らば今の決議は誠に東北地方に適当したもので、自由党は東北に於て必ず是等の事業を成就せねば責任を全ふしたものでない。是れは特り東北の利益を図るのではなく、一方に於て利益を得一方に於て他に不利益なしとすれば、吾々諸君と共に日本人たる責任を尽せしものと謂ふべく、是れ自由党が東北出張所を設けた所以である（『憲政党党報』第一巻第一〇号）

このように「積極主義」は、交通・教育等の基盤整備を行うことで地域経済を活性化し、また格差是正を図るという意味を持っており、地域間競争が激化する日清戦争後の時代において訴求性の高いスローガンであったといえよう。一八九九年の府県会議員選挙で、憲政党は地方利益を掲げて大勝をおさめた。以後、憲政党やその後身にあたる政友会の地方大会の決議には、きまって当該地域の地方利益を反映した項目が並ぶようになる。

その後、山県内閣は、政党員の猟官阻止を目的とする文官任用令改正などで憲政党と対立を深めていった。山県にかわり星が提携相手として選んだのが、伊藤博文(ひろぶみ)であった。伊藤は憲政党の党首になることは拒絶するかわりに、自らが組織する新党への合流を求めた。大日本帝国憲法の設計者である伊藤は、反藩閥の拠点である衆議院をも包括し得る政党の必要性を早くから認識していた。こうして一九〇〇(明治三三)年に発足したのが立憲政友会である。結成には、伊藤の側近官僚である渡辺国武(くにたけ)・西園寺公望(さいおんじきんもち)・金子堅太郎(けんたろう)らのほか、憲政党に加えて日吉倶楽部・帝国党の一部を含む衆議院の過半数の代議士が参加し、さらに全国各都市の行政や商業会議所の幹部、主要銀行・企業の社長、多額納税者・府県会議員などへも参加を呼び掛けた。官僚・政党・財界を包括するような政党の誕生である。こうして初期議会以来、衆議院解散・総選挙を繰り返してきた政界は、立憲政友会の成立で一つの帰結を迎えた。

2. 日露戦争後の政界と政友会の党勢拡張

日露戦争後の時代は「桂園(けいえん)時代」とも呼ばれる。元老は政治の第一線を退き、世代交代を迎えた。山県有朋(ありとも)の後継者として官僚機構や貴族院に影響力を有する桂(かつら)太郎、伊藤博文の後を継いで政友会総裁となった西園寺公望、それに海軍の山本権兵衛を加えた「第二世代」が、政界をリードした*3。大正初期に至るまでの間に、政友会は三度政権与党の座に就き、官僚機構・貴族院にも支持者を増やしていった。また衆議院議員総選挙や府県会議員選挙でも党勢を拡大し、第一一回総選挙（一九一二年）では単独過半数を占めるに至った。ここでは、松田正久とともに総裁の西園寺を支えた原敬と、政友会の積極主義について述べる。

原敬（一八五六－一九二一）は南部藩家老の家に生まれたが、同藩は戊辰戦争で賊軍となった。苦学の後、井上馨や陸奥宗光に見出されて外務省・農商務省の官僚となり、伊藤博文の知遇を得た。発足当初の政友会では幹事長を務め、第四次伊藤内閣では星亨のあとを受けて逓相を務めた。日露戦争後の原は、「国際的経済競争」の到来を予測し、日本が経済的にも一等国となるためには民間産業のさらなる興隆が必要で、特に主要港湾の整備と地方鉄道の拡充を重要な課題と考えていた。日露戦後の政友会が最も重視していたのが港湾と鉄道の整備であった*4。

第一次西園寺内閣で内相に就任した原は、港湾調査会を組織し、全国の港湾を調査して等級化し、「重要港湾ノ撰定及施設ノ方針」を定めた。これは港湾の経営主体と修築方法の制度化を図ったもので、第一種重要港湾（国家が経営し、地方が修築費を一部負担　横浜・神戸・関門海峡・敦賀の四港）、第二種港湾（地方が経営し、国は修築費を補助　一〇港）、それ以外の港湾（地方の単独経営）に区別された。第二種港湾の選定に際しては地域バランスが重視され、「アトハ段々必要ニ応シテ加ヘタラドウカ」と将来の拡大に含みをもたせて、地方の港湾修築に向けた期待感をつなぎとめることも忘れなかった。以後、政友会系知事によって地方港の修築が着手されていった*5。

日露戦争以前から、政友会の地方支部や地方大会では、鉄道国有化や鉄道の拡張を求める要求が相次いでいた。原は、これに応えるべく、第一次西園寺内閣で鉄道国有化を実現する一方、帝国鉄道会計法を立案・成立させた。これにより、鉄道収益を一般会計から切り離し、もっぱら鉄道財源に充当できるようになった。また第二次桂内閣の鉄道院総裁・後藤新平（しんぺい）が進める鉄道広軌化計画に対し、むしろ港湾整備と連動して地方線の新設・改良を優先すべきであると批判した。広軌化計画は中止され、かわって成立した第二次西園寺内閣の下で、政友会は各地からの未成線の延長要求に応え、地方の党勢拡大につなげようとした*6。

地方利益を党勢拡大につなげるこうした政治手法については、当時から「党弊」として批判を浴びていたが、原自身は地方利益の偏在性については非常に厳格であった。彼の場合、鉄道・港湾・学校といった地域発展を促す「文明」の恩恵が広く全国一律に平等に普及するような「均霑（きんてん）主義」をとっていたところに、大きな特徴があった*7。こうした政友会の積極主義は、第一次世界大戦後の原内閣（一九一八〜二一年）の時に、より大規模な形で展開されていくこととなる。

3. 地方名望家の活動

以上のように、日清戦争後から日露戦争後にかけて、自由党――憲政党――政友会が党勢を拡張し権力の中枢へと迫る過程で、鉄道・港湾などの地方利益が重要な意味を持っていた。そうした地方の具体的な要求をくみ上げて、国政へと媒介していく存在として期待されていたのが、地方名望家と呼ばれる地域リーダーたちであった。

地方名望家とは、近世においては村役人を務め、明治初期には区長・戸長などいくつもの役職を兼務して、高い行政能力と地域社会をまとめる才覚を持つ、地域のリーダーのことである。彼らは、一定の土地や財産を保有する資産家で、地域の様々な経済活動にかかわるとともに、慈恵的行為を常に怠らず、さらに高い教養を持つ地域文化の担い手でもあった。また郡、あるいは県域を越えるような横断的な人脈を持っていた。

藩閥政府は、彼らの穏健で堅実な行政能力や秩序維持能力に注目し、地方制度の担い手として期待を寄せた。政党は彼らのネットワークや地域発展にかけるエネルギーを吸収し、地方と国政を結ぶ存在として重視した。地方名望家は、国政選挙や県会議員選挙の際には、候補者調整、地盤割り、票の取りまとめなどを行ったほか、自ら町村長、県議、代議士へと当選を重ねる者も現れた。彼らは、地域の様々な要望を府県・関係省庁や、代議士・政党幹部に届けて、地域社会の発展に強い関心を寄せていた。

ここでは、その一例として、埼玉県の飯野喜四郎（一八六八－一九四〇）*8という地方名望家を取り上げたい。飯野家は埼玉郡上蓮田村の旧家で、父・吉之丞は名主役や副戸長を務め、同家は村内で最も多い約七・六ヘクタールの土地を持っていた（一九〇三年時点）。喜四郎は、一八歳の頃に上京して共立学校に学ぶも、父の病死で家督相続のために帰郷し、東京法学院（現在の中央大学）校外生として政治法律を学んだ。大同団結運動に身を投じ、板垣退助に私淑して自由党に参加、一九〇〇（明治三三）年一二月に発足した政友会埼玉支部では幹事（後に幹事長）に就任した。国政選挙では、一貫して自由党――憲政党――政友会系候補を支援し、南埼玉郡の自由党系組織・庚寅団体（後に甲辰倶楽部）を率いて、候補者の選定や演説会の開催、他地域団体との協議、近隣村長ら有力者を集めて票固めを行うなど、選挙参謀的な役割を果たした。

一八九四年に埼玉県会議員選挙に初当選し、以来一一度の当選を重ねた。県会では、産業の開発と振興、治水事業の完成、教育機関の充実を訴え、県道の整備、利根川・荒川・渡良瀬川等の改修促進、粕壁中学校の設立や実業教育機関の設置などを実現した。明治四〇年代には県下をたびたび水害が襲ったが、飯野は政友会代議士や同僚県議らと被災地や工事現場をくまなく視察し、「水災善後同盟会」「埼玉治水会」などの横断的な組織を結成し、時には他府県とも連動して、災害復旧と河川改修の促進を埼玉県や政友会に迫った。

大正期には二度にわたり県会議長を務め、県知事の岡田忠彦（在職一九一六～一九年）や堀内秀太郎（在職一九一九～二三年）の積極主義と歩調を合わせて、県内一三河川の改修工事、交通網確立のための道路橋梁の修築、浦和高等学校の招致および県内中等教育機関の拡張、産業指導機関の拡充などを推進した。原内閣期には、粕谷義三や秦豊助ら地元代議士を通じて、電車速成、荒川改修、浦和高等学校招致などに関して関係省庁・大臣の下をたびたび陳情に訪れている。

飯野は地方経済の振興にも意欲的であった。父が誘致に尽力した蓮田駅を起点に、飯野運送店を開業して実業家としての第一歩を踏み出し、埼玉県南部の甘藷商たちを組織してその販路を東北地方に求めた。その傍らで養蚕や製茶の新技術の導入・普及を図った。また東京秋葉銀行と交渉し、地元有志らと蓮田支店を開業し、地方金融の円滑化を図ろうとした。大正期に入ると、全国運輸連合会理事や鉄道運送協会協議員、埼玉県甘藷業同業組合長に就任し、武州鉄道の敷設計画や武州銀行の創設にも尽力するなど、その活動範囲は県全域、さらには関東地方・東日本へと拡張していった。その一方で、地元の南埼玉郡における用悪水路や耕地整理等をめぐる紛擾の調停をはじめ、電灯料金引き下げ問題の解決、村議選挙や村長・助役の選定、小学校の増改築や道路の整備に向けた要求など、常に足下の地域秩序の維持や振興意欲に対しても献身的に応えた。

このように飯野喜四郎は、県会議員としての活動に主軸を置きながらも、国政から村政に至るまで重層的な政治活動に深くかかわり、運輸業を基軸に地元産業の興隆を図る幅広い経済活動・社会活動を手掛けていた。こうした地方名望家が、明治中期から大正初期にかけての政党の基盤を支えていたのである。

4．近代水道と地方利益

日露戦後の政友会は、鉄道・道路・港湾・治水・学校など、地域社会から寄せられる様々なインフラ整備要求（地方利益）に積極的に応えることで党勢を拡張したが、ここでは水道を事例にその実態に迫ることにしたい*9。現在、我々が普段利用している水道は「近代水道」と呼ばれ、江戸時代までの水道（「旧水道」）と異なり、河や湖などで取水した原水をろ過し、それを常時供給できる貯留装置に送り込み、さらに鉄管やポンプ等で圧力を加えて配水するという一連のシステムで成り立っている。こうした近代水道は、一八二九年にロンドンで誕生し、コレラの予防と都市の防火を主な目的として、世界中に普及していった。

日本初の近代水道は、一八八七（明治二〇）年横浜で誕生した。横浜は国内最大の外国人居留地を有し、外国貿易の七割を占める国際貿易都市であり、その都市基盤整備は条約改正交渉とも密接なかかわりを持っていた。一八七九年・一八八二年のコレラ大流行を受けて、イギリス公使・パークスは、横浜における近代水道の早急な整備を日本政府に迫った。外務卿・井上馨は、これを条約改正の好機と判断し、イギリス人陸軍工兵中佐のH・S・パーマーを雇用して技術指導に当たらせた。建設工事は神奈川県が行ったが、太政官と大蔵省を説き伏せ国費一〇〇万円の貸付を受けることに成功し、一八八七年に横浜水道が完成した。同じ頃、函館や長崎でも水道布設の動きがあり、こちらは建設費の一部に対して国庫補助が支給され、日本人技師たちの手で工事が進められた。函館は一八八九年、長崎は一八九一年に近代水道が完成する。

こうして日本の近代水道の建設は開港場から始まったが、当時は建設資金の調達方法や運営方式（公営か私営か）が定まっておらず、費用負担をめぐって知事・区長と区会とが激しく対立して布設が遅滞していた。こうした事態を憂慮した内務省衛生局は、一八九〇年に水道条例を公布し、水道事業は市町村が公設すること、内務省がこれを専管することを規定した。また人口稠密でコレラ流行の危険性の高い三府五港（東京・大阪・京都と函館・新潟・横浜・神戸・長崎）の水道事業に対して工事費の三分の一の国庫補助金を交付し、その普及拡大を図ろうとした。この結果、日清戦争を挟んで、大阪（一八九五年）・東京（一八九八年）・神戸（一九〇〇年）などでも水道が建設された。また日清戦争中に大本営が置かれた広島では、陸軍が財政的・技術的援助を行い、一八九九年に水道が完成した。

このように一九世紀までの近代水道は、主にコレラ予防、条約改正、軍事的要請など国家的有用性の視点から、三府五港や広島などが優先的に整備されてきたが、二〇世紀に入る直前から様相を変化させる。産業革命の進展と鉄道・港湾等の基幹的交通網の整備に伴い、各都市のリーダーたちは、近代水道を整備して企業・教育機関・軍事施設等を誘致して地域振興につなげようとした。広島・神戸の水道完成を受けて、山陽地方の岡山・下関、続いて小樽・青森・秋田・新潟・門司など日本海側の港湾都市でも水道建設に向けた動きが起こり、国庫補助金獲得競争が激化した。憲政党や憲政本党も、党勢拡張の絶好の機会とみて、これに積極的に応じる構えを見せた。内務省衛生局は、一九〇〇年度予算で、新たに岡山・下関への補助金支給を認めた〈表4－1〉。しかし日清戦後不況と日露戦争の影響で、その後、他都市への支給は実現しなかった。

日露戦争が終了し、地方で再び企業熱が高まると、衆議院には青森、門司、秋田、宇都宮、福岡、仙台などの諸都市から相次いで国庫補助の請願・建議が提出された。第一次西園寺内閣は、これに応えるべく、青森・秋田への国庫補助を一九〇六年度追加予算に盛り込んだ。さらに翌年度予算には、新たに京都・名古屋など九都市への国庫補助を盛り込んだ〈表4－1〉。この時の内務大臣は原敬である。

ここで重要なことは、それまでの三府五港を優先する方式を改め、国庫補助金の補助率を一律四分の一に変更することで、支給対象の拡大を図ったことである。「均霑主義」の表れといえよう。また毎年の定額補助ではなく、支給年数を長めにとって、開始時期の支給額を低く抑えて後年度になるほど支給額が増える「末広がり」な支給方法をとっている〈表4－2〉。さらに一九〇七年度予算編成時に、原敬内相と阪谷芳郎（さかたによしろう）蔵相との間で、水道布設費等の国庫補助金を、今後年間一二〇万円の枠内で予算外国庫負担契約という形で支給していく方針が確認されている。予算外国庫負担契約とは、国の財政状況いかんにかかわらず、数年間にわたる補助金額年度割を国と地方自治体との間であらかじめ契約し保証しておく制度である。こうした一連の措置は、国庫補助金の定額化を求めていた内務省衛生局の方針とも合致するもので、政友会にとっては、総額一二〇万円（その後、徐々に拡大していく）の範囲内で、支給の終了した金額を地方の状況を勘案しながら別の都市へと按分・操作できる、つまり「地方利益」としての旨味を持っていた。

地方から強い要望のあった水道布設費国庫補助金を、政友会が党勢拡張の手段として利用してい

表4−1 水道布設費国庫補助金支給額・支給都市の推移

年度	上水道		下水道		総計
	支給都市と支給額	合計	支給都市と支給額	合計	
1891	**東京 150、大阪 50**	200			200
1892	東京 150、大阪 50	200			200
1893	東京 150、大阪 50	200			200
1894	東京 150、大阪 50	200			200
1895	東京 150、大阪 50	200			200
1896	東京 150、大阪 50、**函館Ⅰ 24、神戸 60**	284			284
1897	東京 150、大阪 50、函館Ⅰ 24、神戸 60、**横浜Ⅰ 1028**	1312			1312
1898	東京 150、大阪 50、函館Ⅰ 24、神戸 60	284			284
1899	東京 150、大阪 50、神戸 60	260			260
1900	東京 150、大阪 64、神戸 60、**長崎Ⅰ 10、岡山 10、下関 10**	304	**大阪 6**	6	310
1901	東京 150、大阪 112、**神戸Ⅰ 100**、長崎Ⅰ 83、岡山 39、下関 40	524	大阪 38	38	562
1902	東京 150、大阪 50、神戸Ⅰ 100、長崎Ⅰ 83、岡山 39、下関 50	472			472
1903	東京 150、大阪 50、神戸Ⅰ 100、長崎Ⅰ 83、岡山 39、下関 50	472			472
1904	東京 150、大阪 50、神戸Ⅰ 100、長崎Ⅰ 83、岡山 39、下関 50	472			472
1905	東京 150、大阪 50、神戸Ⅰ 100、長崎Ⅰ 83、岡山 39、下関 50	472			472
1906	**東京 170**、神戸Ⅰ 180、**青森 80、秋田 60**	490			490
1907	東京 170、**小樽 20、京都 40、大阪Ⅰ 60、堺 28、新潟 27、高崎 17、名古屋 29、秋田 16、門司 30**	437	**名古屋 10、広島 22**	32	469
1908	東京 170、小樽 20、京都 40、大阪Ⅰ 60、堺 28、新潟 27、高崎 17、名古屋 29、秋田 16、門司 30、**青森 60、若松 50**	547	名古屋 10、広島 22	32	579
1909	東京 182、小樽 20、京都 40、大阪Ⅰ 60、堺 28、新潟 27、高崎 17、名古屋 40、門司 30、青森 60、若松 50、**横浜Ⅱ 10、甲府 10、小倉 30**	604	名古屋 40、広島 22	62	666
1910	小樽 50、京都 50、大阪Ⅰ 60、堺 66、新潟 70、高崎 60、名古屋 40、門司 31、若松 56、横浜Ⅱ 20、甲府 30、小倉 40、**秋田 70**	643	名古屋 40、広島 65	105	748
1911	小樽 50、京都 170、大阪Ⅰ 263、新潟 36、高崎 34、名古屋 137、門司 98、横浜Ⅱ 30、甲府 40、小倉 40	898	名古屋 37、広島 75	112	1010
1912	小樽 50、京都 210、大阪Ⅰ 253、新潟 28、名古屋 143、門司 80、横浜Ⅱ 100、甲府 50、小倉 90、**神戸Ⅱ 30、宇都宮 20、長野 10、仙台 20、鳥取 10、福岡 30**	1124	名古屋 90、広島 76、**東京 10**	176	1300
1913	小樽 40、京都 200、大阪Ⅰ 293、名古屋 181、門司 42、横浜Ⅱ 100、甲府 50、小倉 87、神戸Ⅱ 30、宇都宮 30、長野 10、仙台 30、鳥取 10、福岡 40	1143	名古屋 101、広島 43、東京 13	157	1300
1914	**東京Ⅰ 10**、大阪Ⅰ 303、横浜Ⅱ 150、神戸Ⅱ 150、宇都宮 50、名古屋 127、甲府 38、長野 45、仙台 50、鳥取 30、福岡 100、**佐賀 10、鹿児島 10、松江 10、呉 10、高松 10**	1103	名古屋 117、広島 10、東京 150、**大阪 10、松山 10**	297	1400

注）太字は新規支給都市、Ⅰは第一期拡張工事、Ⅱは第二期拡張工事、数字は千円。
出典）中島工学博士記念事業会編『日本水道史』（同、1927年）より作成。

表 4−2　1907 年度予算の水道国庫補助金一覧（新規分のみ）

単位：千円

年度	東京（追加）	大阪（拡張）	名古屋	京都	門司	小樽	新潟	堺	高崎
1907	170	60	29	40	30	20	27	28	17
1908	170	60	29	40	30	20	27	28	17
1909	182	60	40	40	30	20	27	28	17
1910		60	40	50	31	50	70	66	60
1911		263	137	170	98	50	36		34
1912		253	133	210	80	50	28		
1913		293	171	200	42	40			
1914		303	117						
1915		303	117						
1916		253	117						
1917		253	117						
1918		259	123						
支給額	522	2,420	1,170	750	341	250	215	150	145

出典）国立公文書館所蔵「御署名原本」予算外国庫負担契約の項、および『内務省衛生局年報』より作成。

た事例を二つ紹介しておこう。

一つ目は、福岡県若松町（現在の北九州市若松区）の町営水道である。筑豊炭田の積出港として栄えた同町では、日清戦争後頃から人口が急増し、また周辺の下関・門司・小倉の水道建設の動きに刺激を受けて、一九〇六年に町営水道を計画した。ちょうど八幡の官営製鉄所が遠賀（おんが）川から工業用水を引く拡張工事に着手しており、その余剰水を分水する計画であった。その橋渡しをしたのが、若松に本拠を構える筑豊の地方財閥・安川敬一郎であった。安川は製鉄所を訪問した井上馨や中村雄次郎（製鉄所長官）に話を取り付け、早期の水道建設を促した。若松町当局も、一九〇七年度予算案に国庫補助金支給を盛り込んでもらえるよう、関係各所に陳情した。しかし既に九都市への新規支給が決まっており、また町営水道への支給は前例がなかったため、実現は不可能と思われた。絶望する安川と町当局に対して、地元選出の政友会代議士・野田卯太郎（うたろう）が助け舟を出し、原内相との面談を取り付け、若松町の上水道布設の件を陳情して理解を得た。一九〇七年度予算案に盛り込むことはかなわなかったが、翌年度予算で異例の国庫補助金支給が認められた。それまで若松町会で少数派だった政友派は最大限にこれをアピールし、以後、野田の熱心な支持者となっていった。

もう一つの事例は、横浜市の事例である。横浜市は一九〇八年七月の市会で、給水人口を三〇万人から八〇万人へと飛躍的に高める第二回拡張工事（総予算七〇〇〇万円）を可決し、その三分の一の国庫補助を願い出た（その後、内務省の方針に則（のっと）り四分の一に修正）。横浜市への国庫補助金は、大蔵省の緊縮財政方針にもかかわらず、市長の陳情活動などが功を奏して、一九〇九年度予算案に盛り込まれた。しかし、ここで一波乱が起こる。桂首相と政友会幹部の間で予算交渉が始まったが、政友会の横槍（よこやり）で横浜への補助金が否決されたのである。これに対して、横浜政財界の有力者らが政友会幹部へ働きかけた結果、補助金は復活することができた。背景には、横浜市では第九回総選挙（一九〇四年）以来政友会代議士を選出しておらず、政友会による横浜市への嫌がらせと見る向きもあった。これを機に、横浜の有力者は原敬ら政友会幹部との人脈づくりに努め、次の総選挙に向けて政友会系代議士の獲得を目指すようになっていった*10。

5. 緊縮財政下の積極主義

しかし、こうした地方利益を梃子（てこ）にした党勢拡張が順調に進んでいったわけではない。憲政党が地租増徴と引き換えに積極主義に乗り出した時代は日清戦後不況の真っただ中で、十分な予算措置が取られず、加えて日露戦争の勃発で地方のインフラ整備は停滞した。また政友会が積極主義へと大きく舵を切った日露戦後の時代は、巨額の戦時公債費が重くのしかかり、財政運営は困難を極めた。第二次桂内閣は緊縮財政と非募債主義をとったため、政友会が力を入れた鉄道事業・港湾事業ともに十分な成果を挙げたとは言い難い。また地方でも、非募債主義の影響を受けて新規事業が極度に制限されたほか、この時期に多発する大規模水害への対応で手一杯の状況であった。

本章で取り上げた近代水道についても同様のことがいえる。第二次西園寺内閣下で編成された一九一二年度予算案では、上下水道の国庫補助金総額を一三〇万円にまで拡大し、新たに七都市への支給を認めることができた（**表4－1**：七五頁参照）。第一次山本内閣（政友会は与党）下で編成された一九一四年度予算では総額一〇万円を上乗せし、新たに八都市を支給対象に加えたものの、その初年度から五年度までの金額がほとんど一万円に縮減された（**表4－1**参照）。各都市の支給年数を見ると、東京が二一年、呉が一一年で、他の都市も八～九年、と軒並み長期化している〈**表4－3**〉。このように、緊縮財政の下、限られた財源の中で新規参入を認めようとすると、初期の支給額を低く抑えつつ支給期間を延ばして後年度の支給を予約するという形をとらざるを得ない。その結果、工事期間中（交付開始から数年）に受給できる補助金額が極めて僅少となり、各都市では別途財源の調達を図らねばならなくなる。確かに工事費の四分の一に当たる国庫補助金は大きな存在ではあったが、その性格はしだいに利子補給へと変化していき、地方利益に不可欠な即効性を失っていった。

ただし、桂園内閣の時代に着手された様々な施策や長期計画の存在が、これ以降のインフラ整備の基盤となったことも看過できない。鉄道については、予定より遅れながらも鉄道敷設法に基づき奥羽線・鹿児島線・中央線などが全通したほか、建設のハードルを低くした軽便鉄道法が公布され（一九一〇年）、私鉄建設や国鉄軽便線の布設が相次ぎ、後の改正鉄道敷設法（一九二二年公布）へとつながっていく*[11]。また当該期に相次いだ大規模な水害を受けて、第二次桂内閣は臨時治水調査会を設置し、国が直轄改修工事を行う六五河川を選定し、第一期・第二期に区分して長期的な治水政策を策定した*[12]。水道についても、水道条例を改正して私営会社の参入を認めたほか、一九一一年度から大蔵省預金部資金の低利融資も始まり、新たな財源となった。政友会は、こうした第二次

表4-3 1914年度予算の水道国庫補助金一覧（新規分のみ）

単位：千円

年度	東京（拡張）	呉	高松	松江	鹿児島	福岡（拡張）	佐賀
1914	10	10	10	10	10	10	10
1915	10	10	10	10	10	10	10
1916	10	10	10	10	10	10	10
1917	10	10	10	10	10	10	10
1918	20	10	10	10	10	10	10
1919	30	30	20	20	20	20	20
1920	55	30	30	20	20	20	25
1921	60	30	30	30	20	20	30
1922	100	40	45	32	37	22	
1923	392	40					
1924	410	50					
1925	410						
1926	410						
1927	410						
1928	410						
1929	410						
1930	410						
1931	410						
1932	410						
1933	400						
1934	393						
合計	5180	270	175	152	147	132	125

出典）国立公文書館所蔵「御署名原本」予算外国庫負担契約の項より作成。

桂内閣下で行われた各種施策を自身の積極主義に取り込みながら、高まる地方利益要求に持続的に応えようとしたのである。

こうした中、第二次西園寺内閣の政友会閣僚・幹部たちは、厳しい財政運営と積極主義の間で苦悶することになる。一九一二年度予算編成にあたり、原敬は鉄道拡張案を盛り込もうとするが、一切の新規事業を認めない山本達雄蔵相と対立し、辞表を申し出るほどであった。その原敬も、地方利益要求が際限なく高まることを常に危惧しており、先に述べた港湾調査会や水道布設費国庫補助金の枠組みなどを設けて、箍（たが）をはめつつ優先順位を付そうとした。しかし積極主義を求める党内の不満は抑えがたく、それは大正政変を誘引する導火線ともなっていったのである。

演習問題

1．星亨や原敬の政治スタイルについて、民党連合路線との違いを意識しながら、まとめてみよう。
2．地方名望家の具体例を挙げ、その政治的・経済的・社会的役割などを調べてみよう。
3．この時期のインフラ（鉄道・道路・港湾・電気など）の整備過程を、政党の動きと関連させてまとめてみよう。

《本文脚注》

＊1　坂野潤治『明治憲法体制の確立』（東京大学出版会、一九七一年）第二章第一節。
＊2　星については有泉貞夫『星亨』（朝日新聞社、一九八三年）、彼の「積極主義」については、北原聡「近代日本における交通インフラストラクチュアの形成」（『社会経済史学』第六三巻第一号、一九九七年）を参照。
＊3　季武嘉也『大正期の政治構造』（吉川弘文館、一九九八年）五〇～五二頁。
＊4　前掲「近代日本における交通インフラストラクチュアの形成」。
＊5　稲吉晃『海港の政治史』（名古屋大学出版会、二〇一四年）一五〇～一五四頁。
＊6　三谷太一郎『増補　日本政党政治の形成』（東京大学出版会、一九九五年）第一部第二章。
＊7　前掲『大正期の政治構造』二九四頁。
＊8　飯野については埼玉県立浦和図書館編『飯野喜四郎伝―付　県政重要日記抄』（飯野時子、一九七〇年）のほか、蓮田市教育委員会社会教育課市史編さん係編『飯野喜四郎日記Ⅰ・Ⅱ』（蓮田市教育委員会、二〇〇三年・二〇〇四年）が刊行されている。
＊9　松本洋幸『近代水道の政治史』（吉田書店、二〇二〇年）第一部。
＊10　植山淳「都市支配の変容」（『日本歴史』第五三八号、一九九三年三月）。
＊11　松下孝昭『鉄道建設と地方政治』（日本経済評論社、二〇〇五年）第七章。
＊12　山崎有恒「明治末期の治水問題――臨時治水調査会を中心に」（櫻井良樹編著『地域政治と近代日本』日本経済評論社、一九九八年）。

参考文献

升味準之輔『日本政党史論』第二巻・第四巻（東京大学出版会、一九六六年・一九六八年）
有泉貞夫『明治政治史の基礎過程』（吉川弘文館、一九八〇年）
季武嘉也・武田知己編『日本政党史』（吉川弘文館、二〇一一年）

5　二大政党政治の曙光

五百旗頭　薫

《学習のポイント》　明治中期から大正期にかけて、大隈重信らが自由党・政友会とは別の政策・理念を持つ政党の育成に努めた経緯を通じて、近代日本における野党の伝統とその特徴を論ずる。

《キーワード》　野党、大隈重信、尾崎行雄

1．ラジオで語る野党史

この講義はラジオで発信する。昨今、テレビのみならずネットでも映像を流すことが容易になっているため、ラジオの持つ意味をことさらに考えてしまう。ラジオには、視覚に訴えられないというハンディキャップがある。そのかわりに、聴き手の耳元で話すようにして伝えることができる。ところで、野党にもハンディキャップがある。公式の権限や有形の資源では、政権・与党に劣る。それでも野党なりの力がある。野党の力の大きな部分は、言葉の持つ力である。

野党の言葉に対して、醒(さ)めた見方もある。確かに、さしあたりは却下されたり無視されたりすることが多い。政権戦略や政策的な裏付けを欠いた言葉は空虚となり、無責任に流れることがある。だが、言葉の力を認めない権力闘争は、野党に過大なハンディキャップを負わせ、権力が腐敗する

可能性を高める。私は二〇二〇年三月に『〈嘘〉の政治史』という本を刊行した。そこでは嘘を「必死の嘘」と「横着な嘘」に分けて考えた。必死の嘘とは、相手を必死に騙そうとする嘘である。弊害は大きいが、騙してでも相手を説得しようとはしているので、言葉の世界にとどまっている。これに対して横着な嘘とは、嘘だとばれるのも気にせずに言い張る嘘である。言葉の力を発揮しようとすらしない。これがまかり通ると、告発するのも反論するのも馬鹿らしくなる。言葉の力を発揮しないいまま、言葉の力を摩滅させる。世界の政治は、このような嘘のために傷んでいるのではないか。

戦前の野党は二大政党政治を実現し、一九二〇年代の政党内閣期には優位にすら立った。あなどれない言葉の力があったのかもしれない。歴史叙述の筋書きはなるべく明快にして、演説や論説や書簡、どのような言葉が野党から発せられ、あるいは野党の周辺でざわめいていたかを例解しようと思う。それがラジオ講座に適しているような気がする。

読みやすくするため、引用は適宜、カタカナを平仮名に改め、ルビ、濁点、句読点を補っている。

2. 裏付けのある政策を目指して

一八八一年の明治十四年の政変の後に、二大政党の原型が成立した。一つは年内に結成された自由党である。自由民権運動の主流が結集し、国会開設を訴え、激化民権事件を起こすこともあった。しかし一八九〇年に国会が開設されると、しだいに藩閥政府と和解していく。

したがって野党の起源となったのは立憲改進党であった。政変で追放された大隈重信や側近の元官僚、そして都市民権結社が一八八二年に結成した。新知識を装備したエリートが多く、特に福沢諭吉門下の矢野文雄や犬養毅・尾崎行雄らは国会論にとどまらず、個別の政策論を華々しく展開した。最初から政権担当能力を強く意識し、アピールした政党だったのである。

ちょうど一八八〇年代前半は、松方デフレといわれる深刻な不景気の時代であり、これを緩和する経済政策が求められていた。激化民権事件も生活の困窮が背景にあり、自由党は一八八四年、解党するまでに追い込まれている。自由党も改進党も、最大の国税であった地租の減税を訴えていた。改進党の特徴は、財源を詳細に示した点にある。矢野らの機関紙の『郵便報知新聞』が連載した社説「明治十八年ノ地租改正」は、一八八三年一一月一日から一二月七日まで三一篇に及ぶ大作であった。単純な税率引き下げではなく、課税方法の抜本的な変更も訴えていたが、それはここでは触れない。肝心の財源は、歳出の削減（節約と地方への負担の移転）と関税の増収であった。

関税は当時、いわゆる不平等条約（開国に伴い、幕末から明治初年にかけて欧米列国と結んだ条約）が定めた協定関税制度によって課税の上限が決められていたので、改進党は条約改正を主張したということになる。こう述べている[*1]。

我が外交条約の改正せざる可らざるや久し。治外法権の、独立国の体面を毀損するは暫く措く。海関税則の、一挙して我が栄誉と実利とを傷害するに至ては、忍ばんと欲するも忍ぶ能はざる者ある也。

条約改正が必要となって久しいという。「治外法権」とは、領事裁判権（日本で被告になった外国人は、自国の在日領事による裁判を受けることができる）のことである。これは不名誉だがしばらく我慢する。協定関税（「海関税則」）が同時に不名誉であり不利益であることは我慢できない、ということである。一見、不平等の二大眼目を並べただけに見える。これの何が重要なのか。

当時、自由党も条約改正を訴えていた。だが外交実務に疎い自由党にとって、具体的な改正案を示すのは困難であった。むしろ国内体制を改革することで、国民の参加・後援と欧米の評価を得るべきである、と論じていた。国内体制の改革の最たるものは国会開設であり、事実上、国会開設までは条約改正ができなくともやむを得ないかのような論調が多かった。自由民権運動を母体とする政党として、筋が通っていたともいえる。

改進党は、条約改正を裁判と関税の問題に分けた上で、前者については自由民権運動らしい議論に委ねた。別の社説において、「彼我の政治法律、大に其（その）寛厳を異（こと）にし」ている、つまり欧米に比べて日本の政治・法律が抑圧的であるため、西洋人は領事裁判を維持したがるのだろうと察し、「外人の治外法権を固執するも、強（あなが）ち偶然ならざるを知る可し」と理解を示している*2。

その上で、関税については名誉だけではなく利益もかかわっているとして、実利的な経済外交の次元に移したのである。このように、外交政策と組み合わせることで、難度の高い経済政策に裏付け（らしきもの）を与えることにより、改進党は政治対立を演出した。

一八九〇年に国会が開設されると、改進党は自由党とともに歳出削減による地租減税を要求し、衆議院で予算闘争を展開した。だが両党とも富国強兵のための支出も原則として認めていたので、歳出削減には限界があった。したがって、地租減税の財源はあやしかった。このことは、自由党が藩閥政府との和解に赴く理由の一つとなった。

これに対して大隈は、折に触れて外債募集が可能であると示唆する発言を行った。外債が富国強兵の費用を補うのであれば、減税の財源は拡大する。そこで改進党側は、外債を募るという「英断」

に訴えても「兎に角地租を減ぜよ」、と主張することができたのである＊3。

当時、日本は外債を募集した経験に乏しく、しかも植民地化を招く恐れがある、という反対が明治天皇を筆頭に強かった。この点、大隈は大胆であり、しかも明治初年に鉄道敷設のための借款交渉を成功させた体験もあった。明治十四年の政変までは大蔵省を指導し、大隈財政の一時代を築いていた。一八八八年二月には井上馨（かおる）の後任の外相として復帰し、失敗に終わったものの条約改正交渉を担当した。井上や伊藤博文（ひろぶみ）も能力は認めていたのであろう。このように外交・財政の実務に通じた大隈を中心に、政策能力をアピールし、政権交代への意欲を示す政党が育ったのである。

3. 権力闘争における不遇

改進党は、組織力では自由党に劣った。改進党に参加した都市民権結社のうち最大のものは、沼間守一（ぬまもりかず）や島田三郎を中心とする嚶鳴社（おうめいしゃ）であった。嚶鳴社は地方にも若干の勢力があり、これが初期の党の地方組織の中心であった。後年、足尾鉱毒事件での直訴で有名になる田中正造（しょうぞう）は、嚶鳴社の熱心な活動家であった。結党当初の改進党員は、半数近くが栃木県に分布していたが、それは田中の努力によるところが大きい。それだけに、田中は改進党の苦しい立場を熟知していた。

改進党が得意とする政策論は、無味乾燥になりやすい。これに対して板垣退助（たいすけ）率いる自由党は、自由を熱く訴えるので分かりやすく、学術的な装いで革命を論じるので清新な印象を与える。また、政府から見れば、急進的な自由党よりも、個別の施策の欠点を衝いてくる改進党の方が厄介な相手である。改進党に対抗して、政府と自由党が接近する素地は、国会開設前からあったといえよう。田中が遺（のこ）した書き付けには、まさにこのような苦境を嘆いたものがある＊4。

大隈等の主義、社会の秩序を守り、又内閣政務の責任を正すを以て多し〔と〕す。然れども之れ直接国民には得失利害判明了解し難くして、内閣当局の胸部を突き非常の痛みを感ずるに引替へて、板垣氏は当時頗る平民自由主義の声望高きに加へて~~自由~~の極端を以て居り、演舌（ママ）は学術的革命論多きを以〔て〕人民はよく之を耳新敷（みみあたらしく）聴き得て、政府より見るときは直接の攻撃にあらざるを以て痛く感ずるもの少く、又板垣は久敷（ひさしく）政府に居らずして現事に対する争への痛手なく、大隈は之に反して目下の仇敵なるを以て、薩長連合の人々大隈を怖るるの甚しきより終には自由党を遇する緩にして、却而改進党~~[illegible]~~防ぐに極端の自由〔党〕を楯とするの感ありき、呵々（かか）。

「呵々」と笑ってはいるが、蟻に襲われたミミズ（北村透谷（とうこく）「みみずのうた」）がのたうつような苦しみではないか。

改進党もいけなかった。エリート主義が強く、自由党を操縦したり、その地盤に侵食したりしようとする下心が見え隠れした。政権から疎外される期間が長引くにつれ、政策能力も摩滅した。摩滅しても闘い続ければ、それこそ無責任な野党の議論となり、ますます疎外された。大隈自身にある手八丁口八丁の傾向や、負けん気の強さは、こうした困難を解決するよりも助長したであろう。

そのおかげで、大隈の政党は自由党に合流する機会を逸した。藩閥の物分かりの良い与党として吸収される機会も逃した。大隈系政党の長所と短所が組み合わさることで、野党が誕生・存続し、二大政党政治になったといえる。

4．小さく広げる生存戦略

組織の弱い改進党は、選挙でも苦労した。国会開設当初、衆議院三〇〇議席のうち、自由党が三分の一を超えたのに対し、改進党は六分の一弱でしかなかった。残りの半分弱は、凝集力の弱い温和派、保守派、国権派であった。

改進党が影響力を発揮するためには、他の会派との協力が必要であった。自由党と組んで予算闘争を行ったことは既に述べた。自由党が離反して第二次伊藤内閣に接近すると、改進党は条約改正交渉に反対し始めた。保守派、国権派に加えて、自由党の路線転換に不満な民権派が同調し、対外硬派と称して再び衆議院の過半数を左右するようになった。伊藤は第五、第六議会を相次いで解散したが、一八九四年の夏に日英間の条約改正交渉が妥結し、ほぼ同時に日清戦争が勃発するまでは窮地に立たされた。

戦争中は挙国一致と称して、表立った政争は中止となった。一八九五年四月、下関にて日清講和条約が調印される。ところがその直後に独仏ロが遼東半島の清朝への返還を勧告し（三国干渉）、日本は受諾した。さらに朝鮮では一〇月八日、閔妃（びんひ）暗殺事件が起こった。三浦梧楼（ごろう）公使以下、日本公使館が関与していた。これらを伊藤内閣の失態であるとして、対外硬派は第九議会冒頭の一八九六年一月九日、衆議院に問責上奏案を提出した。ここまでは、日清戦争前の多数派工作と似ている。

ところがこの時の経緯を見ると、改進党は必ずしも多数を得ることにこだわっていないようである。実は第九議会は講和後の最初の議会なので、戦後経営にかかわる予算や法案の審議があった。

責任追及はするが、戦後経営の審議を終えてからが良い、という意見も有力であった。改進党内では島田や犬養らがこれに理解を示した。だが尾崎らは冒頭での問責を主張し、これが採用された。なぜそうなったか。衆議院本会議で提案理由を説明した尾崎の演説を聞いてみよう[*5]。

かねてより伊藤内閣は無能・無責任であったが、それでも日清戦争遂行のために「従来の攻撃の鉾先を収めて」協力したのだと尾崎は述懐する。分不相応な挙国一致に恵まれた内閣が、それに見合う仕事をしただろうか。答は否である。遼東を見よ、朝鮮を見よ。失敗の連続ではないか。

そのような内閣が戦後経営を遂行できるはずがない。国威を張り、人民の幸福を進めたいのはやまやまではあるが、この希望を達成するためには、一時はこの希望を後回しにして内閣の責任を問い、真に力量のある者に取って代わらせるために、上奏案を提出したのである。

如何に挙国一致の助を與へたところが、今の内閣諸大臣に於て此の国家を背負つて立つ所の力量が無いと判断を致しましたが為に、止むを得ず国家の為に、内閣諸大臣の責任を問うて然る後、陛下の即位の始より常に中外に宣言し給ふた所の、国威を外に振張し、内に於ては人民の幸福を進むると云ふ国家の隆盛の進路を開拓致すと云ふが為には、止むを得ず一時は、此希望に背いてでも其責任を問ひ、而して真に其力あり其能ある者と倶に、国務を経営するの途に出づるの外無しと云ふの考へよりして、止むを得ず上奏案を茲(ここ)に提出致すことになりましたのであります。

尾崎の演説としては読みにくい部類である。「止むを得ず国家の為に」を、「陛下の即位の始より（中略）国家の隆盛の進路を開拓致すと云ふが為には」で説明し直している。国家のためになるはずの戦後経営を、国家のために後回しにしよう、という難しい立場なので、言い方も難しくなっている。

この難しい立場に与しない者への、尾崎の攻撃が先鋭化していく。戦後経営を持ち出し、戦後経営か問責か、と踏み絵を踏ませるのは、天皇を政治利用するのと同様の卑劣な保身である、と弾劾する。

> 是は恰も彼等が得意とするところの、玉座の蔭に匿れて責任を免れんとするが如く、世間の評判の宜しき経営問題を予算の中に繰込んで通過後でなければ責任問題は議せぬなどと云つて責任を免れんと欲するの卑劣心より、事茲に出でたりと言ふより外に説明の附け方は無いのであります。

議会冒頭の問責は「止むを得ず」と尾崎は連呼する。だが冒頭問責に反対する側からすれば、尾崎こそ踏み絵を迫っているように見えたであろう。

このような多数派工作ならぬ少数派工作は、実は改進党が自党の拡大を真剣に考え始めたことを反映していたのかもしれない。問責上奏案は案の定、一〇三 対 一七〇の反対多数で否決された。この敗北の体験を共有した者たちで、一八九六年三月に進歩党を結成した。所属議員は九九名で、自由党とほぼ同等、衆議院のほぼ三分の一を得た。そして旧改進党は五二名で、辛うじて新党の過半数を占めていたのである。統制可能な野党を率いて好機到来を待つためには、負け馬を産み、負け馬に乗ることも必要であったのかもしれない。

では万事、旧改進党を中心に運営されたかというと、そうではない。そもそも改進党時代から、大隈は党に対して冷淡な態度を取ることがあった。改進党の総理は二年でやめ、形式上はしばらく離党していた。党の公式見解と異なる持論も吐いた。政党と密着し、藩閥と敵対し過ぎると、政権復帰の妨げになるという計算があったであろう。これに加え、他の会派を糾合する際には、新規参入者が不利に見えないことが望ましかったのかもしれない。それは古参の冷遇を意味した。

九月一八日、松方正義が第二次内閣を組織した。進歩党は与党となり、大隈は外相に就任した（松隈内閣）。大隈と松方の提携を熱心に推進していたのは徳富蘇峰である。徳富が率いる知識人集団、民友社の人見一太郎は二四日付書簡で大隈に祝辞を送ったが、その中で「進歩党を統一して率ゆる点よりするも、旧改進党以外の人物の心御収攬必要なるへし」と記し、進歩党を掌握するためには旧改進党員ではない者を重用すべきだと指摘した。遠方に友人を求めよ、「譜代」に贔屓とならないよう「外様」にも配慮せよ、と譬えてみせた[6]。

> 寧ろ頼母しき人物は遠方に在るべしと存申候。平常余り近かよらざる人物の中に就て、我より進んで朋友子分御求め被成度切望仕候。且つ何かにつけて譜代と外様とには御加減必要と存申候。

井伊直政以下、徳川家康の古参が譜代大名として得た石高を列挙し、外様大名と比べた小ささを示すという念の入れ様であった。

釣った魚に餌をやるな、するとなぜか新しい魚が寄って来る。これが野党を拡大させるための知恵だったのかもしれない。現に松隈内閣で特に重用された進歩党員は、高橋健三内閣書記官長、神鞭知常法制局長官のように、改進党外の出身者であった。

松方らが地租の増税を計画したため、進歩党は提携を断絶し、大隈らは下野した。松方は衆議院を解散し、その直後に退陣した。第三次伊藤内閣が成立したが、進歩党・自由党とも地租の増税に反対したため、再び衆議院は解散された。両党は合同して憲政党を結成した。伊藤は退陣し、大隈と板垣に組閣を薦めた。初の政党内閣たる第一次大隈内閣（隈板内閣）が、一八九八年六月に成立する。ここでも、進歩党の就官者の中で旧改進党は多いとはいえない。

旧改進党からは、今こそ長年の忠勤に報いて欲しいという声が挙がった。またしても徳川の例が持ち出された。三河武士の功労を忘れるな、旧改進党員を重用せよ、という圧力であった[*7]。

〔大隈〕伯には改進党員を御忘れ無之様願上候。徳川家康の天下を取りたるは、三河武士の不撓不屈に依る。伯の今日あるは、改進党の団結鞏固なる効に依る。然るに伯は改進党を御忘れ相成りたる哉に見受けらるる廉なきにあらず。時々は記臆（ママ）御喚起相成度候。

最古参にしてこの有様である。隈板内閣・憲政党はポストの配分をめぐって旧進歩党系と旧自由党系の衝突を繰り返し、一〇月から翌月にかけて分裂・瓦解した。

釣った魚に餌はやるな、は危ない教えである。餌がない時は我慢できた魚も、いよいよ政権を奪取し、餌があるはずとなると、それまでの我慢の報いを求め、飼い主に噛みつくものなのかもしれない。

5．とにかく希望をつなぐ

隈板内閣が退陣すると、第二次山県内閣が成立した。ここで旧自由党系が地租増税に賛同した。

憲政本党（旧進歩党系）は反対したが、隈板内閣時代に予算案の策定にかかわっていたために、大きな歳出削減を主張しづらく、財源なき反対になってしまった。昨日の与党が、今日の無責任野党のようになった。衆議院では僅差で敗れ、評判も落ちた。それでも応援団はいた。三宅雪嶺を中心とする知識人集団、政教社である。その機関誌『日本人』の巻頭論文は、翌年の暮れに以下のように激励している*8。

政界は腐敗し、政府も議会も自己利益の追求に没頭している。しかも「世界の大勢」に順応するためだと言い訳しており、恥を知らないのだろうか。だが希望はある。自己利益を追求しているうちに、利益を与える範囲を広げざるを得ない、という法則のようなものがあるからだ。

明治の権力者が自己利益の追求に使う口実は、もっぱら「勤王」「国家」「世界」と変遷して来ている、と『日本人』は分析する。「勤王」に異を唱える者はおらず、この掛け声で明治維新は実現した。君側で権力を得た者たちが利益を独占した。

自由民権運動が批判勢力として登場すると、これに対抗して一八八〇年代、伊藤が憲法起草作業を本格化する頃から「国家」を連呼するようになる。これも権力者に好都合なシンボルであったが、「国家事業」と称して「株商」が意外な儲け口を見つけたように、実は受益する範囲が広がった。

日清戦争や三国干渉で対外的な視野が広がると、「世界」が持ち出され、世界に遅れないようにと議会は積極政策を求め、商工業者も国庫補助を狙って奔走する。腐敗が広がるのは、利益配分の範囲が広がっているからであり、ここまで広がると、それだけは公平に近づいているともいえるし、競争に勝つためには信用も重んじなければいけなくなる。

> 勤王の名に於てするは国家の名に於てするよりも利益を得るの区域狭く、国家の名に於てするは世界の名に於てするよりも利益を得るの区域又た更に狭し、世界の名に於てするは実に一国の人民を通じて万方に亘るべし、其今日に方りて臭爛の汚気普く浸潤し到る処敗徳無恥の汚行あるを見るは即ち利を射るの区域漸く伸拡せるの致せる所にして、向後之が風潮の弥々長じ醜行の益々増進するは必至の勢たり。然れども利を射る者の区域益々広大なれば特別に此に籍りて利益を占むる者の収得亦た従ひて減少せざるを得ず、（中略）利を占め得る者の漸次多人数なるに及べば空手万金の暴利は自然に制限せられ、其の極互に幾くか信を守るに非すんば各々業務を遂ぐる能はざるに至るべし。

だから「今日の腐敗は決して失望すべきものに非ず」とまで断言する。もちろん放置していると弊害が大きい。落胆も放置もせず改善に努めよう、と呼び掛けている。なかなか面白い。

雪嶺は特定の党派に参画することを避けており、旧進歩党系にも厳しい注文をつけることがあった。だからこそ一歩引いたところから、希望の経路を示すことがあった。このような言説を繰り出す知識人が周囲にいたことが、大隈系政党の強みであったといえよう。

翌一九〇〇年、伊藤博文が旧自由党系と合流して立憲政友会を創設した。尾崎も政友会に合流した。危機感をもった憲政本党の要望で大隈は久方ぶりに総理に就任したが、党勢は振るわないままであった。

無理もないことである。元来、大隈は関税や外債といった、いわば海外から財源を調達することで減税論を鼓舞していた。だが松隈内閣期の一八九七年に金本位制が導入されると、健全財政志向を強める。しかし党内には鼓舞された減税論が健在であり、さらに対外硬の伝統もあったので、内紛が絶えなかった。これに対して政友会は、伊藤の次の総裁の西園寺公望が、陸軍・長州閥出身の桂太郎と交代で政権を担当するという桂園時代を迎え、与党化に成功していた。

憲政本党では、大隈を排除して政友会や桂に接近しようとする、改革派と呼ばれる勢力が台頭した。負け馬に乗っても、負け犬になってはいけない。大隈は機先を制し、一九〇七年の党大会で総理を辞任した。演説して自らの力不足を詫びた上で、党員に別れを告げた*9。なお、聴衆が「ノウノウ」と言うのは反対の意志表示であり、「ヒヤヒヤ」は英語の"hear him, hear him"(発言を聞け)に由来する賛成の意思表示である。

> それ故に私は諸君に向って、どうか御別れをしたいと思う(ノウノウ)。私のただいまの言葉は諸君に対する告別の言葉と、どうぞご承知を下されたい(ノウノウ)。如何となれば、今日は既に業によほど活動を要する時機である。活動は青年にある。私が今日総理を辞するというのは、私はもはや政治に飽いた、今日の窮境に疲れたかというと、決してそうではない。老いたりといえどもなかなか奮闘する(ヒヤヒヤ)。我輩は国家に対し、畏れながら陛下に対して、死に至るまで政治を止めはしない(ヒヤヒヤ)。政治は我輩の生命である(大隈伯万歳と呼ぶ者あり)。

政治は止めないと述べ、「政治は我輩の生命である」と述べたのは有名である。健気であり、党員の同情は増したであろう。ただしこれから引用する、演説の末尾も重要である。改進党結党以来、自分は八年しか総理を務めていないが、政府も社会も自分と党を一心同体とみなしている。今さら政権に接近するつもりはない。世間が許しても自分が許さない、と語って演説を終えた。

私は総理というものには、初め改進党の成立つ時に僅(わず)かに二ヵ年、今度はよほど辛抱強く六ヵ年、前後八ヵ年、二十五年の間に八ヵ年しかやっていない。やっていないが、この大隈というものを政府も社会も、やはり改進党、進歩党の仲間ということに思って何としても許さぬ。それ故にこれから看板を掛け直して、少しもっともらしくなって、御役人などに近付いて何かやろうということは世の中が許さぬ。世の中が許しても我輩が許さぬ（ヒヤヒヤ）。これは私は正直に諸君の前に白状するのである。どうかこのただ形式上の名はどうでも宜(よ)いが、これはどうかご免を願いたい。これは私が諸君に向って平素の剛情なるに拘(かか)わらず、実は哀訴嘆願するゆえんであります（拍手大喝采）。

本当は党から引退するつもりはないと宣言し、大喝采を浴びているのである。実際、その後も非公式に党に助言し、内紛を調停し、影響力を維持・回復していく。

一九〇九年二月、桂への接近を図る大石正巳ら改革派は、反対する非改革派の犬養毅を党から除名しようとした。だが非改革派の反撃は強く、改革派が詫びを入れて撤回する始末となった。門戸を開いて政友会に対抗する勢力を結集すべき、という要請は共有されており、一九一〇年三月に憲政本党と他の小会派とで立憲国民党が成立した。だが犬養の主張で、桂と近い中央倶楽部を排除した小合同となり、衆議院議員は九〇名余りで、政友会の半分ほどの勢力に過ぎなかった。ここでも負け馬に乗ったらしい。

一九一二（大正元）年末、第三次内閣を組織した桂は、憲政擁護運動の攻撃を受けて窮地に立たされ、打開策として新党の結成を呼びかける。政友会を切り崩す構想もあったようだが実現せず、立憲国民党の改革派が大挙して流入した。大隈は抜け目なく改革派と和解しており、桂にも接近しており、その桂が病死したので、一九一三年一二月に結成された立憲同志会は大隈色が強くなり、大隈・桂と昵懇（じっこん）だった加藤高明（たかあき）が総裁に就任した。犬養は国民党を割った同志会を憎み、後に政友会に合流する。

藩閥、特に長州派の元老は政友会への反感を強めており、一九一四年四月、七〇歳を超えていた大隈に政権を委ねた。第二次大隈内閣は、七月に勃発した第一次世界大戦の影響もあり、内政外交に失点が多かった。在野時代に大隈が主張していた財政の健全化に着手したものの、大戦景気で雲散霧消した。対華二十一箇条要求は、中国・米国との関係を悪化させた。だが加藤の同志会や、尾崎率いる中正会を主な与党として二年半の間、政権を担当し、退陣直後に旧与党が結集して憲政会となり、政友会に対抗する第二党が確立した。大隈は一九二二年に死去するが、憲政会とその後身の立憲民政党は、一九二四年から三二年に至る政党内閣期に、政友会よりも長く政権を担当した。

大隈は長年、政党を利用して政権復帰を画策しつつ、政権復帰のために政党から距離を置いた。釣った魚になるべく餌をやるまいとした。大隈の側近は負け馬に乗らなければならず、つまりは排除の論理を発動させなければならなかったため、犬養も尾崎も度量の大きな指導者には育たなかった。

大隈なりの努力はあった。気さくに人と会い、新聞記者に長広舌をふるい、演説や座談では森羅万象を雄弁に語って見せた。いつしか努力は趣味となった。大隈の多彩な活動の中でも政党指導は最重要となっており、憲政本党総理を辞任する瞬間にそれを認めたのである。言葉の力は、相手を倒したり説得したりするよりも、そうするつもりの自分を変えるものなのかもしれない。

いかんせん言葉の力は、賞味期限が短いように思う。言葉は国家百年の計を語れるのではあるが、人は一時鼓舞されても、やがて醒めてしまう。したがって、言葉の力に頼らない権力政治家を、その日暮らしだと決めつけることはできない。その日暮らしもいるが、星亨(とおる)や原敬(たかし)のように、世間の非難に堪えて権力を動かし、やがては権力構造を変えようとする者もいる。正しいか否かは別として、そのような政治家にこそ長期的ビジョンがあることを認めなければならない。

ただし言葉の賞味期限は短くても、食いつなぐことはできる。短期的・中期的に味方を鼓舞する展望を示し、様々な展望を繰り出して鼓舞し続ければ、変化の速い近現代においては無視できない長さを持つ。問題はそれだけの言葉の生産力を維持できるかである。内紛のリスクを負ってでも多士済々に多事争論を許し、気難しい知識人の注文も歓迎する。このような言語環境を維持したところに、戦前の野党の勝因があったのだ。

野党が勝っても、与党として成功する保証はない。大隈の統治能力や加藤高明の資金力など、存否・出所が不明瞭なものも活用して辛うじてガバナンスを確保しようとしたが、二度の大隈内閣に失敗は多かった。ここで扱った以降の時期から多くを学ばなければならないだろう。

野党として存続し、かつ与党として成功するための条件を具備するのが、険しい道であることは確かである。この険しい道は日本の政党の過去だけではなく、前途にもそびえているのだ。

演習問題

1. 改進党と自由党の特徴をそれぞれ述べなさい。
2. 大隈重信系政党はどのように他の勢力の吸収を図ったか。
3. 野党政治家は包容力がないと言われることがあるが、なぜか。近代日本の経験から説明しなさい。

《本文脚注》

＊1　後に尾崎行雄・中村為吉『地租改正私議』（報知社、一八八四年）に収録（引用部は一五三頁）。
＊2　「条約改正ニ伴ヘル内地雑居及ヒ会同裁判ノ問題」（『郵便報知新聞』一八八四年二月一三日、一四日、一五日、一六日）。
＊3　「兎に角地租を減ぜよ（告議員）」（『郵便報知新聞』一八九〇年一一月六日）。
＊4　田中正造全集編纂会編『田中正造全集』第一巻（岩波書店、一九七七年）三一六頁。
＊5　尾崎行雄「三国干渉の責任を奈何」（大日本雄弁会編刊『尾崎行雄氏大演説集』、一九二五年）。
＊6　早稲田大学大学史資料センター編『大隈重信関係文書』9（みすず書房、二〇一三年）一一五～一一九頁。
＊7　大隈宛塩入太輔書簡、一八九八年八月二六日、前掲『大隈重信関係文書』6（みすず書房、二〇一〇年）一六七～一六八頁。
＊8　「勢家託言の変遷、勤王、国家、世界」（『日本人』第一〇五号、一八九九年一二月）。
＊9　大隈「総理退任の辞」（早稲田大学編『大隈重信演説談話集』岩波文庫、二〇一六年）二二一～二二三頁。

参考文献

五百旗頭薫『大隈重信と政党政治——複数政党制の起源　明治十四年－大正三年』（東京大学出版会、二〇〇三年）

五百旗頭薫『〈嘘〉の政治史——生真面目な社会の不真面目な政治』（中公選書、二〇二〇年）

6 普選への道のり

季武 嘉也

《学習のポイント》 一九二五年に男子普通選挙が実現するが、ここでは、そこに至るまでは、どのような形で選挙戦が行われていたのかを説明し、その上で、この時期になってなぜ国民は普選を熱望するようになったのかを説明する。

《キーワード》 小選挙区制度、大選挙区制度、独立選挙区、地方的団結、普選時期尚早論

1. はじめに

〔国民の代表を選ぶ方法として〕実際的の方法として最も穏当なるものは、全国民に普及して居る最も自然的な社会的団結を基礎として、之を以て代表者を出だすの単位となすに若くは無い。而して此の如き最も自然的な社会的団結は実に地方的の団結である。〔略〕一区一人を選出する小地域を一選挙区として、之を以て代表者を出だすの単位となすのは、比例代表の如き政党のみを代表せしむるの弊害なく、却って能く社会上の無数の勢力を調和して、比較的適当なる国民の代表者を得る所以であらう[*1]。

これは一九一二（明治四五）年に美濃部達吉が書いた文章である。これに従えば、少なくとも明

治末までは第三章で見たような「地方的団結」は、日本社会において最も自然な社会の紐帯であった。しかし、一九一九（大正八）年になると美濃部は、持論を否定して比例代表制を主張するようになる。つまり彼には、第一次世界大戦頃までの日本社会の最も自然的な紐帯は、職業や階級、思想などではなく、地方的団結であったと見えていたのである。

そこで本章では、まず地方的団結が重要な要素となっているこの時期の選挙が、具体的にどのように行われていたのかを見ていく。そして、そのような中で普通選挙がどのような意味を持って主張されるようになり、実際に実現したのかを述べていきたい。

2. 小選挙区制度から大選挙区制度へ

第三章で見たように、一八九八年頃までは積み上げ型政党論と二大政党論を提唱する者が多く、特に前者は憲政党結成、隈板内閣という形で大きな成果を挙げたが、同時に現実的な政権運営能力が必要であることも明らかになった。そのため、これ以降の政党にとっては、社会の同意を得ながら優れた人材を議員として確保することが重要な課題となったのである。この点でまず注目しなければならないのは、一九〇〇（明治三三）年の衆議院議員選挙法改正である。

選挙制度に関する重要な変更点は**〈表6－1〉**にまとめておいたので、それを参照しながら、この改正の意味を明らかにしたい。まず選挙資格であるが、最初は直接国税一五円以上で、有権者は全人口の約一％であった。この一％という数字を江戸時代の村（近代では大字）で考えた場合、平均約一〇〇戸で構成され一戸が五～六人の家族であったとすれば、各村で五～六人ほどが選挙権を持った計算になる。とすれば、大ざっぱなイメージとしては名主（庄屋）・組頭・百姓代という村

表6−1　衆議院議員選挙制度の変遷

選挙法令	選挙区制度	定員	選挙・投票方法	選挙資格	最低年齢	有権者／人口
衆議院議員選挙法（1889）	小選挙区 1人区 214 2人区 43	300 約12万人に定員1	記名捺印 2人区は連記 非立候補制度	選挙人、直接国税15円以上 被選挙人、同15円以上　男性	選挙人25歳 被選挙人30歳	1.1%
同 1900年改正	1府県1選挙区の大選挙区 都市独立選挙区53	376 人口13万人に定員1、独立選挙区は最低3万人で定員1、それ以上は13万人に1	単記無記名 非立候補制度	選挙人、直接国税10円以上 被選挙人、無し 男性	選挙人25歳 被選挙人30歳	2.2%
同 1919年改正	小選挙区 1人区 295 2人区 68 3人区 11	464 人口13万人に定員1 2・3人区は規定なし	単記無記名 非立候補制度	選挙人、直接国税3円以上 被選挙人、無し 男性	選挙人25歳 被選挙人30歳	5.5%
同 1925年改正	中選挙区 3人区 53 4人区 39 5人区 31	466	単記無記名 立候補制度 戸別訪問禁止 運動費制限	男子普選、貧困に因り生活のため公私の救助を受け又は扶助を受くる者は欠格	選挙人25歳 被選挙人30歳	20.1%
同 1945年改正	大選挙区	466 人口で各都道府県に配分、定員15名以上の場合は分割	制限連記 定員10名以下は2名、それ以上は3名 選挙運動の大幅な自由化	男女普選	選挙人20歳 被選挙人25歳	51.2%
同 1947年改正	中選挙区 3人区 40 4人区 39 5人区 38	466	選挙運動制限 公営化	男女普選	選挙人20歳 被選挙人25歳	52.6%
公職選挙法（1950）	中選挙区	466	若干の運動の自由化	男女普選	選挙人20歳 被選挙人25歳	55.7%
同 1994年改正	小選挙区比例代表並立 1人区・300 比例区11区・200	500	政党中心に公営化	男女普選	選挙人20歳 被選挙人25歳	78.3%
同 2015年改正	小選挙区比例代表並立制（2020年現在、1人区289、比例区176）		政党中心に公営化	男女普選	選挙人18歳 被選挙人25歳	81.9%

方三役およびその候補者たちが選挙権を持つことになったのではないであろうか。また、当時のイギリスでは、いわゆるジェントリー（郷紳）以上の階層の比率がやはり一％程度であったようなので、意識的か否かは別として、ほぼこの当たりの線引きが分かりやすかったのであろう。このような人々は地方名望家と呼ばれている。地方名望家については第四章で具体例を示しているが、改めてその共通した特徴を挙げれば、①近代に入っても町村長などの名誉職を務める場合が多かったこと、②村のリーダーとして政治・経済・文化など多方面で一定の能力を発揮し、村民から信頼を受けて村をまとめていたこと、③個人としては比較的広い土地を所有し、また明治維新以降は土地を集積し、さらには農業以外にも進出して地域産業の発展を支えたこと、などであった。さて、それが一九〇〇年の改正では一〇円に引き下げられ有権者は倍増したが、いずれにしても地方名望家がその大半を占めていたという点では、それほど大きな変化ではなかった。

それよりも選挙区制度が重要な変更であった。同法制定の際に採用されたのは小選挙区制であった。当時欧米でも多くの国が採用していたこともあり、ほとんど異論が出ていないようである。採用の理由は、選挙民が比較的候補者を熟知しており、適切な選択が行えるという点にあった。交通通信手段がまだ現在ほど発達していない明治の社会にあって、確かに候補者を熟知するという意味では一または数郡を一選挙区とした小選挙区制が最も妥当であった。ただここで注意しなければならないことは、熟知するということの意味である。つまり、所属党派であるとか、単なる知名度を意味しているのではなく、その候補者が地域住民の信頼を受け、地域を代表するにふさわしい人格・識見を持ち合わせた地方名望家であるか否かが選択の基準として想定されており、制度設計者はこの立候補制度を伴わない小選挙区制度によって、有権者が直接的にその人となりを知りうる人物の中から最も適当と思う者を浮かび上がらせることを目的としていたのである。しかし、その結果選出された議員は地主など地方名望家が中心であったため、民力休養論が議会の主流を占めてしまい、国政が渋滞した、と藩閥側が見ていたことは既に見た通りであった。政党側もこの点はよく認識していた。

そこで、一九〇〇年の改正では大選挙区制度が採用されることになった。その理由は、自らの利益に汲々（きゅうきゅう）とし国家的視野に欠ける地方名望家ではなく、府県大規模さらには全国規模で名望を持つような、視野が広くバランス感覚のある大物が議員となれば、国政運用は円滑にいくであろうという狙いであった。同時に、都市での独立選挙区制も採用された。これは郡部では人口一三万人に一名配当される定員が、都市では三万人を超えるだけで一名配当されるとするもので、当時では県庁所在地クラスの地方都市がそれに該当した。この制度が採用された理由は簡単で、都市商工業者から過剰な代表を得ようとするものであった。もし、都市も大選挙区の中に組み込むと、いまだ数が少ない都市商工業者の意見は農業者たちの中に埋没してしまうからである。現在では大都市に対し農村部の方が過剰代表となっているが、この制度の下ではそれが逆転していたのである。このような制度変更を強引に進めた伊藤博文（ひろぶみ）には、選挙によって全国的名望家や商工業者を増やして議員の質を変え、政党の体質も改善して将来の政党内閣実現に備えようという意図があったといわれている[*2]。すなわち以上の改正は、代表の公平性よりも国家の将来を見据え、どのような議員が望ましいのか、という観点から行われた。

さて、では大選挙区制度下での選挙は、実際にどのように進められたのであろうか。まず、府県を一区とした大選挙区について、一九一七年第一三回総選挙の福岡県政友会を例に紹介すると、以下のようであった。

・福岡県政友会支部は、議会が解散されると、まず前職議員七名の公認を決定。
・しかし、今回は与党的立場にあり内閣の支援が期待できるので八名立てることを決定。
・各郡の有権者数、地形、人情、歴史を勘案し、各候補がどの郡を地盤にするか地盤割り振りを決定。
・しかし、A候補がそれでは自分の基礎票が足らないと不満を訴えたので、B候補の地盤から一〇〇票をA候補に振り替えることを決定。
・各郡では町村の代表者が集まって候補者予選会を開催し、割り振られた自党候補を推薦することに決定。
・候補者は、政党が作成する小冊子「議会報告書」を自らの政見として各有権者に配布。
・自分の地盤内に、選挙本部事務所、支部事務所、そして個人宅を借りた末端の事務所を設置。
・各選挙事務所を巡回する形で各地に演説会を開催。有力者宅の戸別訪問も実施。
・投票日直前になり、不安を感じたB候補が地盤協定を破棄。これに反発したC候補が、自分も「自由行動」を取ると宣言。

ここには多くの興味深い点があるが、本章で注目したいのは、第一に、各候補者には一～三郡が地盤として割り当てられていたことである。前述したように、大選挙区制度は全国的名望家を想定していたが、現実にはこのようにすることで、従来型の地方名望家でも当選が可能であった。つまり、依然として地方名望家による地方的団結は存在しており、選挙もそれを基礎に行われていたことになろう。しかも、一〇〇票単位、言い換えれば村単位で票の貸借が行われたように、かなり組織化も進んでいた。第二には、それにもかかわらず、全国的名望家も当選が可能であったことである。これには、一人で全郡を対象に集票活動をしようとする場合と、選挙資金を提供することで政党を通じて地盤の割り当てを受け、特定地域のみを対象とする場合があるが、いずれにしても確かに彼らにも道は開かれていた。第三は、政党の立場から考えた場合、先述の政友会のように優位な政党は各候補に一〜三郡に割り当てたが、劣勢の政党はその郡の数を多くすることで、候補者数も当選者数も少なくなるが、安定して議席を得ることが可能であったことであった。このように、この時期の大選挙区制は、やはり地方的団結を基礎にすることで、複数の政党が安定して存在することが可能となり、また地方的名望家も全国的名望家も同居することが可能であった。いずれにしても当時の政党は名望家政党の要素が強かったのである。

そして、この名望家政党の組織は積み上げ型になっていた。村の伝統的名望家の団結が郡・県・全国という形で積み上がって選挙は行われていたのである。ただし、大同団結運動時と比較して決定的に異なっている点は、大同団結運動の際は外交や財政など国家レベルの課題についても下から意見を積み上げて全国的に統合し国民の総意を形成しようとしたのに対し、この時期ではそれらの課題は党首を中心とした党本部が主導権を握り、地方からは第四章で見たような地方利益を要求することに限定されがちであったことである。第一党の党首が首相になる可能性がしだいに高まっていたこの時期では、国家的政策方針の決定、地方支部への徹底、場合によっては大物実業家や官僚など選挙区とは関係のない候補者の選挙区民への押し付け（落下傘候補）など、多数の議員を獲得し政権運営能力を強化するため、組織的統制力を強めようとしていたのである。

では、選挙戦は有権者である名望家の間だけで行われていたのかといえば、これも間違いであった。例えば、次のような話がある。一九一五年の総選挙の際、ある村では投票日前夜になると、若者たちおよそ五〇名が、村のすべての出入り口を一晩中、寝ずに監視することになった。なぜかといえば、投票前夜は買収行為が最も起こりやすい時で、その村が支援する候補のライバル候補の支援者が他村から買収のために忍び込んでくる可能性が高いからであった。そして、もし不審者が入りこんできたら、その人物に密着マークして買収の隙を与えない体制をとった。また、ある村では数名の候補者がともに同じような体制をとったため、二〇〇名以上が動員されたという。このような光景は全国いたるところで見られたものであった*3。以上のように、選挙には投票権を持たない村民たちも数多く参加していた。これは、村民全体の地方的団結の上に、彼らが信頼を寄せる地方名望家が選挙を指揮していた結果であった。こうして、選挙は国民的イベントとなっていたのである。以上のように、当時の日本社会の大半を占める農村部では、中央と地方の力関係こそ変化したものの、国家と国民が地方名望家政党を媒介にして結ばれ、その関係は安定したものであった。これを地方名望家秩序という。

次に、独立選挙区についてであるが、ここでは制度変更の効果が十分に発揮された。つまり、地方名望家は減少し、商工業者や弁護士、ジャーナリスト、教員など知識人が増加した。中でも、先に登場した全国規模の名望を持つ大物実業家の増加が目立った。これは、日露戦争前後の日本資本主義の発展に伴って急増した資本家が政治分野にも進出するようになった結果であった。また、二大政党に所属しない議員が多いのも独立選挙区の特徴であった。**〈表6－2〉**のように、大選挙区制度下で施行されたすべての選挙で、独立選挙区で二大政党が占める議席獲得率は全国平均よりも低い。つまり、都市部では郡部のような積み上げ型の政党組織は見られず、一匹狼型の議員が多かった。このような彼らだったので、

・政治的意見の自由な表明……二大政党では党議の拘束力が強いが、彼らはそれを嫌い、独自の政見を持つ場合が多い

・政治的立場の自由の尊重……「政権争奪」を嫌い、政府に対しては政策ごとに是々非々的立場をとろうとすることが多い

という点で共通する傾向があった。

都市部でも、大衆の動向が政治に大きな影響を与えていた。日露戦争頃までは、伝統的な商工業者が市政を牛耳っていたが、日露戦後になるとその支配力は弱まった。それは市政刷新を標榜（ひょうぼう）する議員が増加したからであるが、彼らの背景にあったものは、都市が急速に拡大したために遅れていた水道・ガス・電気・交通機関などインフラの整備や、遊園地など様々な娯楽施設の設置を求める都市一般住民の声であった。一九〇五年の日比谷焼打ち事件を皮切りに、大都市で大

表6−2　二大政党の議席獲得率

	二大政党		二大政党以外	
選挙回（年）	市部独立選挙区	全国	市部独立選挙区	全国
第7回（1902）	56.6%	76.1%	43.4%	23.9%
第8回（1903）	47.4%	69.1%	52.6%	30.9%
第9回（1904）	42.1%	58.8%	57.9%	41.2%
第10回（1908）	38.2%	67.8%	61.8%	32.2%
第11回（1912）	61.8%	79.8%	38.2%	20.2%
第12回（1915）	56.6%	68.5%	43.4%	31.5%
第13回（1917）	71.1%	75.1%	28.9%	24.9%

衆が政治的・対外的問題をめぐり集合して示威行動を起こしたり、場合によっては暴動に発展する都市民衆騒擾事件が頻発するようになったが、この背景にはこのような不満があった。そして、この不満の解消を訴える新聞は発行部数を拡大し、解消に即した商品を提供する商工業者は事業に成功し、解消を求める政策を訴える弁護士やジャーナリストが議員に当選したのである。

3. 小選挙区制から普選へ

以上見てきたように、当時の政党は確かに名望家政党ではあったが、村では名望家が村民からの信頼を得ていたこと、都市では住民の意向を無視しては市政の運営が困難であったことなどを背景に、選挙の場には投票権を持たない一般国民も参加し、地域政治社会は安定したものであった。しかし、大正中期の第一次世界大戦(一九一四〈大正三〉～一八年)頃になると、社会状況は大きく変化していた。本章の関係からいえば、その最も重要な変化は、「寄生地主」「不在地主」と呼ばれる存在が目立つようになったことである。

周知のように、彼らは広い土地を所有してそれを小作農民たちに貸し付けその地代(小作料)をとる人々で、その起源は江戸時代に遡る。明治時代に入るとその数は増加し、小作地率でいえば一八七三年では二七%であったのが、明治末になると四五%に達した。彼らは、こうして得た利益を別の近代的産業にも投資し経営に携わるようになると、しだいに住所を町に移し農村・農民から離れていった。ただし、もちろんすべての名望家が村を離れたわけではなく、村に踏みとどまったり、没落したりと様々であった。しかし、村を離れた場合、多くは農民との距離が開き、それに従って信頼も薄くなっていくのが通常であった。そのため、信頼によって成り立っていた地方名望家秩序も動揺することになった。

地方名望家秩序が動揺する原因はそれだけではなかった。日露戦争頃には小学校の就学率が一〇〇％近くに達し、中等教育機関進学者も一〇％を超えるようになったように、教育水準が飛躍的に高まると、純朴といわれた農民の社会に対する意識も変わった。さらに、一九一七年にロシア革命が起こり、史上初の社会主義国家が誕生すると、社会主義・共産主義思想が世界を席巻した。日本も例外ではなく、この影響下でそれまでごく僅かであった小作争議（小作農民が小作料の減免などを要求して地主と争うこと）が一九二〇〜二一年頃から急増し、一五〇〇件を超えるようになった。こうして、地方名望家秩序の動揺は決定的となったのである。また、時を同じくして米騒動（一九一八年）が発生し、労働争議（工場労働者が資本家に対して賃上げなどを要求して争うストライキのこと）も急増した。この結果、農村ばかりでなく日本社会全体が動揺したのである。

ここで急浮上したのが普通選挙論であった。普選を実施しない限り、このような社会の動揺を鎮静させることは不可能である、と考える人々が増加したのである。この当時、第一次世界大戦を遂行した西欧諸国は、国民を戦争に動員する代償として、社会政策を充実し普選を実施する国が多く現れた。このような世界的動向も加わって、一九二〇年には普選運動が盛り上がり、野党の憲政会や国民党も普選支持を決定した。

少し普選運動を遡ってみよう。納税要件を撤廃し平等に選挙権を与えることを普通選挙（ただし男性のみに適用される場合もあり）というが、嚆矢(こうし)はフランス革命の時であった。その背景には天賦人権思想があったが、明治維新以来、国際的な帝国主義競争に立ち向かうために国民皆兵、国民皆学などの制度を導入した日本がそうであったように、一般的に国民国家を目指そうとすれば、普通選挙論も常に一定の説得力を持った。しかし、自由民権運動家たちでさえも、有権者が「無知」であったり、理性的な判断ができずに扇動的な者を選出した場合には、国家が重大な過ちを犯す可能性が高いという理由から、普選に賛成した者は稀であった。このように、いまだ国民の政治的能力が普選の実施に達していないとの理由から反対する主張を「時期尚早」論という。簡単にいえば、普選の実施をめぐる議論は、原則的には賛成であり、いつ実施するのかが焦点であった。

初期議会において、ほとんど唯一、普選を主張したのが大井憲太郎らの東洋自由党であった。彼らは労働者問題、小作人問題とともに普選実現にも取り組み、国民の総力を結集し対外発展に打って出ようと主張した。つまり、地方名望家など介さず、国家と国民を直接結びつけようというのである。一八九八年以降では、中村太八郎らの普通選挙期成同盟会が運動の中心となった。「君主独裁若くは寡人専制の非なることを覚りて普く国民をして政権に参与せしめんと欲せば、宜しく一視同仁たるべし。豈に独り彼に与へて此に奪ひ、彼に許して此を排するのことある可けんや」で始まる彼らの「普通選挙を請願するの趣意」は、さらに「我が立憲政治は其基礎、其由来に於て、既に泰西諸国と同じからず。彼に在りては治者被治者の間に於ける争奪に依れるもの、我は則ち上下の協和に成り、彼に在りては利害の反目より来れるもの、我は則ち政理原則の認識に基けり」[*4]と続けている。彼らは請願書の提出、演説会の開催などを展開し、運動はそれなりの盛り上がりをみせた。こうした中で、中村らは一九〇二年に衆議院に普選法案を提出した。最初は多数の反対で否決されたが、一九一一年には超党派議員たちの支持で衆議院を通過した。しかし、貴族院の反対で成立することはなく、しかも大逆事件の影響などで運動が弾圧された結果、普選運動は一時後退した。ただし、教育水準も上がり政治的能力が高まってきた大正時代に入ると、前述の様々な要素も重なって運動は一挙に盛り上がったのである。

この状況に対し、正面から立ちはだかったのが政友会総裁原敬（はらたかし）であった。名望家政党を作り上げてきた原は、米騒動、争議の増加、社会主義思想の流入などで社会が動揺、混乱している時に普選を性急に実施すれば、扇動的な左翼政治家が当選して将来に禍根を残す可能性が高い、それよりもまず穏健な名望家を中心に社会の動揺を鎮め、その上で適当な時期に実施すべきであると主張した。そして、これに基づいて原は新たな選挙制度を提案した。それが一九一九（大正八）年の改正衆議院議員選挙法である。この改正において納税資格は三円に引き下げられたが、これは都市商工業者よりも農業者に有利なものであったという。しかし、それ以上に重要なことは小選挙区制が採用されたことであった。この小選挙区制度によって、有権者は候補者の人格・識見など個人的資質を見極め、そのような地方エリートが国政を担うべきであるという趣旨であるが、基本的には従来のように、政党を「地方的団結」の集合体として、よりきめ細かく組織しようとしたものであった。

しかし、本章冒頭で見たように、美濃部達吉には既に小選挙区制は時代遅れのものと映っていた。美濃部ばかりでなく、当時の論壇も同意見であった。また、野党からは別の観点からの反対論も登場した。それは各選挙区で一票でも多くとれば当選するという小選挙区制の特徴にかかわることであるが、票の獲得率よりも議席獲得率が上回る過剰代表になることで（改正直後の原内閣の第一四回総選挙では政友会投票獲得率五五・八％、同議席獲得率五九・九％）、この場合政権側からみれば政治運営は安定するが、少数党からみれば多数党の専制政治になりやすく、さらに小選挙区から選出される議員は限定された地域での名望はあっても全国的な政治力量がないので、党の内部は有力な一部の幹部と、いわゆる「陣笠」代議士という二極構造となり、幹部専制になりやすいというものであった。つまり、本来民主主義の象徴であるべき政党が、議院内でも政党内でも二重の意味で独裁政治となると批判したのである。そして、原内閣は確かに藩閥・官僚閥と闘い本格的政党内閣を樹立した金字塔であったが、この独裁政治という批判を打ち消すことはできなかった。このため、以後の日本では「小選挙区制＝独裁政治」という、負のイメージが付きまとうことになった。

最後に、一九二五（大正一四）年に普選が実現する場面を確認しておこう。前述したように、一九二〇年頃から言論界は普選実現の方向に大きく変わったが、だからと言って、それがただちに国民の政治的能力の高さを証明し、「時期尚早」論を覆す論拠となるものではなかった。そのため、それ以後も普選論者と時期尚早論者のせめぎ合いは続いた。ただし、その論点にも変化は見られた。普選論を支持する人々の間では、やはり国民の総力の結集が重要な論拠になっていたが、それは地方的団結の積み上げではなく、資本家・労働者階級間の団結を意味するようになった。それまで名望家・資本家の意見ばかりが政治に反映されていたが、普選になれば労働者・小作人の意見も反映され調和が得られるであろう、というのである。一方の時期尚早論者は、日本ではいまだ「扇動政治」が流行っているが、いずれは落ち着くはずなのでもう少し時期を遅らせるべきであると主張した*5。結局、同年に憲政会・政友会・革新倶楽部の多数により普選法案は衆議院を通過した。しかし、よく知られているように、共産主義者を主対象とした弾圧立法である治安維持法も通過し、「扇動政治」に対する配慮は別の形でなされた。もっともこの頃、欧州ではムッソリーニが独裁政権の足固めを進めていたように、普通選挙を背景にした大衆社会の形成に伴って、左翼方面以外からの「扇動政治」も始まっていたのである。

演習問題

1. 選挙区制度が政党のあり方にどのように影響しているのか、まとめてみよう。
2. 普通選挙が必要となった背景を考えてみよう。
3. 過去の選挙区制度と比較して、現在の選挙区制度の特徴を考えてみよう。

《本文脚注》

＊1　美濃部達吉「現行選挙法を非難す（四）」（『読売新聞』一九一二年三月八日）。
＊2　村瀬信一「選挙法改正問題と伊藤新党」（『史学雑誌』一〇八‐一一、一九九九年）参照。
＊3　上田外男『総選挙記』（健行社出版部、一九一七年）二九九～三〇四頁。
＊4　吉野作造編『明治文化全集　第二一巻』（日本評論社、一九二九年）五一三～五一五頁。
＊5　山室建徳「普通選挙法案は、衆議院でどのように論じられたのか」（有馬学・三谷博編『近代日本の政治構造』吉川弘文館、一九九三年）九二頁。

参考文献

三谷太一郎『日本政党政治の形成』（東京大学出版会、一九六七年）
松尾尊兊（たかよし）『普通選挙制度成立史の研究』（岩波書店、一九八九年）
季武嘉也『選挙違反の歴史』（吉川弘文館、二〇〇七年）

7　二大政党政治の模索

手塚　雄太

《学習のポイント》　一九二四年に始まった政党政治に対し、国民は強い期待を持ったが、結局は一九三二年の五・一五事件によって幕を閉じた。ここでは、その国民の期待とはどのようなものだったのか、そしてそれに政党はどのように応えようとしたのかを、国民生活をめぐる二大政党と無産政党の競合関係という視角から説明する。

《キーワード》　産業立国主義、産業五ヶ年計画、国家整調主義、金解禁、産業合理化、労働組合法、無産政党

1．二大政党政治の成立と国民の期待

一九二四（大正一三）年、第二次護憲運動を経て、憲政会・立憲政友会・革新倶楽部の護憲三派の連立による加藤高明（たかあき）内閣が成立した。以降、一九三二（昭和七）年に犬養毅（いぬかいつよし）政友会内閣が崩壊するまでの約八年間、立憲政友会と憲政会――立憲民政党という二大政党の総裁が交互に政権を担当する時代が続いた。この二大政党が交互に政権を担う慣習を「憲政の常道」と呼ぶ。

また、加藤内閣期の一九二五年に衆議院議員選挙法が改正されて、選挙人資格から納税要件が撤廃され、満二五歳以上の男子に選挙権が与えられた（いわゆる「普通選挙法」の成立）。これにより、

およそ三〇〇万人だった有権者は一挙に一二〇〇万人に増加した。

普選を求めた国民の期待は、前章で説明されているように民意を反映した政治であった。女性参政権は認められなかったが、一九三〇年の第五八議会では衆議院で婦人公民権案が可決されるなど、女性の政治参加への期待も高まりつつあった。政友会・民政党の二大政党は、普選によりこれまで以上に国民と直接向き合うことになったのであった。

それでは具体的に民意が求めていた政治とは何であったのだろうか。現在の水準のような世論調査が行われていたわけではないから、民意の所在を知ることは難しいが、本章では、特に国民生活の向上という論点から考えてみたい。

国民生活の向上というテーマ自体は、いつの時代の政治においても重要な政治課題である。しかし、普通選挙法によって新たに選挙権を得た人々が、直接国税三円を納め得なかった低所得者層（「無産階級」）であったことからすれば、こうした人々の声にも耳を傾ける政治が、いっそう求められるようになったとはいえるだろう。普選運動の高揚と並行して、生活難を背景とした民衆騒擾（そうじょう）も起きていたこと、一九二〇年代の日本が慢性的な不況に陥っていたことをも踏まえれば、二大政党政治に求められていた一つの大きな課題は、国民生活をいかによりよいものにしていくか、という点にあったといえる。

2．二大政党政治への挑戦者――無産政党

普通選挙による政治の刷新に対する期待は、二大政党にのみ懸けられていたわけではない。いや、むしろ二大政党以上に期待が懸けられていたのは、戦前日本における合法社会主義政党、いわゆる

無産政党であった。

日本において資本主義が発達する一方、第一次世界大戦後に不況が慢性化すると、都市と農村との格差、都市と農村の内部での格差、あるいは社会的不平等の拡大といった資本主義の弊害も論じられるようになった。こうした中で都市部を中心に労働者による労働運動が、農村部を中心に小作農による農民運動が起き、それぞれ労働組合・農民組合として組織化されるようになった。無産政党は第一次世界大戦後に発展した労働組合や農民組合を主な支持母体とした政党である。

とはいえ、無産政党では当時非合法とされた日本共産党との関係をめぐって方針が錯綜（さくそう）していた。一九二六年に成立した労働農民党は結党からまもなく、共産党を容認する労働農民党（左派）、反共産党の社会民衆党（右派）、その間に立つ日本労農党（中間派）の三党に分裂してしまった。二大政党政治の時代に無産政党各派が衆議院に有した議席数は一〇に満たなかった（無産政党各派の詳細は**〈表7－1〉**の通り）。

しかし、無産政党は議席数以上の存在感を有していた。

表7－1　1926年に結成された無産政党

党　名	主な指導者	概　要
労働農民党	杉山元治郎（分裂前）、大山郁夫（分裂後）	農民労働党の後継として3月再結成。当初は右派が中心だったが、左派が主導権を握ると右派・中間派は離脱。
日本労農党	三輪寿壮（じゅそう）、麻生久、浅沼稲次郎	日本労働総同盟・日本農民組合の中間派が結集して12月に結成。1928年に日本大衆党となり、30年には全国大衆党に発展解消。
社会民衆党	安部磯雄、片山哲、松岡駒吉、西尾末広、鈴木文治、吉野作造	労働農民党から脱退した右派が日本労働総同盟を基盤として12月に結成。
日本農民党	平野力三	日本農民組合から脱退した全日本農民組合同盟を基盤として10月に結成、最右派。1928年日本大衆党に合流するもまもなく離脱。

なぜなら、高学歴層やジャーナリズムからの支持があったからである。民本主義の提唱者でもある吉野作造（さくぞう）が社会民衆党の産婆役の一人であったことはよく知られている。また、一九二七（昭和二）年一〇月二日付『東京日日新聞』の社説は、国政に先立ち男子普通選挙で行われていた一九二七年府県会選挙の選挙報道が「新聞も雑誌も、文章機関の総てが、あげて新興勢力のために少なからぬ紙面を費して、好意を惜しまない」という様相にあったと評している。

高学歴層やジャーナリズムからも期待を集めていた無産政党は、二大政党を厳しく批判していた。例えば無産政党右派の社会民衆党は「資本主義の生産並に分配方法に健全なる国民生活を阻害するもの」があるとして、議会を通じた資本主義の改革を訴えた。さらに、社会民衆党こそが国民大多数を占める労働者、農民、俸給生活者などを代表するのであり、貴族や閥族、地主や資本家といった「特権階級」の「傀儡（かいらい）」に過ぎない二大政党に対しては「生存権確立の戦」を宣するとして挑戦状を突きつけていた[*1]。

3. 「産業立国主義」と「国家整調主義」

それでは、二大政党は無産政党の挑戦にどのように向き合ったのだろうか。そもそも、一九二六年（大正一五）年一月、憲政会総裁の加藤高明首相は第五一議会の施政方針演説において、普通選挙法によって「国民の政治生活の基礎」は安定したと述べている。その上で今後は「国民の経済的、社会的生活の充実安定を図る上に専ら力を注がなければならぬ」として、産業の発達や社会政策の必要性を説いていた[*2]。また、一九二八（昭和三）年に政友会の幹事長、秦豊助（はたとよすけ）は、「明治維新は政治上の一大改革」であったが、「昭和維新は経済上における大改革でなければならぬ」と論じていた[*3]。二大政党政治の時代に、政友会と憲政会——民政党はそれまで主張してきた政策を発展させる形で経済や生活に関する政策を主張するようになっていた。内容を具体的に見ていこう。

当該期の政友会で主張されたのは「産業立国」である。もともと「産業立国」を主張していた政治家の一人は「憲政の神様」で知られる犬養毅であった。立憲国民党・革新倶楽部という小会派のリーダーだった犬養は、第一次世界大戦後の世界を一種の経済戦と捉え、産業の振興に総力を注ぐべきだと主張していた。具体的には国際協調を前提に、科学技術の発達に力を入れて積極的に重化学工業を保護・育成し、中国や「満洲」から原材料を輸入して製品を輸出することで国際収支（輸入超過）を改善し、過剰人口の問題を解決しようとするものであった。

犬養は一九二五年五月に革新倶楽部を政友会に合流させて政界の一線を退いた。合流先の政友会では従来から積極的な財政支出によるインフラ整備を中心とする「積極主義」が唱えられていたが、「積極主義」を下地として、「産業立国」に共鳴する政策論も論じられていた。例えば三井物産出身の政治家である山本条太郎は、現在の国難は国民生活の窮迫のほかなく、ありとあらゆる問題は生活の不安に根ざしているとして、解決策としての工業化を犬養と同様に説いていた[*4]。

高橋是清（これきよ）の総裁引退後、陸軍大将の田中義一（ぎいち）が政友会の総裁に迎えられた。田中は原敬（はらたかし）内閣の陸相として政友会とも通じていた。また、会員数三〇〇万人を超える在郷軍人会の創立に深くかかわっていたことなどが総裁に招かれた理由である。田中が総裁に就任した後、一九二五年一〇月には政友会で新政策が決定された。政策を説明した山本条太郎は「国家存立、国運発展の基礎を総て産業経済の上に置き、産業政策は勿論、国民教育も、社会政策も将又（はたまた）外交方針も、悉く産業立国の大旆（たいはい）下に総合大成」するものだと論じている。その具体的内容は、資源開発、工業振興、運輸交通機関の整備、金融の円滑・金利の低減、電力統一など、明確に商工業を重視するものであった[*5]。重化学工業化を政府が後押しすることで、国際的な経済競争に勝利し、国民生活を改善するという意味での「産業立国主義」は、この後の政友会の政策基調となっていく。あえて単純化すれば、経済成長によって国民生活全体を向上させ、国際的地位を高めようというのが政友会の主張の眼目であった。なお、中国・「満洲」は、原料を輸入し、製品を輸出する市場として想定されており、後年の「満洲国」のような形が想定されているわけではない。

一方の憲政会も、前身政党である改進党・立憲同志会の政策の系譜を引き、健全財政政策（緊縮政策）を主張していた。政友会が重工業の保護政策を主張していたことに対して、自立的に経営が行われている軽工業が自助努力によってさらに発展し、輸出入が盛んになることを期待していた。これに加えて、財政が健全化することで、間接的に経済も拡大すると論じていた。

さらに、一九二七年に憲政会と政友本党が合同して結成された立憲民政党の五大綱領と宣言の中では、大資本の独占、中小商工業の過当競争といった資本主義の弊害を改善するため、「国家の整調に由りて生産を旺盛にし、分配を公正にし、社会不安の禍根を芟除（さんじょ）」するとして、「国家整調」が謳われた。民政党は、政友会のような産業保護主義的政策は「政治経済上の通弊」だとしてこれに反対する一方、国家が経済・金融・産業・資源を「整調」して資本主義の弊害を抑制し、「自由競争の能率」を生かして経済を発展させ、国民生活を向上・安定させようとしていた[*6]。

なお、憲政会は加藤高明の病死後に成立した第一次若槻礼次郎（わかつきれいじろう）内閣において、労働争議調停法・自作農創設維持補助規則を制定させるなど、労働問題・小作問題にも対応を始めていた。民政党でも「都市農村に亘る国民生活の不安を去り、社会共存の原則を樹立して階級闘争の禍根を除く」ことが政治の重要な使命だと論じられていた。

政友会と民政党は、二大政党政治が本格化する中、これまでの政策をブラッシュアップし、国民生活の安定と向上を目指していたのであった。川人貞史（かわとさだふみ）氏は一九二〇〜三〇年代の選挙では、かなりの程度、全国一律の得票変動が生じていたとする。その上で、時々の政治状況で有権者の支持が政民両党の間で揺れ動いていた可能性を指摘している。この指摘を踏まえれば、両党は揺れ動く有権者の支持を獲得するために政策立案に励み、互いに競い合っていたともいえよう。

このほか、両党の間で大きく議論が分かれたのは、金解禁をめぐる問題である。

日清戦争後、日本では金本位制が導入された。金本位制をごく簡単に説明すると、自国の通貨の価値が一定分量の金に裏打ちされている制度である。日本銀行が発券する紙幣を日本銀行に持参すれば一定量の金と交換（兌換）が可能となる。日本銀行に円紙幣を持ち込み金に変え、外貨ではなく金を現地に輸送して外国の取引先と貿易を決済することも可能だった。金本位制を導入した国同士では、通貨の価値が金に裏打ちされているため、通貨と金の兌換が可能な限りは安定した為替相場の下で貿易を行うことができる。

イギリスから始まった金本位制は各国で導入されたことから、国際金本位制と呼ばれる。第一次世界大戦で欧米諸国は金の輸出を禁止し、すなわち金本位制を離脱し、日本も追従した（一九一七年）。大戦後に欧米諸国は金本位制へ復帰したが、主要国の中で日本は唯一復帰が遅れていた。そこで、金輸出の解禁、すなわち金本位制への復帰が経済界にとって焦点となっていた。金解禁について、政友会は自党の積極主義・産業立国主義との関係から消極的である一方、民政党は国際標準ともいえる国際金本位制への早期復帰を目指していた。これには、為替が安定的に推移すれば輸出入が盛んになり、軽工業も安定的に発展するであろうという見通しもあった。

4. 二大政党政治の模索

それでは、二大政党の政策論は、実際の政治過程の中でどのように展開したのだろうか。

若槻内閣が昭和金融恐慌の処理に失敗して倒れると、元老西園寺公望(さいおんじきんもち)は衆議院第二党であった政友会の田中義一総裁を首相候補として昭和天皇に奏薦し、田中に組閣の大命が降下した。一九二七(昭和二)年四月に発足した田中内閣は高橋是清を蔵相に起用して金融恐慌を収拾した。

田中内閣は、対外的には三次にわたり中国山東省へ出兵し(山東出兵)、対内的には治安維持法を改正して最高刑を死刑に引き上げたほか、共産主義に対する抑圧を強めるなど、対中強硬的な外交路線と保守的な思想対策で知られている。しかし、田中内閣では、産業立国主義に基づく経済政策と、地方分権論も主張されていた。地方分権論の中心は地租委譲論である。国税である地租を地方に委譲して地方自治を強化し、「地方自治の経済化」を図ろうとするものであった。地方分権が主張された理由の一つには、産業立国主義に基づく政策が商工業重視の政策であるため、農村向けの政策が必要であったという背景もある。

一九二八年二月二〇日、第一六回衆議院議員総選挙(第一回普通選挙)が行われた。選挙戦で政友会は産業立国政策と地方分権論を主張した一方、民政党は社会政策の実行、各種産業の振興、金解禁の実行、電力事業ほか公益企業の統制、市町村義務教育費の国庫負担、行政刷新といった七大政策を掲げた。結果は政友会が二一七議席、民政党が二一六議席とわずか一議席の差と拮抗(きっこう)した。なお、この選挙で田中内閣の鈴木喜三郎(きさぶろう)内相は、知事や県の高官を政友会よりの官僚に差し替えるなど選挙干渉を行ったが、かえって反発を招き成功しなかったばかりか、選挙後には内相辞任に追い込まれた。

衆議院の過半数（二三三議席）を獲得できなかった田中内閣は政策の実現が困難になり、その多くが頓挫してしまった。田中内閣は、二八年六月の張作霖（ちょうさくりん）爆殺事件の処理や大臣の起用をめぐって迷走し、二九年七月二日に総辞職を余儀なくされた。

それでは無産政党は二大政党対立をどのように見ていたのだろうか。無産政党各派は、選挙以前から政友会を「反動」とみる一方、民政党に進歩性があることを認めていた。例えば中間派無産政党の日本労農党は「民政党は、今や政友会の反動政策に対抗して、進歩党を仮面し、以て民衆の投票を奪はんとしてゐる」として、民政党を競合政党と認識していた[*7]。地方に目を移してみると、例えば農民運動が盛んな香川県の民政党支部には農民運動参加経験者も加わっていた。民政党が政策のウイングを広げることで、新有権者にアプローチしていたことをよく示しているだろう。初の普選で無産政党が得た議席は八議席にとどまった。

田中の辞職を受け、元老西園寺は衆議院第二党である民政党の浜口雄幸（おさち）総裁を後任首相として奏薦した。浜口は原敬以来の現職衆議院議員の首相である。外相には幣原喜重郎（しではらきじゅうろう）を起用し協調外交路線を取り、蔵相には元日銀総裁・蔵相の井上準之助が就任し金解禁（金本位制への復帰）をはじめとする政策を推進した。組閣直後の七月九日には政治の公明、国民精神作興、綱紀粛正、対支政策刷新、軍縮問題、財政整理緊縮、非募債・減債、金解禁断行、社会立法、教育更新からなる十大政綱を発表している。左派無産政党の労農大衆党は「この内閣は田中反動政府の極端なる不人気の反動として、一般的には可なり好感を以て迎へられつゝある」として、危機感を強めていた[*8]。

さて、浜口内閣では金解禁を実行すべく、田中内閣で成立していた予算を五％削減して緊縮財政とした上で、国民に対して消費節約を求める運動も行われた。意図的にデフレに導くことで、当時低落していた円の価値を上昇させようとしたのである。こうした政策により円の価値が金本位制導入時の水準まで回復したことから、いよいよ一九三〇年一月、浜口内閣は長年の懸案だった金解禁を実行した。とはいえ、こうした経済政策は短期的に不況を招くことが明白であった。これについて浜口首相は「緊縮節約は固より最終の目的ではない。明日伸びむが為に、今日縮むのであります」として、一時的な不況に耐えれば景気は回復すると比喩を交えながら訴えた*9。

さらに国家整調主義に基づく産業合理化政策も進められた。不況下における過当競争を緩和するため企業の合同連合を促進したほか、製品規格の統一単純化や生産技術・管理経営方法の能率増進による生産費の低減が目標として掲げられた。三一年の第五九議会では恐慌下における企業間の激しい価格競争を防ぐため、カルテルの結成を容認する重要産業統制法も成立した。ただし、労働問題・小作問題の対応策である労働組合法や小作法が未成立に終わってしまうなど、民政党に懸けられていた期待を裏切る面もあった。

さて、一九三〇年二月の選挙で民政党は二七三議席を獲得する大勝を収め、政友会は一七四議席、無産政党各派は合計五議席にとどまった。浜口内閣の前途は明るいものと思われたが、前年一〇月に始まっていた世界恐慌（昭和恐慌）の影響が徐々に日本に波及し、国内経済の落ち込みが明白になり国民生活が動揺していく。また、ロンドン海軍軍縮条約をめぐる国内対立という難局を迎えることとなる。

それでは野党となった政友会は、民政党内閣にどのように対峙（たいじ）したのか。政友会では田中義一が一九二九年九月に急逝した後、事実上引退状態にあった犬養毅を総裁とした。浜口内閣期の政友会は、ロンドン海軍軍縮条約をめぐり、枢密院と結託して倒閣を図ったことなどから、政党政治に負の遺産を残したとされる。そのこと自体は確かだが、ここでも経済政策に着目してみたい。

恐慌の影響が徐々に明らかになる中、政友会では一九三〇年七月以降、貴衆両院議員一〇〇名を全国各地に派遣し、経済実態調査を実施した。また、党内で保守的立場を取っていた鈴木喜三郎元内相が率いる視察班はスラムまで視察した。こうした政友会の活動は、「選挙運動ででもなければ、民衆に接することを敢てしなかつたものが自から進んで民衆に接しやうとするだけでも、確かに政党の進歩といってよい」と新聞でも好評価を得た[*10]。また、浜口首相も政友会の取り組みを評価した上で、自らも内閣の政策を訴えるため遊説に出かけたいと述べていた。有権者への働きかけを重視する両党の姿が浮かび上がってくる。

とはいえ、先の新聞は、調査にとどまらず政策も示すべきだと政友会を批判してもいた。総裁となり「政策中心主義」を唱えた犬養は山本条太郎を政調会長に起用した。この際も山本は「国民生活の安定と向上、それが即ち政治の全部」だと断言し、「政治の国民生活化」を論じていた[*11]。政友会では山本を中心に新政策「産業五ヶ年計画」が立案され、一九三〇年九月に発表された。これは五か年で六億円を投入して、国内生産可能な製品一〇億円分の生産を増やすことで輸入防遏（ぼうあつ）・輸出増進を図り、あわせて財政支出による景気回復と失業問題の解決を目指すというものであった。政権担当時に柔軟な対応がとれるよう数値を明確に挙げるのは避けた方がよいという議論が党内にあったが、山本は政策本位の立場から具体的に数字を明示するべきであると押し切った。これは政友会の政策が民政党から「放漫政策」と批判を受けていたことへの対応策でもあった。また政友会内でも、例えば犬養健（たける）（犬養毅の息子。政友会所属の衆議院議員）は、不況下こそ国家が経済に関与し国民生活の立て直しを目指すべきであり、そこに政友会の政策の新しさがあると訴えていた。

政友会の変化に敏感に反応したのは無産政党である。中間派無産政党の全国大衆党は「浜口内閣が『経済的不況』に対して何等の対策なしとせるに反して、政友会が五ヶ年計画を高唱し、産業の開発を絶叫しつゝあるは民心をつかむべき要因を有つてゐる」と警戒を強めていたのであった*12。

この後に開かれた第五九議会（一九三〇年一二月～三一年三月）では、一九三〇年一一月に右翼青年に狙撃され重傷を負っていた浜口首相の登院問題や、幣原喜重郎外相・臨時首相代理の失言問題に起因する議会内での乱闘騒ぎなど、議会政治の負の側面があらわになった。とはいえ、この議会では、井上蔵相と三土（みつち）忠造前蔵相（政友会）が金解禁・緊縮政策の是非をめぐって激論を交わしたほか、経済政策をめぐる論争も行われていた。

浜口首相は一九三一年四月に若槻礼次郎に後を託し辞任した（八月死去）。不況が深刻化する中、党内では政策転換を求める声も起き、九月にイギリスが金本位制から離脱すると事態はいっそう深刻なものとなった。また、満蒙問題への関心が高まる中、租借地の中国関東州および南満州鉄道株式会社線を防衛していた陸軍出先の関東軍による謀略により満州事変が始まると、若槻内閣では政友会との連立による事態の打開案が浮上した。しかし、連立の是非をめぐって、政策の継続性を優先して反対する若槻首相・井上蔵相・幣原外相と、連立を進めようとする安達謙蔵（あだちけんぞう）内相との対立が深まり、一二月に若槻内閣は閣内不一致で退陣した。

元老西園寺は後継に犬養毅を奏薦し、犬養内閣が成立した。戦前を通じて現職衆議院議員の首相は、原、浜口、そして犬養の三名である。犬養は高橋是清を蔵相とし、高橋は金輸出再禁止を実行した。また一九三二年二月二〇日に行われた第一八回総選挙において、政友会は産業五ヶ年計画を中心とする経済政策を争点としたスローガン（「景気か不景気か」）を掲げ、三〇〇議席を超える大勝を収めた。民政党は一四六議席、無産政党各派は五議席にとどまった。

しかし、陸軍内ではクーデター未遂事件が起きていたほか（三月事件・十月事件）、井上準之助や三井財閥の団琢磨（だんたくま）が暗殺される血盟団事件が起きるなど、社会不安は深刻化の一途を辿（たど）った。そして、海軍青年将校によって犬養首相が暗殺された五・一五事件を機に、政党内閣は終わりを告げた。犬養と政友会に産業五ヶ年計画を中心とする政策を実行に移す時間は与えられなかったのである。

5．二大政党政治の遺産

これまで見てきたように、政友会と民政党は自党の政策を練り上げながら、交互に選挙で勝利し続け、二大政党政治の時代には双方あわせて議席の八割以上を占め続けた。同時代の高い投票率を考えると、当時の国民は二大政党を相応に支持していたといえよう。一九二〇～三〇年代を「国民生活」をめぐる二大政党と無産政党との争いと位置づければ、普選後の二大政党は常に無産政党の挑戦を退けていたともいえよう。

なお、本章では両党の政策的差異を強調してきたが、一方で政友会は産業立国主義、民政党は国家整調主義といった形で、手段は違えど政治が経済に対して役割を果たすべきだという議論では共通性もあったことは付言しておきたい。いわば修正資本主義ともいえる潮流が二大政党に存在していたのである。このことは政党内閣崩壊後の二大政党と無産政党の動向や、一九四〇年の政党解消過程を理解する上でも重要である。

さて、本章では二大政党政治の模索を経済政策から論じた。その模索は、明治より続く政党の発展の延長線上にあった。このような模索がなされていたにもかかわらず、なぜ二大政党政治はわずか八年で終わってしまったのか。政党内閣崩壊の直接的な引き金は、満州事変と世界恐慌にある。しかし、こうした外在的な要因のほかにも、いくつかの要因が指摘できる。ここでは二つの要因を挙げておこう。

第一には、政党の立案した政策が実施には至らなかったか、政策の実施によりかえって惨憺たる結果を招いたことにある。政策を実施して国民生活の安定と向上を実現するには至らなかったことは、国民からの期待を裏切った形となり、二大政党への期待感を逓減させたであろう。ただし、世界恐慌と満州事変という危機の中で、両党に与えられた猶予は少なかった。

第二には、政権交代が選挙ではなく、常に政権の行き詰まりによって起きていたことにある。与党から政権を奪うため、野党は与党のスキャンダルを暴いたり、軍部や枢密院と結託して政権を倒壊させようとするなど、泥仕合の様相を呈することも少なくなかった。こうした行為は互いが互いを傷つけ、政党政治の正統性そのものも傷つけたといえる。

第二の点に関連して注目したいのは、選挙で敗北した政党幹部が、議席の変動を選挙干渉・買収に帰す言辞を、ほとんど枕詞のように用いていたことである。例えば、一九三〇年の選挙で敗れた政友会では、犬養政友会総裁すら「最後に民政党が干渉と買収をやつた」と新聞記者に話していた。これにはさすがに浜口首相が「そんなことをだれがいふのか」、「犬養さんはそんなことをいはない方がいい……一党の総裁たるものが」と苦言を呈していた*13。一方、一九三二年の選挙で敗れた「一党の総裁」である民政党の若槻礼次郎は党の議員総会で、敗因は政府が目的を選ばずいかがわしい誘惑や、不法の強圧を行い、我が党の政策を誤解させたことが原因であるとしていた*14。

確かに同時代の選挙では、前近代以来の贈答文化の影響などもあり、買収行為が横行していた。また、与党による選挙干渉も存在していた。しかし、全国的に選挙結果を左右するような買収や選挙干渉は可能かという点は、同時代でも疑問が呈されていたし、現に田中内閣はそれに失敗していた。にもかかわらず、勝った時は自党の政策が支持を得た、負けた時は相手党の買収と弾圧だという物言いは、虫が良すぎる上に相手党に投票した有権者の判断力に疑念を呈すようなものである。こうした言辞は選挙の正統性を疑わせ、ひいては政党政治への不信を高める一因になったように思われる。

以上のような泥仕合は、政策論争を実質化させ、民意の糾合に努めた自分たちの模索そのものに泥を塗るようなものであり、健全な政党対立を阻害したのではないか。戦前日本の二大政党政治の模索は、現代日本の政党政治にとっても重要な教訓を伝えている。

演習問題

1. 二大政党の政策路線をそれぞれまとめ、比較してみよう。
2. 無産政党が登場した背景について検討してみよう。
3. 政党内閣が崩壊した要因を考えてみよう。

《本文脚注》

＊1　松永義雄『社会民衆党とはどんな政党か』（社会民衆党出版部、一九二七年）。
＊2　国立国会図書館「帝国議会会議録検索システム」より。
＊3　秦豊助「昭和維新の首途」（『政友』三二五、一九二八年一月）。
＊4　山本条太郎「産業的大日本主義を提唱す」（山本条太郎翁伝記編纂会編刊『山本条太郎　論策一』一九三九年）
＊5　山本条太郎「更始一新の国策はこの産業立国あるのみ」（『政友』二八九、一九二五年一一月）。
＊6　「立憲民政党の宣言及び綱領」（『民政』一－一、一九二七年六月）。
＊7　『日本労農新聞』一九二八年二月一〇日。
＊8　『日本社会運動通信』一九二九年七月二九日。
＊9　浜口雄幸「全国民に訴ふ」（川田稔編『浜口雄幸集　論述・講演編』未来社、二〇〇〇年所収）。
＊10　「社説　過去の非を反省せよ政友調査隊」（『大阪朝日新聞』一九三〇年八月八日）。
＊11　山本条太郎『経済国策の提唱』（日本評論社、一九三〇年）。
＊12　「全国大衆党第二回大会議案」（国立国会図書館憲政資料室所蔵「林虎雄関係文書」一－八）。
＊13　『東京朝日新聞』一九三〇年二月二四日。
＊14　若槻礼次郎「尊き試練を経て更生せむ」（『民政』六－二、一九三二年三月）。

参考文献

粟屋憲太郎『昭和の政党』（小学館、一九八三年〈岩波現代文庫、二〇〇七年〉）
山室建徳「政党内閣期の合法無産政党」（『社会科学研究』三八－二、一九八六年）
川人貞史『日本の政党政治　一八九〇－一九三七年』（東京大学出版会、一九九二年）
土川信男「政党内閣と産業政策一九二五～一九三二年」（一）（二）（三・完）（『国家学会雑誌』一〇七－一一・

一二、一〇八-三・四、一〇八-一一・一二、一九九四~一九九五年）
季武嘉也『大正期の政治構造』（吉川弘文館、一九九八年）
横関至『近代農民運動と政党政治』（御茶の水書房、一九九九年）
源川真希『近現代日本の地域政治構造――大正デモクラシーの崩壊と普選体制の確立』（日本経済評論社、二〇〇一年）
有馬学『帝国の昭和』（講談社、二〇〇二年〈講談社学術文庫、二〇一〇年〉）
村井良太『政党内閣制の成立　一九一八~二七年』（有斐閣、二〇〇五年）
季武嘉也『選挙違反の歴史――ウラからみた日本の一〇〇年』（吉川弘文館、二〇〇七年）
三和良一『概説日本経済史　近現代〔第3版〕』（東京大学出版会、二〇一二年）
村井良太『政党内閣制の展開と崩壊　一九二七~三六年』（有斐閣、二〇一四年）
手塚雄太『近現代日本における政党支持基盤の形成と変容――「憲政常道」から「五十五年体制」へ』（ミネルヴァ書房、二〇一七年）

8 戦前日本の代議士と個人後援会

手塚 雄太

《学習のポイント》 名望家秩序の動揺、普選の実施などによって、代議士、そして代議士を目指す候補者たちは、当選を果たすために新たな集票方法を作り出し、支持基盤を多角化する必要に迫られた。ここでは彼らの模索と、模索の中で編み出された個人後援会という手法を具体的に説明する。

《キーワード》 地方名望家、名望家秩序、青年党、個人後援会、中選挙区制

1．選挙と代議士

自民党副総裁を務めた叩き上げの政治家、大野伴睦（ばんぼく）は「サルは木から落ちてもサルだが、代議士は選挙に落ちればタダの人」と言ったという。また、現代政治学においても、議会政治家が重視するのは自身の再選だとされている。このように記せば、保身にしか興味がないのが政治家と思う向きもあろうが、議会を基盤とする政治家にとって議席を失うことは、自身の理念や政策を実現する場を失うことと同義である。選挙での当選は至上命題といえよう。

俗に選挙で当選するために必要だとされるものは、「地盤（ジバン）」、「看板（カンバン）」、「鞄（カバン）」のいわゆる「三バン」である。「地盤」は集票組織、「看板」は知名度、「鞄」は資金力・集金ルートをそれぞれ指している。

本章では、戦前日本の政治家が選挙で当選を果たすため、どのようにして有権者からの支持をまとめあげ、自身の「地盤」を築きあげたのかを、三人の代議士（衆議院議員）の事例を中心に説明する。あわせて、その中で編み出された個人後援会という手法とその具体的なあり方も説明する。

2. 名望家秩序の動揺と政治家

第四章・第六章で詳述されている通り、明治の政党は地方名望家によって支えられていた。名望家たちは府県会議員――郡会議員――町村長・町村会議員――その他名望家といったタテのつながり、字（あざ）や町村を越えた名望家間の地縁・血縁によるヨコのつながりを広げることで地域の団結を強めた。こうした名望家は地域の自治と振興に力を尽くすとともに、選挙にも関与した。

しかし、名望家や有産者に依拠した選挙のあり様は、徐々に変化していくことになる。

第一の背景としては、日本において資本主義が発達する中で、地方名望家が都市化や産業化・工業化の進展によって没落したり、あるいは反対に財産を殖やして投資家や寄生地主と化して地域から離れる者が現れたことがある。これによって名望家と地域との関係が徐々に希薄となり、名望家の選挙での影響力も減退していった。

第二の背景としては、日比谷焼打ち事件や第一次護憲運動といった民衆騒擾（そうじょう）と、それに伴って高まった政治熱の高まりがある。政治熱の高まりは、選挙権を持たない人々による政治参加を求める普選運動として、あるいは地主や資本家への反発から組織される農民運動・労働運動として現れた。また、「〇〇青年党」といった青年を中心とする政治団体も組織されるようになった。

第三の背景としては、選挙のあり方が変化していったことがある。名望家依存の選挙では買収がつきものとなっていた。買収は政治に要する資金を増加させ、ひいては「政治とカネ」をめぐる問題を引き起こす要因でもあった。しかし、その一方で都市部を中心に、買収を行わず自らの政見を伝えるための文書を印刷し配布する「理想選挙」が行われるようになる。また、一九一五（大正四）年、第二次大隈重信内閣の下で行われた衆議院議員総選挙では、大隈首相や閣僚が全国を遊説したり、大隈の演説を吹き込んだレコードを演説会にあわせて流したり、大学の弁論部の学生による遊説隊が組織されて全国に派遣されるといった、有権者の耳目を引く新たな選挙戦術が取られた（ただし、こうした選挙戦も費用は要した）。

上記のような変化の中で、既存の名望家秩序に依存しない形で選挙運動が行われるようになっていく。その過程を「粛軍演説」「反軍演説」などで議会史上にその名を残した斎藤隆夫（一八七〇－一九四九）の事例から見ていく（以下は伊藤之雄氏の研究に拠る）。

斎藤は兵庫県の但馬地方、出石郡室埴村（現在の豊岡市）の自作地主の子として生まれた。斎藤は苦学の末に東京専門学校（現在の早稲田大学）を卒業し、弁護士試験に合格して弁護士として開業した。アメリカのイェール大学に留学した後、一九一二（明治四五）年に国民党の公認候補として兵庫県全県一区から当選を果たした。とはいえ斎藤は、但馬地方を地盤とした元代議士の後継候補として期待されており、その選挙運動も但馬地方の名望家に依存したものに過ぎなかった。

しかし、言論戦が新たな選挙戦術として注目されるようになると、イギリスの議会政治を理想としていた斎藤は、一九一五年の選挙で理想選挙を標榜して言論戦を繰り広げた。斎藤の地盤は依然として名望家に依存していたが、斎藤に呼応する形で地域の青年会も斎藤を支援するようになった。一九一九年、原敬政友会内閣の下で衆議院議員選挙法が改正され、選挙制度における納税要件が国税三円以上を納める男子に引き下げられ、有権者数は約三〇〇万人となった。また、大選挙区制が小選挙区制に改められて全国で選挙区は分割された。但馬地方では一二区（北但馬）と一三区（南但馬）に二分割された。一九二〇年の選挙で、斎藤は地盤の中心であった一三区から出馬しようとしたが、地元の名望家が原内閣による地方利益誘導政策もあり政友会へ鞍替えしたため立候補の余地がなくなり、一二区に移らざるを得なくなった。

斎藤は、一二区内の憲政会系の名望家秩序に依拠する一方、青年層との結びつきを強めた。原政友会が普選は時期尚早だとし、また斎藤の対立候補も同様に主張していたのに対して、斎藤は普選こそが国民の後援を得た強力な政府を作り出すとして「普選即行」を唱えた。こうした主張に青年たちが惹かれていく。

斎藤を支援した青年たちの第一グループは、地方名望家層の子弟である青壮年が組織した団体である。政友会の地盤だった温泉街城崎（きのさき）町の旅館主や物産店の子弟で構成された青年団体では、斎藤と政友会の対立候補両名に政見を問い、その回答を踏まえて全員一致で斎藤を推薦した。第二グループは名望家層の末端にも属さない青年による団体である。彼らは斎藤の唱える主義主張に惹かれた郵便局員、商店員、工場労働者、自作・自小作農家の子弟といった中層以下の青年であった。

一九二〇年の選挙で斎藤は落選するが、青年層の支持もあり選挙区内で約四七％の票を得る善戦をみせた。斎藤は新たに政治的に活性化した新進の名望家層や非名望家層も糾合し、自身の地盤を作り上げていく。第二次護憲運動によって起きた一九二四年の総選挙では、斎藤の立候補宣言直後に斎藤支援を目的とする青年党が続々と創設された。斎藤は苦戦という下馬評を覆し、旧来の名望家秩序に依存して選挙を戦った政友会候補を大差で破ったのであった。

また、青年層も、名望家がすくい上げてこなかった地域の諸問題を取り上げ、地域政界での存在感と発言力を高め、地方政治の担い手となる。憲政会――民政党は、斎藤を通じて新たな支持基盤を得たともいえよう。また、雨宮昭一氏によると、茨城県真鍋町（現土浦市）でも、在地名望家層の二代目に小作層まで含んで結成された青年団体が、町政へ参入し存在感を高める一方、民政党に合流していったという。こうした新たな政治の担い手の登場については、名望家秩序の「改良」（伊藤之雄氏）、あるいは「既成勢力の自己革新」（雨宮昭一氏）と位置づけることもある。いずれにせよ、旧来型の名望家秩序が動揺していたことは間違いない。

さて、名望家秩序の下で政治家としてのキャリアをスタートさせた政治家も、名望家秩序の動揺に向き合うこととなる。ここでは、神奈川県高座郡萩園村（現茅ヶ崎市）の地方名望家である山宮藤吉（一八六二－一九三三）の事例から見ていこう。山宮は著名とは言い難い人物だが、小泉純一郎元首相の祖父小泉又次郎や、河野洋平元衆議院議長の祖父河野治平とともに、明治～昭和戦前の神奈川県政界で活躍した人物である（以下は上山和雄氏の研究に拠る）。

山宮家は萩園村では有力な地方名望家であり、村役場の書記を務めた藤吉は村内では上層の手作り地主でもあった。山宮が政治に触れるのは、帝国議会の開会を前に高座郡で改進党の影響力が高まった一八八八（明治二一）年のことである。山宮は一八九三年に行われた県会議員再選挙で周囲の名望家に推されて改進党系の候補として選挙戦を戦った。有権者数が限定されていたため、選挙運動は徹底した戸別訪問（有権者の家を戸別に訪問して投票を依頼する行為）であった。この選挙で自由党候補に敗れて落選した山宮は、鶴嶺村（萩園村ほかが合併して成立、後に茅ヶ崎町に合併）の村長となり、「名を上ケて　笑わるるより　大根の　株をふやして　世のためにせよ」と日記に記している*1。

とはいえ、山宮は地方名望家間の団結の中で、政治から手を引くことはできなかった。山宮は再び名望家集団に推されて一八九九年には県会議員に、一九一二年には改進党の後身政党である国民党の候補として衆議院議員に当選した。政治資金は自己の資産と借金、名望家からの拠金、党本部からの支援によるものだった。中央政界に進出した山宮は、桂園(けいえん)体制の崩壊から国民党の立憲同志会への合流という激動の政治過程の中で、桂(かつら)太郎や大隈重信らの開く全党的な集会や後藤新平(しんぺい)ら桂系政治家の招待会にも参加したり、党中央の役職に任命されて様々な会合に出席するなど、知見を広げていく。

衆議院議員となった山宮は、自らの地盤の培養に努めた。その方法は、第一に学校の設置や道路の整備といった地域や公的団体での公共性の高い問題への取り組み、第二に個人的利害に関する利権がらみの問題、第三に支持者・知人からの個人的依頼の処理・解決（許認可権限を持つ官庁への斡旋、就職の斡旋など）、第四に公的・私的紛争の調整処理などである。こうした日常的な活動によって有権者に顔を売る必要が生まれていたのである。

しかし、一九一七（大正六）年の衆議院議員総選挙で山宮は落選し、以後約七年にわたり浪人生活を送る中で、自身の地盤の変動に直面する。一九一九年から二〇年にかけて、地元の茅ヶ崎町では町政の不祥事を機に青年層を中心とする政治勢力が登場した。彼らは町政刷新を求めて町民大会を開き、町民の八割が参加する町税延納運動などにより町当局へ圧力を掛けていた。調停に追われた山宮は、最終的には刷新派陣営に立ち運動を支援した。この運動への対応をめぐり、茅ヶ崎町の名望家層――山宮の地盤に亀裂が入った。また、他地域ほど苛烈ではなかったが、小作人が小作料減額を要求するようになるなど、山宮や周辺の名望家は小作問題の対応にも迫られた。

こうした地殻変動の中で山宮は、多数が結合した力ほど強いものはないと考えるようになり、一九二〇年前後に普選即行論者となった。山宮は五箇条の誓文はもちろん、聖徳太子の十七条の憲法や天照大神（あまてらすおおみかみ）さえ持ち出して、日本は神代から民本主義だと論じるようになっていた。「神代から民本主義」は荒唐無稽としか言いようがないが、普選反対論者が普選になれば日本は共産主義化すると主張していたことからすれば、有権者の中にあった普選への恐怖感や抵抗感を和らげる効果はあっただろう。また、普選を実行し国民政府としての実を備えることが、国家としての格を向上させることにつながるのだとも論じていた。山宮は政治活動に資産を蕩尽（とうじん）し、晩年には居宅しか残らないほどになったため、議員在職中には政治資金を得るために立場を利用して利権を漁（あさ）ることもあった。しかし、国民の政治参加こそが重要であるという主張を貫くという点において、山宮も斎藤隆夫と同様に大衆的政治家としての一面を発揮していた。

一九二四（大正一三）年、山宮は衆議院議員として再起を果たした。とはいえ、この頃になると政治の様子はいっそう変化しつつあった。第一に、山宮に持ち込まれる要望の中でも、知人や支持者からの個人的依頼が激増していた。具体的には乗合自動車（バス）の路線開業免許獲得依頼であったり、県庁への仲介、就職斡旋などであった。第二は、政治家の地盤が、政治家個人に帰属するものとしての性格を強めたことである。山宮が再起を果たした選挙では、選挙における名望家の役割が漸減する一方で、山宮に限らず候補者の親族が選挙に積極的にかかわるようになっていた。また、山宮は一九二八年の最初の普選には立候補せず、地盤を実業家岡崎久次郎に譲り渡すが、このとき岡崎から山宮に借金の整理に必要な二万円ほどの金銭が渡されたという。名望家によって押したてられて政界に進出した山宮の地盤が、長年の政治活動の中で私的なものになり、最終的には金銭で譲渡されるほどの個人的なものになっていたのであった。

斎藤や山宮の事例から、政治家の支持基盤の中に占める名望家の比重が小さくなりつつあったことがうかがえよう。

3．個人後援会の始まりと隆盛

一九二五（大正一四）年に衆議院議員選挙法が改正され（以下、普通選挙法の成立と呼ぶ）、有権者数が一二〇〇万人を超えると、新たに増加した有権者に対応するため、政友会・民政党の二大政党では第七章で見たような政策を提示して支持拡大に努めた。また、政党支部組織の強化も図っていた。

しかし、その一方で個々の政治家は、自身の支持基盤の強化にいっそう努めるようになる。その中で取られた一つの手法が「個人後援会」（以下、適宜後援会と略記する）である。後援会は政党や政党支部ではなく個人を結集核とし、選挙における特定個人の当選を目的に作られる。後援会では会員の結束を固めるため、多彩なイベントを開催したり、会員からの陳情を処理したりするなどの様々なサービスを会員に提供する。こうした活動を通じて後援会は政治家の「地盤」となる。第一三章で説明するように、後援会は戦後の日本政治を特徴づける組織であるが、戦前においても後援会は作られていた。

政治家の名を冠した「後援会」を名乗る団体の早い例が、一九一四（大正三）年に結成された「大隈伯後援会」（大隈重信）である。同会は第二次大隈重信内閣の後援組織として、第一二回衆議院

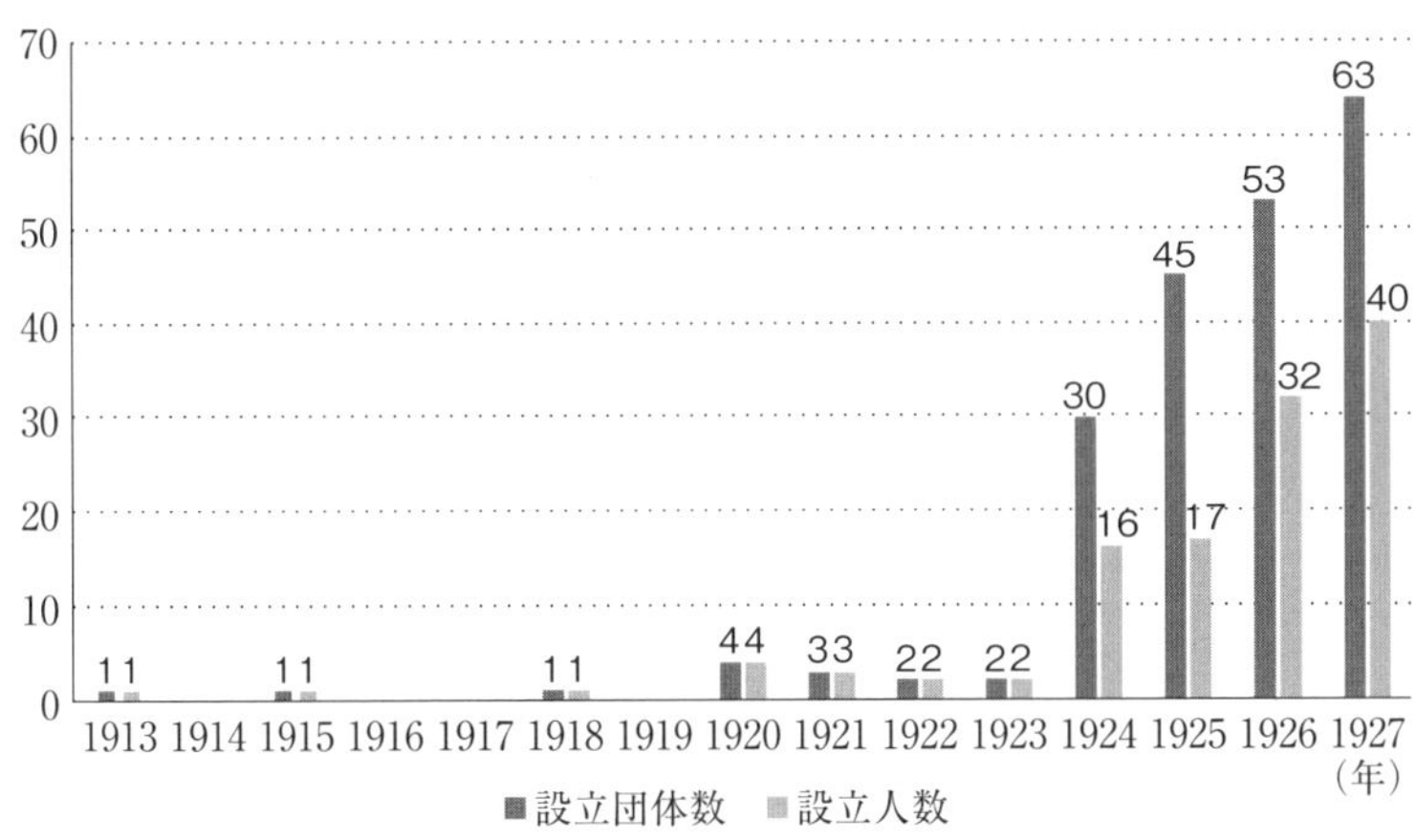

図8－1 年次別後援団体設立数および設立者数（1913－1927）

議員総選挙での大隈系与党の勝利に貢献した。また、「憲政の神様」犬養毅の号を冠した「木堂会」が一九一三年に、同じく尾崎行雄の号を冠した「咢堂会」が一九一五年に設立されている。これらの団体は団体により性質が異なり、先に挙げた後援会と同列に扱うのは難しい面もあるが、政治家個人を核とする点では共通点を有する。

政治家個人を核とし、その政治家の当選を目的とする団体は、普選を前に他の政治家に広がっていった。**〈図8－1〉**は普選を控えた一九二七年に内務省警保局が作成した「政党員其ノ他有志者後援団体一覧表」に掲載されている後援団体のうち、後援対象になっている政治家の選挙区内に設立された団体数と、団体を設立した政治家の人数を年次別に集計したものである[*2]。普通選挙法が制定される前年である一九二四年から、団体数も設立者数も急増していることが分かる。

さて、政治家の選挙を支える後援会が急増した理由をもう少し詳しく探るため、先の史料と同様に警保局が作成した「昭和二年十二月府県会議員総選挙ニ於ケル選挙運動方針調」なる史料を見てみよう[*3]。この史料は一九二七年に普通選挙で行われた府県会議員選挙での諸戦術について、道府県ごとにまとめたものである。いずれの道府県においても、選挙期間中の運動だけではなく、日常的活動・予備的活動が重要であるとされている。

そもそも普通選挙法では、候補者による戸別訪問が違法となっていた。戸別訪問は密室を生み出し、買収の温床になっていたためである。新選挙法での選挙戦で期待されたのは、政党や候補者が議論を戦わせる言論戦と文書戦であり、第一回の普通選挙では各党・各候補者が訴えを記した印刷物を大量に作成した。ポスターは街角のあちこちに貼られ、ビラや推薦状が有権者に送付された。

その一方で行われていたのが、選挙期間外における日常的活動・予備的活動である。例えば群馬県では戸別訪問に変わる新手段として、「選挙施行前ニ於テ政党支部又ハ部会若ハ何其後援会或ハ倶楽部等設立名義ノ下ニ入会勧誘ヲ名トシテ個別(ママ)訪問ヲ行ハムトシ、又ハ個々面接ヲ為サム」とすることがあったという。戸別訪問は買収の温床でもあったが、一人一人の有権者と膝をつき合わせて話すことができる手段でもある。名望家の影響力が弱まる一方で、有権者との接点の一つが失われる中で、日常的活動・予備的活動が選挙戦においていっそう重要となったのである。その中で選び取られ、また普及していく新戦術の一つが後援会であった。

後援会が選挙における新戦術となりつつあったことは他府県でもうかがえる。富山県では人格・識見ある人物であっても「相当有力ナル政治的後援団体」を有さないと選挙運動の気勢は上がらない状況であったという。大阪府でも「後援団体ニ属シ居リタル者ハ其ノ被後援者以下団体員ノ強固ナル一致的援助ヲ受ケ好結果ヲ得タ」者が少なくなかったという。さらに愛知県では「予備的行動ノ主ナルモノハ後援団体ノ組織」で、名古屋市では従来から「此種団体ノ組織ニ依リ殆ント地盤ヲ固定シ居ルノ感」があり「候補者ハ有力後援団体ヲ背景トシタルモノ最モ有利」だったという。なお、櫻井良樹氏によると、東京で地域の自治や選挙での候補者推薦を行っていた公民団体が影響力を低減させて政党系列化した後、後援会化することがあったという。

ただし、後援会は買収の新ルートとして機能することもあった。買収される側が罪悪感を抱きにくいように、会員から会費を取らないで酒や飲食を伴う会合を行う、あるいは費用を徴収しながらも実費を上回る宴会を行うといった巧妙な形で饗応・買収が行われることも少なくなかった。こうした後援会の負の側面は付言しておかねばなるまい。

4. 戦前期の個人後援会

それでは普選後の政治家は、どのように個人後援会を用い、自身の支持基盤を作り上げていったのか。この点について、愛知県選出の衆議院議員、加藤鐐五郎（りょうごろう）とその後援会五月会（さつきかい）の事例を見ていこう。

加藤鐐五郎（一八八三－一九七〇）は、愛知県立医学専門学校（現在の名古屋大学）を卒業して医師となった後、一九一三年、名古屋市議に当選した。その後、愛知県会議員を経て、一九二四年の衆議院議員総選挙で愛知県第一区（名古屋市全域）に政友本党から出馬して当選した。政友会に合流した後は、犬養内閣で商工参与官を、米内光政（よないみつまさ）内閣で商工政務次官を務めた。

名古屋市議選挙に出馬した当初の加藤は、自身が医師であったことから医師会の支援を得ていた。その一方で、「鐐五郎政界の腐敗を慨する事久し、夙（つと）に挺身革新の先駆たらんを期す」[*4]と説くなど、名古屋政界における汚職・腐敗を厳しく批判する清廉潔白な雄弁家として政界に登場した。

一九二〇年、加藤は衆院選に挑戦したが落選した。これを機に、加藤の選挙を支えた人々が五月会を結成した。五月会は総勢一八七名により結成され、会則には「政治道徳の向上*5」が掲げられた。五月会は加藤の当選を目的に結成されたものではあるが、一方で「政治道徳の向上」を目的とした、加藤を主導者とする同志集団としての性格も有していた。関東大震災直後に行われた一九二三年の県会選挙で加藤は、選挙運動を文書の送付にとどめて自粛したにもかかわらず再選を果たした。五月会は加藤の「理想選挙」を支えたことを大いに祝している。

さて、普選を目前にした一九二七年になると、五月会の会員は三五〇〇人を超えるようになっていた。また、その活動にも変化が見られるようになる。普選法成立後の五月会は、会員数の増大とともに会員の結束を高めるため、年賀交換会・納涼大会・弁論大会・野球大会等の多彩なイベントを開催するようになったのである。

一九三〇年一〇月には五月会員の家族を観劇会に招く家族慰安会まで開催された。加藤は挨拶の中で「政治は生活である以上、生活の大半が台所にある以上、『政治は生活』『生活は台所』『台所は女性』女性でなくて真個の政治が分る訳がありませぬ」と論じていた*6。第七章で見た通り犬養総裁期の政友会で山本条太郎政調会長の持論「政治の国民生活化」に基づく政務調査活動がなされるのと並行して、加藤も「生活」を説くようになっていたのである。なお、三〇年の第五八議会では、貴族院で審議未了になったものの、衆議院で婦人公民権案が可決されていた。加藤は女性参政権の成立を見越して、女性を支持基盤に組み込もうとしていたのかもしれない。

一方で、ある五月会員は、五月会機関誌『時事公論』に議会期間中以外は「小生等の便宜を御計り下され度切望仕候」、そうでなくては「公僕の意義」が消失する、といった投書を寄せている*7。

「政治道徳の向上」を掲げた五月会の会員にも、あからさまに加藤へ便宜供与を求める者がいたのである。『時事公論』記者は、自分たちが加藤を支援しているのは国政で加藤に活躍してもらうためなのだから、「公僕の意義御誤解なき様希望します」と苦言を呈している。しかし、その一方で、「色々なお用は五月会の事務所」がありますとも応えている。実際には五月会が、会員からの陳情を処理していたこともうかがえる。

設立当初の五月会は、加藤の当選を目的とする一方、「政治道徳の向上」を目的とした団体であった。しかし、普選前後から五月会は会員の結束を保つため、戦後に作られる多くの後援会と同様に様々な行事を展開したり、会員の陳情を処理するようになった。五月会は、加藤を主導者とする同志集団としての性格を希薄化させ、戦後の後援会と同種の機能を有すようになったのである。さらに加藤は五月会を通じて、市会議員をも自己の系列に組み込むようになった。

個々の政治家が自らの支持基盤を強化しようとした背景としては、普選法により選挙制度が小選挙区制から中選挙区制に変わったことも重要である。一選挙区で三人から五人が当選できる中選挙区制では、議会の過半数を占めようとする政党は複数候補を擁立せざるを得ない。候補者側からすれば、ある政党に属しているだけでは選挙に当選できないということになる。

加藤も民政党の候補者だけではなく、後援会を組織する他の政友会候補との競合関係にあった。『時事公論』には、一九三〇年の選挙において加藤が最高点間違いなしと聞いたので、政友会候補を二人当選させた方が良いと思い、人生で初めて加藤以外に投票した、という五月会員の告白が掲載されている。これを受けて一九三二年の総選挙直前の『時事公論』は「五月会は政友会の五月会に非ず、加鐐後援の五月会なり」と断言し、立場を明白にしている*8。自党候補との競合も激化していたことが分かる。

さらに加藤は戦前期の愛知県・名古屋市を代表する陶磁器業との結びつきも強めた。陶磁器業では昭和恐慌の中で行われていた政府の産業合理化政策もあり、全国団体が新たに組織されるなど、組織化が進んでいた。加藤は医師会に続き、恐慌期に組織が強固になった業界団体と結びつき、その有力者を五月会に入会させ、さらなる支持基盤拡大に努めていた。また、業界からの要望を実現するために、関係省庁への働きかけも行っていた。その上で昭和期の加藤は、自身を大都市名古屋にふさわしい商工政策に精通した政治家であると位置づけ、活動していくことになる。雄弁から実行の政治家へと自身のイメージを更新したともいえよう。

5．多元化する社会と多極化する支持基盤

本章では、名望家に依拠した選挙運動が政治家個人を核とするものに変化していったことを確認してきた。こうした変化は選挙制度の変化、名望家秩序の動揺、政治家自身の変化など、複数の要因が相互に絡み合ってもたらされたものであった。この過程で、個々の政治家は自身の支持基盤を多元化させていき、政治家によっては後援会という新たな手法でその組織化を図ったのであった。

戦前期、政友会と民政党は政策を掲げ、また党支部の組織化による支持基盤の拡大を試みていたが、その一方で個々の政治家は自身の支持基盤拡大に努めていた。普選導入後の政党は、党中央——代議士および代議士候補者——各個人の支持基盤、といった形で裾野を広げていたといえよう。

さて、加藤は自身の後援会を築き、市会議員まで自身の系列とするとともに、昭和恐慌前後に組

織化が進んだ業界団体とも結びつき、自身の支持基盤を拡大していく。こうした変化の前提には、一九二〇年代以降の行政国家化や社会・経済の変化も念頭に置く必要があるだろう。とりわけ、昭和恐慌前後に進められた産業合理化政策や、農村・農業団体の組織化を図る経済更生運動は、他の業界にも波及して組織化を促進させた。これにより、業界団体の要望はいっそう多様となり、また複雑なものとなっていく。いわば社会の多元化が進んでいたのである。個々の政治家は多元化した民意を糾合するため、模索を続けていたといえよう。

なお、加藤はこの後の戦時体制下においてすら、支持基盤とのかかわりを維持し、業界からの要望を実現するため奔走を続けていた。加藤の支持基盤維持・拡大のための試みは戦後も続くが、その点は第一三章に譲りたい。

演習問題

1. 地方名望家の役割がどのように変容したかをまとめてみよう。
2. 選挙制度の変容が政治に与える影響を考えてみよう。
3. 個人後援会が登場した理由を検討してみよう。

《本文脚注》

＊1　上山和雄編『山宮藤吉日記』上・下（茅ヶ崎市「茅ヶ崎市史史料集第六集（一）・（二）」、二〇一一・二〇一二年）。
＊2　国立国会図書館憲政資料室所蔵「山岡萬之助関係文書」マイクロフィルムR24。
＊3　注2と同じ。
＊4　「新聞スクラップ帳」（愛知県公文書館「加藤鐐五郎関係資料」W一六－一四三〇）。
＊5　『名古屋時事』一九二〇年六月一五日（同前「加藤鐐五郎関係資料」W一六－一四三二）。
＊6　加藤鐐五郎「女性へ呼びかける」『時事公論』第七二号、一九三一年一月一日（名古屋大学大学文書資料室寄託「加藤鐐五郎関係資料」一三七九）。
＊7　『時事公論』第八八号、一九三三年一月二五日（同前「加藤鐐五郎関係資料」一三九一）。
＊8　『時事公論』第八二号、一九三二年二月一六日（同前「加藤鐐五郎関係資料」一三九八）。

参考文献

升味準之輔（ますみじゅんのすけ）『日本政党史論』第五巻（東京大学出版会、一九七九年）
伊藤之雄『大正デモクラシーと政党政治』（山川出版社、一九八七年）
上山和雄『陣笠代議士の研究――日記にみる日本型政治家の源流』（日本経済評論社、一九八九年）
蒲島郁夫・山田真裕「後援会と日本の政治」（『年報政治学』四五、一九九四年）
雨宮昭一『総力戦体制と地域自治――既成勢力の自己革新と市町村の政治』（青木書店、一九九九年）
櫻井良樹『帝都東京の近代政治史――市政運営と地域政治』（日本経済評論社、二〇〇三年）
奥健太郎『昭和戦前期立憲政友会の研究――党内派閥の分析を中心に』（慶應義塾大学出版会、二〇〇四年）
季武嘉也『選挙違反の歴史――ウラからみた日本の一〇〇年』（吉川弘文館、二〇〇七年）

季武嘉也・武田知己編『日本政党史』（吉川弘文館、二〇一一年）
玉井清『第一回普選と選挙ポスター——昭和初頭の選挙運動に関する研究』（慶應義塾大学出版会、二〇一三年）
村井良太「一九二〇年代の政治改革、その逆コースと市川房枝」（坂本一登・五百旗頭薫編著『日本政治史の新地平』吉田書店、二〇一三年）
手塚雄太『近現代日本における政党支持基盤の形成と変容——「憲政常道」から「五十五年体制」へ』（ミネルヴァ書房、二〇一七年）
車田忠継『昭和戦前期の選挙システム——千葉県第一区と川島正次郎』（日本経済評論社、二〇一九年）

9 「非常時」下の官僚たちの挑戦

松本 洋幸

《学習のポイント》 五・一五事件の後、斎藤内閣・岡田内閣の中間内閣が誕生し、政党にかわって官僚が存在感を増すようになった。不況対策として全国で大規模な公共土木工事が行われるが、それは政党内閣期の地方利益誘導型とは異なる論理・方法に則ったものであった。さらに官僚たちは、既成政党や議会制に対する批判を背景として、政策の総合化や、新たな社会の担い手層の把握に取り組もうとしていた。

《キーワード》 時局匡救事業、行政国家化、内閣調査局、選挙粛正運動

1. 斎藤内閣と時局匡救事業

五・一五事件で犬養毅首相が凶弾に倒れた。元老・西園寺公望は、当初は「憲政の常道」に基づいて政友会の後継総裁である鈴木喜三郎の奏薦を考えていたが、既成政党に対する陸軍側の強い反発や、テロ再発の危険性などを加味して、海軍出身で穏健派の斎藤実への大命降下を選択した。政党内閣でも軍部内閣でもない「中間内閣」によって事態の鎮静化を図ろうとしたのである。

斎藤内閣の喫緊の政治課題は、外交では満州事変以後に悪化した国際関係の修復と、内政では世界恐慌以後の深刻な不況の克服であった。陸軍中堅層の支持を受けていた荒木貞夫陸相は、内外に

様々な危機を抱えた日本の現状を「非常時」と鼓吹し、軍事費の拡大を強く要求した。ただし閣内には、政友会から高橋是清（これきよ）（蔵相）ら三名、民政党から山本達雄（内相）ら二名が入閣し、衆議院でも政友会は約三〇〇、民政党は約一五〇という圧倒的議席数を握っており、既成政党の存在感は無視し難いものがあった。

しかしそれまでの政党内閣期とは異なり、政策過程における政党の影響力低下は否めなかった。荒木陸相の提案を受けて設置された五相会議（首相・外相・蔵相・陸相・海相）は、国防および外交・財政の調整を行うインナーキャビネットであったが、政党員の参加は高橋是清のみであった。その高橋も、政友会代表というよりも財界や利益団体をも包摂した超党派の政策協定路線を目指しており[*1]、政友会の方針と対立することも少なくなかった。

斎藤内閣の内政課題は何といっても経済対策で、とりわけ不況にあえぐ農村の救済であった。その舵（かじ）取り役は高橋蔵相で、対外的には円為替安によって輸出増加を誘導しつつ、国内的には低金利政策の維持と積極的な財政出動を行った。この結果、日本はいち早く世界恐慌の痛手から回復することができた。高橋財政期に国の一般会計歳出額は、一四・八億円（一九三一年度）から二二・一億円（一九三五年度）へと約一・五倍に膨張したが、その主因は満州事件費を中心とする軍事費と、時局匡救（じきょくきょうきゅう）事業費という名目で大規模に撒布（さっぷ）された公共事業費であった。

時局匡救事業は、斎藤内閣が第六三回帝国議会（一九三二年八～九月）で明らかにした不況対策事業で、一九三二年度から三年間で中央・地方あわせて約八億円の土木事業を起こし、農民や失業者に現金収入の道を開くとともに、地方の産業振興に資することを目的としていた。その内訳は、国が六億円、地方が二億円（後に国が五億、地方が三億に変更）で、内務省関連（土木局所管の道路・港湾・河川等）が約五割、農林省関連（開墾・用排水路等）が約三割を占めていた。国の事業費のうち、内務省土木局が所管する土木事業は約半分の約二億九〇〇〇万円で、その約六割（一億八〇〇〇万円）を道路改良事業が占めていた。事業計画を策定した内務省土木局では、これを機に全国的な土木工事を展開していくことを企図していた[*2]。

国道の改良工事は、それまで主として府県が担当していたが、国が直接工事を行う直轄事業が本格的に開始された。また府県・町村が行う改良事業に対しても国庫補助（府県には三分の一、町村には四分の三）が支給され、全国の市町村でかつてない規模の土木工事が行われた。技術的な蓄積の乏しい町村に対しては、府県が工事の設計・施工・監督に当たるなど、手厚い保護が加えられた。また府県が行う中小河川事業や港湾事業に対しても国庫補助が交付されるなど、地方の公共土木工事に対する国庫の役割が大きな比重を占めることになった。

国・地方での土木事業が拡大する中、一九三三年八月に土木会議が設置された。内務大臣の諮問に応じて、道路・河川・港湾その他土木に関する重要事項について審議する機関で、政府の関係行政機関の次官・技監ら一七名、貴衆両院議員一四名、知事二名、学識経験者二名を構成員とし、道路・河川・港湾の三部会が置かれた。これらのインフラ整備は、一九一〇年代に策定された長期計画をもとにして行われてきたが、一九二〇年代の慢性的な不況下で計画と現実との乖離（かいり）が問題となっていた。また時局匡救事業で、国直轄工事や国庫補助の土木事業が増加したことから、新たに総合的見地に立って、各整備計画を見直すこととなったのである。

道路については、一九一九年（原内閣期）に策定された第一次道路改良計画があり、一般国道約七〇〇〇キロを約三〇年かけて府県に改良させ、国が工事費の半額を交付するというものであった。

しかし関東大震災やその後の政党内閣期の頻繁な政権交代などによって、一九三一年度までに計画の三分の一程度しか実現していなかった。内務省土木局では、一九三一年度の失業救済事業から国道の国直轄工事を開始し、時局匡救事業の主軸としてこれを拡大し、さらに一九三三年には第二次道路改良計画（二〇年計画）を確定した。そこでは鉄道にかわって道路が地方産業の振興に重要な役割を果たすことが謳われ、普通国道約六九〇〇キロを国直轄事業として改良すること、府県道のうち未舗装の約三〇〇〇キロの改良に対し、国が工事費の三分の一の補助金を交付すること、などが主な内容であった[*3]。

治水・港湾についても、長期計画の見直し等が行われた。一九三三年に策定された第三次治水計画（一五年計画）は、原内閣が策定した第二次治水計画を見直し、未着手の二四河川の直轄工事のほか、府県が行う中小河川の改修事業に対する国庫補助（工事費の二分の一）が新たに加えられた。さらに一九河川の水源山地の直轄砂防工事も盛り込まれた[*4]。政党内閣期に縮小傾向にあった港湾事業については、国直轄事業と府県が行う地方の中小港の修築に対する国庫補助が拡充された。加えて、重化学工業化やモータリゼーションという新しい時代に対応すべく、工業港の新設や公営化が目指された[*5]。

2. 中央―地方関係の変化と行政国家化

ここで、斎藤内閣下で着手・再編された大規模な公共土木事業が、それまでの政党内閣下の土木事業と比較して、どのような特徴があるのかを確認しておこう。

第一に、その規模と内容が大きく変化した点である。時局匡救事業が行われた三年間の土木費総額は、一九三二年度が約四億円、一九三三年度が約四億二〇〇〇万円（日中戦争以前で最高額）、一九三四年度が約三億六〇〇〇万円で、これを政党内閣期と比べると、年度額で七〇〇〇万円〜一億三〇〇〇万円ほどの差額がある。第二次道路計画（総額七億六〇〇〇万円）は、第一次道路計画（総額約二億八〇〇〇万円）の二・七倍にも及ぶものであった。また道路においては国直轄事業の拡大、河川・港湾においては府県事業への国庫補助の拡大が見られ、国直轄事業と道府県事業への国庫補助の両輪で公共土木工事を進めていくという、第二次世界大戦後に至る土木事業執行体制の基礎が整えられた。さらに大衆社会・モータリゼーション・重化学工業化などの社会状況に対応すべく、アスファルト舗装や立体交差、臨海工業地帯整備などの新しい土木技術が導入された。

第二に、公共土木工事の拡大や長期計画の策定作業が、内務省土木局の主導で進められたことである。農村救済のための大型公共土木工事という発想は、議会や政党からの圧力を受けて具体化したものではなく、むしろ全国的な土木工事の拡張を企図した土木局を中心に練られたものであった。また土木会議における各種長期計画の再編に際しても、土木局の技術官僚が独自に各府県の整備状況などを聴取して策定したもので、時局匡救事業終了後の公共土木工事の安定化を図ろうとするものであった。

第三に、その結果として、中央——地方の媒介者となっていた既成政党にかわって、地方利益の吸収や公共投資の地方撒布という役割を、官僚機構や業界団体が積極的に担うこととなった点である。時局匡救事業が終了し、土木会議で策定された長期計画の予算化が困難になると、土木協会（内務省や道府県庁の土木技術者の親睦団体）は内務省や大蔵省に土木事業の継続を強く訴えたほか、港湾協会とともに全国各地で現地視察・座談会を開催して地方港修築に向けた世論喚起を行った。土木局で砂防事業の必要性を早くから認識していた赤木正雄は、全国の県議や町村長を集めて全国治水砂防協会を結成し、貴衆両院議員らにその必要性を訴えるなどした[*6]。この頃、府県や市町村では大規模な公共事業の実施に際しては、国庫補助金のほか、日本勧業銀行や簡易生命保険などの政府系金融機関の低利融資が有効な財源となっていったことも、この傾向に拍車をかけた。

第四に、以上の点を反映して、官僚機構の幹部やその下で実際の公共事業を担う技術者たちの間で、政党に対する厳しい批判が寄せられるようになった。当時土木局長を務めていた唐沢俊樹は、国直轄の道路改良工事の意義について、以下のように述べている。

政府直轄国道工事は、前にも言ったやうに昭和六年度に於て失業救済の為に実施したのが嚆矢(こうし)であって、自後今日まで継続されてゐるが、其の成績は頗る良好であって、地方事情に拘泥せず、又忌むべき政党の策動などに禍されず、道路本来の見地に於て工事を執行することが出来る。或は地方分権論に胚胎して中央執行制度を難ずる者もあるが、夫れの可否は事業の性質上から見て判断すべきことであって、地方分権と言ふ如き空漠な議論や法律の解釈に依って遊戯的に解決し得べき問題ではない。交通事実に即して国道の改良を計るべきである（唐沢俊樹「道路対策改訂論」『道路の改良』第一五巻第一一号、一九三三年一一月）

いわば、政党の「地方利益」としての道路ではなく、「道路本来の見地」に合理性を見出しているところに注目しておきたい。唐沢に限らず、当時の内務省土木局や府県の土木技術系官僚の間では、既に政党内閣期において事業の縮小や人事の停滞などに対する不満が蓄積されており[*7]、そこに道路・河川・港湾といった土木技術の専門分野に「地方事情」「政党の策動」などで介入する既成政党に対する忌避感が加わっているのである。

以上の変化は土木の分野にとどまらず、他の行政領域についても広く見られたもので、第一次世界大戦後の世界的な動向でもあった。日本では、産業構造の急激な変化、米騒動やその後の社会運動の高まり、男子普通選挙の実施などを経て、「国民生活」に政治が責任を負う、すなわち経済政策・社会政策の重要性が高まった（当時は「政治の経済化」と呼ばれた）。こうして社会の複雑化に伴って行政機能が高度化し、昭和恐慌やその克服過程において、立法機関に対する行政機関の相対的優位性が強まっていった。これを行政国家化という。とりわけ、中間内閣と呼ばれる斎藤・岡田内閣期に、その傾向に拍車がかかることとなった。

3. 戦間期における都市行政の変化

ここでは、立法機関に対する行政機関の優位という現象を、当時の都市の側から逆照射してみたい。一九二〇～三〇年代は、日本における第一次都市化の時代とも呼ばれ、市制施行都市は八三（一九二〇年）から一六八（一九四〇年）へと倍増し、市部の人口は一〇一〇万人（一九二〇年）から二七五八万人（一九四〇年）に増加し、内地総人口の約三八％を占めるに至った。一九二〇年代には東京・大阪・名古屋・京都・横浜・神戸が六大都市と総称されるようになり、隣接町村を合併して市域を拡大していった。一九三〇年代に入ると、重化学工業化を背景として、中小工業都市が叢生（そうせい）した。各都市では交通網の発達に伴い市街地が空間的に拡大する一方、道路・公園・上下水道などを体系的に整備する都市計画事業が行われ、都市内部の構造も大きく変容を遂げていった。

その一方で、人口と産業の急激な集中により、都市施設の機能不全、生活難問題、産業公害など、様々な都市問題が起こった。各都市では、都市インフラの拡充を図りながら、本格的な社会政策に乗り出すなど、新たな行政分野が誕生した。また一九二〇～三〇年代には、全国の都市で市域拡張が相次ぎ、都市空間は飛躍的に拡大し、都市人口も大幅に増加した。こうした近代都市から現代都市への移行に伴い、都市行政が肥大化・複雑化していく中、その担い手も大きく変化していった。

大阪市では、二〇世紀転換期前後に確立していた土着名望資産家による予選（選挙以前に有権者の合議で当選者が実質的に決まる）体制が、一九一〇年代に入り統治能力を低下させる中、関一（せきはじめ）市長ら都市行政の専門家たちを中心とする体制が成立し、市会を掌握しながら社会政策に取り組んでいった[*8]。東京市や横浜市では、市政の分野でも既成政党の勢力伸長が進むが、中央の政官界との強いパイプを持つ官僚政治家らが市長に座り、文官高等試験合格者を幹部に起用し、都市問題を専門に扱う市政調査会・市政研究会などを活用して、現代都市への変化に対応しようとした[*9]。

また市長や幹部職員に限らず、より専門的な知識を持ったテクノクラートたちも市政の中で重きを占めるようになった。京都市では、日露戦争後の三大事業および戦間期の都市計画事業の遂行に際し、京都帝大で土木・工学などを修めた専門技術者を配置した。彼らは国内外の技術情報を収集し、内務省・京都府とも調整しながら計画案を策定し、時には市会の意向を反映させながら、円滑な事業遂行に努めた[*10]。

こうしたテクノクラートの中でも、中央政府と都市の双方で都市計画に携わった技術者たちの役割は大きい。日本における都市計画を主導したのは、一九一八年に新設された内務省の都市計画課や、各府県に置かれた都市計画地方委員会の技官たちであった。彼らは一九一七年に創設された都市研究会に参加し、雑誌『都市公論』や講習会などを通して、専門知識・技術の共有・普及を行い、しだいに専門家集団として内地のみならず、外地の植民地や満州でも都市計画を推進していった。中には、第二次世界大戦後の戦災復興都市計画や府県総合計画の策定にかかわる技術者もおり、彼らは中央——地方、戦前——戦後の都市計画を架橋する存在であった。

彼ら都市におけるテクノクラートは、国政と同様に政党間対立が市政の渋滞を招きつつあると認識し、時代が戦時期に下ると、その批判は議会制そのものへと向けられていくことになる。東京市水道局の金子吉衛は、東京都制施行（一九四三年）を歓迎して以下のように述べている。

水道等の公企業運営の自主制の確立を都制実現のこの変革時に是非とも断行しなければならない。都の政治的な末梢的な煩ひを断然排撃して事業本位に、能率的に運営出来る様な制度組織を案出しなければならない。この見地から都の公企業担当者には相当広範囲の権限を附与すると同時に、其の任免等も政治的に曲歪される機会を少なくする様一定の任期を定めた方がよいと思ふ。尚都議会に附議すべき事項等も特に公企業に関してはその特質を考慮して極度に限定すべきである〔中略〕使用料の改廃等にしても、郵便料や鉄道運賃が議会の協賛を経ずにどしどし制定改廃が出来る様にありたいと思ふ〔中略〕都制実現を前に私は特に公企業の自主制を確立し、完全に都の政治性を排除する様特別の考慮が必要なるを特に強調したい（「水道営団論と帝都の水道」『水道』第一九九号、一九四三年三月）

金子は、人事や些細な工事変更や料金変更などについても逐一議会の掣肘（せいちゅう）を受け、自治体の財政事情や他の事業との兼ね合いから最善の技術が採用できずに、常に第二、第三の次善の策に甘んじなければならない現状に不満を抱いていた。文中に見える「政治」とは議会（あるいは政党）のことを指し、なるべくその「政治性」を排除して、純粋に「事業本位」「能率的な運営」にすることが望ましく、都長官の官選と議会の権限縮小を伴う都制施行はその第一歩であるとみている。先に見た唐沢俊樹の「道路対策改訂論」に通じるものがある。

このように、当時の都市行政の分野でも、執行権力の肥大化、専門官僚やテクノクラートの独立志向の高まり、その裏返しとして既成政党や議会制度に対する不満が蓄積されていた。

4. 内閣調査局と選挙粛正運動

一九三四年の帝人事件で斎藤内閣が退陣した後に成立したのは、岡田啓介（けいすけ）内閣であった。岡田も斎藤と同様に政友会と民政党に協力を求めたが、政権復帰が叶わなかった政友会は協力を断った。結果的に民政党から二人、政友会から脱党した三人が入閣したものの、主要閣僚ポスト（内相・蔵相など）や要職には官僚が座り、彼らは「新官僚」と呼ばれるようになる。彼らの多くは、安岡正篤（やすおかまさひろ）が創設した国維会に参加し、満州事変後の内憂外患への危機感を共有し、政党政治の弊害を是正して官僚主導の政治改革を企図していた。政策過程における政党の存在感はいっそう希薄となり、行政国家化がさらに進行する。

岡田内閣は、政党・財界の有力者を集め、基本国策を設定するための内閣審議会を発足させたが、その調査機関として設置されたのが内閣調査局である。そこでは、行政・産業・財政・金融・社会政策など広範な分野に関する調査研究と政策立案が行われた。前述した行政国家化に伴い、専門化・細分化した行政機構や個別政策を計画化・総合化する試みであるといえる*11。調査局長官には新官僚の一人・吉田茂（しげる）（内務省）が座り、各省から横断的に優秀な中堅官僚が集められ、昭和研究会・

協調会などの民間研究組織からも若手の知識人が参加した。やがて彼らは、日本の政治・経済・社会制度の抜本的な改革を目指す「革新官僚」として結集し、内閣調査局は日中戦争期に企画院へと拡大・強化され、戦時下の統制経済を支えていくこととなる。

内閣調査局と並んで、岡田内閣で異彩を放ったのは、後藤文夫内相である。後藤は斎藤内閣期に農相を務め、時局匡救事業の傍ら、農山漁村の経済更生運動を進めた。また全国青年団や全国農村産業組合協会の活動に深くかかわり、既成政党から距離をおく新官僚のホープと目されていた。後藤は岡田内閣の組閣参謀を務め、内相として選挙粛正運動を展開した。

選挙粛正運動は、一九三五年府県会議員選挙、および任期満了の場合に予定されている一九三六年の衆議院議員総選挙において、選挙運営の公正性を期すことを目的としていた。政党内閣期における選挙では、内務省や警察権力を握る政権与党による露骨な選挙干渉や恣意的な取り締まり、既成政党による買収や饗応などが問題となっていた。こうした選挙の弊害を除去すべく、内務省の主導の下、様々な団体やメディアを駆使して、選挙違反の撲滅、優良議員の選出、棄権防止などを掲げた大衆運動が展開された。彼らは、普通選挙によって誕生した新しい有権者を、既成政党による腐敗した選挙活動から守ろうとしたのである。以下、その様相について、横浜市を例に見てみる[*12]。

横浜では五回にわたって選挙粛正運動が行われている。運動に際しては、町内会などの地域の末端のコミュニティーが動員された。まず町内の神社に集合して祈願を行い、懇話会や講演会で選挙や運動の意義を周知徹底し、その後、町内を行進する。また不特定多数に向けては、飛行機や自動車による宣伝活動、ラジオや映画といった最新のメディアを活用したほか、デパートのアドバルーンやショーウインドー、人がよく集まる映画館やバス停、床屋や銭湯などにポスターや立看板などが設けられた。さらに税金の領収書や、マッチ箱、病院の薬袋などにも粛正選挙のステッカーやスタンプが施されるなど、ありとあらゆるところに、投票を棄権しないように、また優れた人物を選ぶように、というメッセージが氾濫していた。「赤心一票」「明朗市政」「吾が家と思え横浜市」などのメッセージがこめられた約七分間の映画（一九三八年三月横浜市議選）は、映写回数三五〇回、観客数総計三〇万人というから、当時の人口の四割近くが見たということになる。

ここで重要な点は、女性がこの運動の中心を担った点である。横浜市では『婦人と市政』（一九三八年三月横浜市議選）というパンフレットを作成して、家庭生活や婦人がいかに市政や市営事業（例えば水道、瓦斯（ガス）、市場、医療その他）と密接不可分のものかを事細かに説明している。彼女らにはまだ選挙権は認められていなかったが、市政に関心を深めることで婦人参政権獲得につなげようという期待も、そこに含まれていた。このほか、子どもたちもこの運動に動員されているが、学校で配布された用紙に「今日は投票日」「必ず投票しましょう」などの文字を書かせて、それらを投票当日、学校へ登校する途中の最も効果的と思う場所に掲示させる、ということを行っている。子どもも政治の「主体」となるべきとされたのである。

この時期、既成政党や議会制に対する不満の高まりを背景として、行政国家化の中でしだいに存在感を増してきた官僚（執行機関）が、既成政党とは別に、独自に新たな社会の担い手層を取り込みながら、政策実現のために大きな社会運動へと動員していった。こうした手法は、選挙粛正運動のほかにも見られる。満州事変以後、陸軍は国防講演会やパンフレット等を通して国民の危機感を煽（あお）りつつ、防空演習などを通して総力戦体制の構築に向けて新たな国民統合を図ろうとした[*13]。

また後藤文夫農相の下で進められた経済更生運動では、従来の名望家に加え、産業組合や教化団体のリーダー、さらには若手の自小作層を含む「農村中堅人物」などが、主要な担い手となっていた*14。都市でも、市政で指導力を発揮する市長が、直接在郷軍人会や青年団組織などを動員するような事例が多く見られる。

こうした官僚たちの挑戦に対して、既成政党の側でも危機感を募らせ、様々な自己革新の試みを続けていた。議会振粛委員会を新設して議会の審査能力および行政のチェック機能の向上を図るとともに、選挙費低減と買収防止などについて選挙革正審議会で議論を続け、一九三四年に衆議院議員選挙法を改正して部分的な選挙公営化を実現するなど、議会制や選挙制度に対する信頼回復に努めていた*15。また非政党内閣期にありながらも、農業団体はじめ様々な利益団体などの要求を帝国議会に反映させつつ、政策過程への介入を通して政党内閣復帰を図ろうとしていた。さらに産業組合と商工団体など利益団体間の対立を止揚して、社会・国民との関係を再構築しようとしていた*16。

本章で述べたような、一九三〇年代以降に登場する新たな社会の担い手をめぐる政党と官僚との駆け引きは、日中戦争下の近衛新体制運動や、太平洋戦争下の翼賛選挙、さらには敗戦後にまで持ち越されるのである。

演習問題

1. 斎藤・岡田内閣期と政党内閣期の政策過程の違いを述べなさい。
2. 一九三〇年代に進行する行政国家化の背景について述べなさい。
3. この時期の官僚機構による地方把握や国民統合の試みについて具体例を挙げなさい。

《本文脚注》

*1 松浦正孝『財界の政治経済史』（東京大学出版会、二〇〇二年）第四章。

*2 時局匡救事業に関しては、加瀬和俊『戦前日本の失業対策』（日本経済評論社、一九九八年）第一〇章、松浦茂樹『戦前の国土整備政策』（日本経済評論社、二〇〇〇年）第二章を参照。

*3 前掲『戦前の国土整備政策』第二章。当該期の道路に関する記事は同書を参照。

*4 西川喬『治水長期計画の歴史』（水利科学研究所、一九六九年）第四章。当該期の河川に関する記事は同書を参照。

*5 稲吉晃『海港の政治史』（名古屋大学出版会、二〇一四年）第六章。当該期の港湾に関する記事は同書を参照。

*6 若月剛史「『挙国一致』内閣期における内務省土木系技術官僚」（『東京大学日本史学研究室紀要』第一六号、二〇一二年三月）。

*7 若月剛史『戦前日本の政党内閣と官僚制』（東京大学出版会、二〇一四年）第六章。

*8 小路田泰直『日本近代都市史研究序説』（柏書房、一九九一年）。

*9 櫻井良樹『帝都東京の近代政治史』（日本経済評論社、二〇〇三年）第四・五章、大西比呂志『横浜市政史の

研究』（有隣堂、二〇〇四年）第三章、源川真希『東京市政』（日本経済評論社、二〇〇七年）第六章。
＊10 伊藤之雄『「大京都」の誕生』（ミネルヴァ書房、二〇一八年）。
＊11 御厨貴（みくりやたかし）『政策の総合と権力』（東京大学出版会、一九九六年）Ⅰ。
＊12 横浜市選挙粛正部編刊『第一次〜第五次　選挙粛正運動概要』（一九三六〜三八年）。
＊13 土田宏成『近代日本の「国民防空」体制』（神田外語大学出版局、二〇一〇年）。
＊14 森武麿『戦時日本農村社会の研究』（東京大学出版会、一九九九年）。
＊15 村瀬信一『帝国議会改革論〔新装版〕』（吉川弘文館、一九九七年）第三。
＊16 手塚雄太『近現代日本における政党支持基盤の形成と変容』（ミネルヴァ書房、二〇一七年）第三章。

参考文献

酒井哲哉『大正デモクラシー体制の崩壊』（東京大学出版会、一九九二年）
有馬学『帝国の昭和』（講談社、二〇〇二年）
季武嘉也・武田知己編『日本政党史』（吉川弘文館、二〇一一年）
黒澤良『内務省の政治史』（藤原書店、二〇一三年）

10 近衛新体制と大政翼賛会

季武 嘉也

《学習のポイント》 一九三二年の五・一五事件によって政党内閣は終幕したが、その後、政党政治家たちは、選挙粛正運動参加や政党合同運動など様々な方法で復活の道を模索した。こうした中、近衛文麿を中心とした新体制運動が展開され新たな政党組織が模索されたが、結局失敗し、次の東条英機内閣も政党政治家と妥協せざるを得なかった。ここでは、戦時下において政党が変貌していく姿を追っていく。

《キーワード》 選挙粛正運動、比例代表制、社会大衆党、前衛党、候補者推薦制度

1．はじめに

既に見たように第一次世界大戦後の日本社会では、それまで地方名望家秩序の中に収まっていた人々の政治的自覚が高まり、その結果として一九二五（大正一四）年には普通選挙が実現した。また、時をほぼ同じくして、一九三〇（昭和五）年の昭和恐慌に象徴されるように、経済的には資本主義の行き詰まりが叫ばれるようになり、さらにその隘路(あいろ)から脱出するための対外的膨張が志向された。このような政治的・経済的・社会的変化を背景にした国家的危機意識の中で、第八・九章で見たように、既成政党議員たちは個人後援会を軸に選挙区内の多様な集団を細かく組織して自らの

選挙基盤を再編成し、官僚は国民各層の間に様々な横断的組織を張りめぐらせ国民を統合しようとした。

ところで、昭和一〇年代には政党をめぐってもう一つ重要な動きがあった。それが近衛(このえ)新体制運動である。第二次近衛文麿(ふみまろ)内閣が成立した直後の一九四〇(昭和一五)年八月二一日、新体制運動の一翼を担った国策研究会が「新体制試案要綱」を発表し、新体制の性格と任務について次のように説明した。

イ、本組織は明確なる政治方針と具体的な行動綱領とを有し、指導者原理に基く大多数国民の意識的積極的参加による同志的編成の建前に徹底したる翼賛機構たること。

ロ、本組織は政府及び貴衆両院、財界、民間各層の実力的指導分子にして思想、人格、及び基本方針を共通の信念としたる人材を中核として結成する政治結社たること。

ハ、解党したる諸党派及び院外の諸政治団体は、基本方針に基いて参加を求むると同時に、参加したる貴衆両院議員は政治新党の所属議員団として、本組織の方針と決定遂行の一翼として議会活動の主体たらしむること。〔略〕

ニ、政治新党は其の組織を確立するに伴ふて現在の産業報国会、農業報国会、精神総動員聯盟等の大衆動員機構を吸収すると共に、之(これ)を別項の如く再編成し漸次他の諸組織との間に有機的に綜合的に統一的指導性を確立すること。＊1

これによれば、明確で共通の政治方針を持つ「政府及び貴衆両院、財界、民間各層の実力」者を中核とした新党を結成し、再編成された国会議員はその強力な指導の下で議会活動に従事し、同時に労働者・農民・婦人・青年など様々な団体も新党に吸収されるというものであった。これは明らかにドイツ・ナチ党やソ連・共産党を想定したもので、このような政党を前衛党という。日本でそれに該当するものが一国一党の近衛新党だったのである。

しかし、結論的に言えばこの構想を失敗する。確かに、一九四〇年に大政翼賛会として具体化したが、その内実は前衛党とは全く異なり、翌年二月には公事結社と認定されて政治性が奪われ、内務官僚が主導する行政補助機関と化していった。また、一九四二年に行われた第二一回衆議院選挙（これを翼賛選挙という）では、「革新」的な議員を数多く当選させようとしたが失敗し、結局は多くの既成政党系候補が当選した。

この章では、近衛新体制運動が登場してくる経緯とその展開、そして翼賛選挙の実態について見ていく。

2. 既成政党批判の噴出と選挙粛正運動

期待をうけて出発した政党内閣であったが、最終的には一九三二年の五・一五事件によってその幕を閉じた。この原因については第七章で触れておいたが、改めて確認すれば、大きく二つに分けることができる。第一は、政党の政策実行能力に対する批判である。これは、特に一九二九年の世界恐慌、翌年の昭和恐慌によって失業者が急増したことが大きく影響した。「金輸出解禁も、国民生活を益々窮地に陥れるばかり」[*2]と、政党内閣では生活難を乗り切れないのではないかという危惧が広まったのである。もちろん、既成政党側もただ手を拱(こまね)いているばかりではなかったが、特効薬を見出すこともできなかった。第二には、政権担当者としてのモラル面である。原敬(はらたかし)内閣期以降、有力代議士がかかわる疑獄事件が増加した。この批判はさらに二大政党制という政党システム自体にも向けられた。「〔二大政党制という〕慣例が確立されるとなると、両政党は、どんな悪事をしたところで、必ず政権が来るのであるから、お互に悪事の仕放題となるのは必然の帰結」「〔二大政党の〕政争が甚だ苛烈になり、全然主義政策を離れて、唯だ勝負を争ふことが中心となり、手段を選ばず勝たんとし、野党は、政府を倒壊することにのみ専念」「政府によつて行はれた政策は、反対党の政権獲得によつて、根抵(ママ)から破棄破壊されて、従来の施設の大部分に要した経費は、全く濫費となる」*3と、拮抗した二大政党システムが「党弊」を拡大するという印象を与えた。

これらは単なる批判にとどまらず、深刻な問題を投げかけた。そもそも普選が実現すれば、農民・労働者の代表（無産政党）が増加して彼らの意見が政治に反映されるであろう、と多くの知識人や内務官僚は考えた。しかし、初めて普選が実施された一九二八年の第一六回総選挙では、既成政党所属議員が過去最高の九三・一%に達した。そして、これを見た知識人・官僚は既成政党の勝因を、利権によって得たカネによる有権者の買収にあると考え、このままでは階級対立がいっそう深刻化して革命も覚悟しなければならないと感じたのである。

今日の地方自治団体は、〔略〕ボス政治が遺憾なく行はれて居(お)つて、行政官はその傀儡に過ぎない。この余弊は、県政から市町村政の末端にまで及んでゐる。地方自治は、政党の助力なくしては何事もなし得ないといふ甚だしき矛盾を見つ、あるのだ。〔略〕今日の議会政治は、逆にその地方的党派勢力を利用して築き上げられて居るものであつて、〔略〕議会政治そのものに対する疑問もこの辺に胚胎してゐるのであつて、この中央と地方との一種の腐れ縁を断ち切

る方法を講ぜざる限り、政界の浄化は先づ不可能に近きものと見ざるを得まい（『読売新聞』一九三二年六月五日）

既に見たように、明治初期以来、地方から全国へという積み上げ型政党が一つの理念となっていたが、この時期ではカネを介在とした「腐れ縁」として排除すべき対象となっていた。こうした中で一九三一年に満州事変が起こると、一九三三年には世界恐慌以前の水準に生産が回復したように、それが特効薬となり、軍に対する期待が強まったのである。

さて、こうして政党内閣時代は終焉(しゅうえん)したが、次に成立した斎藤実(まこと)挙国一致内閣はとりあえず一時的なものとされ、この時点では新政治体制に明確なビジョンを打ち出せる政治集団はなかった。むしろ、いずれ状況が安定したならば政党政治が復活するであろうという見方が有力であった。ただしそのためには、政党自身が前述の批判に答える必要もあった。

回答の第一は、二大政党システムの克服であった。確かに、両既成政党は激しい経済政策論争を繰り広げたが、基本的には資本主義体制の枠内での議論であり、重化学工業関係の民間企業の合同・連合を促進し、中小の企業にもある程度統制を加えてカルテルを結成させ、それを政府が援助しようとする志向は同じであった（これは戦後の自民党に継承される）。また、地方における両既成政党の人脈的対立は存在しても、個人後援会を中心に選挙基盤を再編成しようとする方向も同じであった。つまり、戦後自民党の派閥程度にその差異は縮小していたといえよう。したがって、この時期以降、両既成政党の合同が継続的に試みられていく。その最初は、第二次若槻礼次郎(わかつきれいじろう)内閣の時に現れた協力内閣運動であった。当時、内相であった安達謙蔵(あだちけんぞう)は野党政友会の久原房之助(くはらふさのすけ)とともに、両党が協力して政権運営に当たる構想を示した。政党内閣崩壊後では、政友会の中島知久平・前田米蔵、民政党の永井柳太郎を中心とした近衛文麿新党構想、政友会鳩山一郎や民政党俵孫一・斎藤隆夫を中心とした宇垣一成新党構想などが出現した。近衛と宇垣は将来の首相候補とみられており、これらの構想はその際の与党となって勢力を挽回しようという意図が込められていたが、近衛も宇垣も既成政党に強く依存することに危惧を感じており、実現することはなかった。結局、両党はこのような工作を続ける中で、政友会では派閥争いが深刻化し、民政党では町田忠治総裁の指導力が低下して、いずれも党内の求心力を急速に弱めていった。

第二の回答は、選挙粛正運動による選挙買収の根絶であった。もっとも、この運動は政党が主体的に実施したのではなく、前述のような危機感を持った内務官僚が中心となって始まった運動に政党が参加したものであった。この運動の起源は、浜口雄幸民政党内閣の下で一九三〇年に設置された選挙革正審議会であった。そこでは、

・投票買収防止　違反者に対する刑罰の加重
・選挙費用減少　演説会場・ポスター掲示板など選挙公営化の推進
・選挙干渉防止　選挙にかかわる事務官の身分保障
・その他制度改正　投票に関する諸制度、選挙区制度、有権者年齢の引き下げ
・立憲思想涵養　国民への政治教育（有権者教育）の方法

などが議論されたが、結局どれも実現することはなかった。ただし、次の三点には注目しておきたい。

第一点は、選挙の公営化である。後に斎藤実内閣は法制審議会を設置してこの問題を審議し、一九三四年の衆議院議員選挙法改正として実現した。すなわち、事前運動の全面的禁止、選挙運動員・選挙事務所数の制限（原則一か所）、選挙費用額の低減、連座規定の強化、選挙公報の発行（一人一枚三〇〇〇字以内で政見を記した選挙公報を無料で配布）などである。日本の選挙制度は、今でも諸外国と比較して公営化の部分が多く、取り締まり規定が細かいといわれるが、それはこの時から始まっていた。

第二点は、選挙革正審議会の多くの委員が比例代表制に強い関心を示したことである。政友会内閣の犬養毅（いぬかいつよし）首相も「選挙費を減少せしむる事、各階級各種類の代表者を選出せしむる事、死票あらしめざる事」を目的として、比例代表制を採用するよう主張した。その理由は、犬養の言葉にも表れているように、一つには、比例代表制ならば候補者個人の選挙運動が制限され、それに伴って買収も減少するであろうという点にあった。もう一つは、「各階級各種類の代表者を選出せしむる事」であるが、これについて少し説明しておきたい。言うまでもなく、選挙区制度とは各選挙区の地域的意思を代表する者を選出する場である。しかし、前述したように普選になっても農民・労働者の意見が正当に代表されていないという見方が強かった。そこで、地域代表制に替わる方法として提唱されていたのが職能代表制であった。最初にこの制度を採用したのが一九一九年のドイツ・ワイマール憲法で、全国経済会議という機関に政府・資本家・労働者・学者・消費者など職能別の枠を設定しておいてその代表者を集め、経済・社会関係の法案を政府がドイツ連邦議会に提出する前にはこの会議に諮問しなければならないと定めた。これは国家コーポラティズムと呼ばれる。この職能代表制ほど徹底したものではないにしろ、比例代表制にすれば全国的に散在する各階層・階級の代表者を確保できるであろう、というのが犬養の考え方であったと思われる。このように、比例代表制は一石二鳥の効果を期待したものであった。こうして、比例代表制は職能代表制とともに議論されていくことになった。

第三点は、「立憲思想涵養」、つまり国民の政治教育である。これを実現したのが岡田啓介挙国一致内閣時の選挙粛正運動で、既成政党もこれに積極的に協力する姿勢を示した。一九三五年に選挙粛正委員会令が公布され、各府県に選挙粛正委員会を設置することになった。さらに、後藤文夫内相の斡旋で内務・文部省系統の各種教化団体の代表者が集まって民間機関である選挙粛正中央連盟を結成した。これについては第九章を参照されたいが、つまり、当時考えられるあらゆる手段を動員して大々的に実施したのである。ちなみにこの運動は、第二次世界大戦後になっても公明選挙運動、明るく正しい選挙推進運動、明るい選挙推進運動として継承されている。

以上のように、第一点と第三点は政党内閣崩壊後に徹底して実施された。その結果、カネで結ばれた「腐れ縁」は影を潜め目標は達成されたといえよう。こうして、既成政党批判に対し、彼らはそれなりの回答を示した。その上で、既成政党議員は選挙によって依然として多数派を占めることにも成功した。彼らは民意の支持を得たのである。しかしその一方で、二・二六事件が発生し、日中戦争が拡大して高度国防国家の建設が必然になっていくと、既成政党を基礎とした政党内閣の復活を望む声はいっそう減少していった。

3. 大政翼賛会の成立

しかし、ここで問題となったのは、議会には逆に大日本帝国憲法で保障された権利（第三十七条

「凡テ法律ハ帝国議会ノ協賛ヲ経ルヲ要ス」）があるという点であった。大日本帝国憲法が、天皇の下で内閣・行政機構・軍・議会・枢密院など複数の機関が合意する形で国家を運営することを規定していたため、たとえ政党の評判が悪く政党内閣の実現は不可能であっても、議会を無視して政治を進めることも不可能であった。実際に戦争が進行し一刻の猶予もならない状況で、このような政治の停滞は許されるものではなかった。そうした中、すべての政治集団からこの隘路を打開するものとして一身に期待を集めたのが近衛文麿であった。

　前述したように、既成政党からも近衛や宇垣一成を党首とする新党運動が存在した。第一次近衛内閣期の一九三七年一二月、政友会・民政党の有志で構成される常磐会（会合に利用した料亭の名称）は「刻下重大時局に政党が今日の現状に甘んじることは国民の付託に酬いる所以ではない。この場合政党は奮起して、一は国際情勢に鑑み暴支膺懲の目的を完全に遂行する上において、一は憲政を確立する上において、〔略〕合同強化により挙国一致の革新的国策を樹立する必要あり」[*4]と両党の合同を主張し、党首としては近衛か宇垣を想定していた（ただし、宇垣には陸軍が拒絶しており、実現可能性は薄かった）。なお、文中に「暴支膺懲」という文言があるが、彼らの本来の目的が「憲政を確立」即ち政党政治の復活であったことは、常磐会のメンバーが斎藤隆夫・川崎克・鶴見祐輔（民政党）、浜田国松・植原悦二郎・宮脇長吉・安藤正純・芦田均（政友会）らであったことから推測できよう。

　一方、時を同じくして既成政党とは全く異なる方面からも近衛新党運動が始まっていた。同月一五日、一条実孝・頭山満・山本英輔らいわゆる右翼の大物たちの名で「全国民に告ぐ」という声明文が新聞に掲載された。そこには、憲法政治を以て、政党対立の政治と解するが如きは、西洋思想の余毒に外ならず。〔略〕西洋の政党は、国民各層分立するに反し、皇国の政党は、全国民の一致せる精神に即して一体となる。〔略〕彼此相対の境地を超越し、渾然一丸となつて、強力新党の新組織を遂げ、全国民意の帰結を明徴ならしむべし。苟も之を怠らば、現存諸政党は歴史的鉄則の下に粉砕せらる、の日、必ずや遠きにあらざるべし[*5]

と脅迫的な言辞で政党の合同を求めた。ここでは、二大政党制に代表される「国民各層分立」が否定され、日本の政党は「全国民意」を明らかにする一国一党でなければならないとされたのである。

この方向の新党運動を発展させたのは、右翼ではなく左翼陣営の社会大衆党であった。前述したように、普選が始まれば農民・労働者の代表者として無産政党が発展することが予想されたが、実際には期待したほどではなかった。それでも選挙粛正運動以後は増加し、第二〇回衆議院議員総選挙（一九三七年）では社会大衆党三七名、日本無産党三名の当選者を出したが、いまだ全体から見れば八・六％であった。このうち、社会大衆党について簡単に説明すれば、第七章で見たように、一九二六（昭和元）年には日本共産党との距離をめぐって主に四つの無産政党が誕生した。その後も、路線をめぐる対立から合同や分裂を繰り返したが、いずれも党勢が振るわないことから統一戦線の必要が叫ばれ、その結果、一九三二年に社会大衆党が誕生したのである。

結成後の社会大衆党はしだいに軍部に近づいていった。同党が打倒すべき対象としたのは資本主義とそれを支える既成政党であったが、そのためには軍部と連携し、さらには戦争こそが資本主義を打倒する絶好の機会である、としてドイツ・ナチスを模倣するようになった。そして、一九三八年八月に亀井貫一郎が中心となって近衛に「大日本党部」案なるものを提出、そこには、「国体の本義に基き一国一家の国家体制の実現を期す」「党は指導者原理に基き最高指導者〔近衛〕の絶対的指導の下に統卒せらるゝと共に、最高指導者を通じ天皇の大権を翼賛し奉るを以て其の任務とす」[*6]とあり、一国一党の前衛党としての近衛新党運動の始まりを告げるものであった。

以上の第一次近衛内閣下での新党計画は、近衛自身が決断しなかったため、結局いずれも成功しなかった。しかし、だからといって日本の政治の停滞は何も解決されたわけではなく、むしろ事態はますます逼迫（ひっぱく）していく。そこで、一九四〇（昭和一五）年七月に第二次近衛内閣が成立すると、近衛新体制運動も最後の切り札としての期待を担って開始されることになった。本章冒頭で述べたように、ここでも近衛新党が陽の目を見ることはなかった。その経緯を簡単に述べておこう。

一九四〇年六月、近衛は枢密院議長を辞任し新体制運動に乗り出すことを発表した。これを聞いた各政党は「バスに乗り遅れるな」とばかりに、まず二週間後に社会大衆党が解党し、八月までに政友会、民政党も解党した。既成政党派にしても前衛党派にしても、少しでも早く解党することで、新党の主導権を握ろうと考えたのである。では、近衛自身の考えはどうかといえば、当初は前衛党構想に近かった。首相である近衛が新党の総裁となり、新党の中核機関が議員団や国民組織を統一的に指導しようというのである。これには陸軍も強く支持した。しかし、このような展開に対し右翼方面から強い反発が生まれた。それは、この新体制はあたかも幕府のようなものである、というものであった。結局これを受けて近衛側も妥協し、「権力を背景として、一国一党を結成せんとすることは、党と国家を混同し、その地位の恒久化を図らんとし、輔翼を一党に独占し、憲法上の公選、協賛の憲法規定を有名無実とし、万民輔翼の本義に反」（伊藤隆『大政翼賛会への道』一四四頁）

するとして、前衛党構想を放棄していく。すなわち、新体制は政党組織ではなく「全国民的組織」であって、「原動力は国民の自発的創意で、憲法を遵守するという指導理念」に基づき、中央指導部の下に「政治、経済、文化その他の各部門の新体制を国民組織として順次結成」し、その中で「政治部門は議会人で構成する」（古川隆久『戦時議会』一〇八頁）としたのである。これによれば、政党は中央指導部の下に置かれた国民組織の一部門にすぎないということになる。そして、この案を基礎に実際の大政翼賛会の設立準備が進められていった。さらに、一〇月一二日の大政翼賛会の発会式直前になって近衛はもう一段後退した。つまり、式典で「本運動の綱領は、大政翼賛の臣道実践ということに尽きると信ぜられるのでありまして、このことをお誓い申上げるものであります。これ以外には綱領も宣言もなしといい得るのであります」と大政翼賛会の政治性をも否定したのである。こうして、大政翼賛会は行政補助機関化することになった。

では、政治の停滞はどうすれば解決できるのか。その最後の試みが一九四二年に実施された翼賛選挙であった。ここでは、候補者推薦制度を中心に述べることとする。既に見たように、内務官僚は既成政党の地盤を崩すべく選挙粛正運動をはじめ種々の試みを行ったが、普通選挙制度の下で選挙地盤の再編成に成功した既成政党系議員は依然として強かった。そこで、次に内務官僚が期待したのが推薦制度であった。一九四〇年一〇月頃、内務省・企画院方面では「部落単位の有権者による選挙で町村代表の推薦人を決定し、その互選で郡代表の推薦人一、二名を決定して県推薦会を構成し、知事が中心となって定員の二倍程度の候補者を決定する」という下からのピラミッド型推薦会制度が構想されていた（『資料日本現代史五』三四七頁）。これに対し、大政翼賛会では議会局に押し込められていた既成政党議員たちも、推薦制度そのものは支持したが、同時に「選挙区内の有権者壱百名以上より推薦を受けたる者」に限定する、「推薦届出人の氏名は選挙公報に公示し其の責任を明に」する、「推薦届出と同時に金参千円の保証金の供託を要す」（同前、二六頁）という条件も付した。これは事実上、既成政党系議員にとってはほとんど障害になるものではなかった。

この問題は一九四一年一〇月成立の東条英機内閣に持ち越されたが、ここでは政府や知事が推薦の主導権を取る方式に定められた。すなわち、「政府は運動基本方策を決定し関係機関の緊密なる連絡の下に運動全般を指導す」「地方庁は政府の基本方策に即応し運動実施方策を決定し地方に於ける運動全般を指導す」「大政翼賛会及選挙粛正中央聯盟は政府及地方庁に協力し民間運動を展開す」（同前、五一頁）とされ、下からのピラミッド型は放棄された。しかし、政府自らが候補者を推薦することは選挙干渉となるため、一九四二年二月に軍・大政翼賛会・財界・農業団体・貴衆両院などの代表三三名からなる民間機関としての翼賛政治体制協議会が結成され、さらに道府県単位の支部も設置されて彼らに自発的に推薦させるという方式をとり、実際に定員と同じ四六六名が推薦された。

問題は誰が推薦されたかであるが、本来東条内閣が目指したのは「旧套を一掃して、真に公正明朗に行はれ、これによつて大政翼賛の熱意に燃え、大東亜戦争の目的完遂のために、積極的に力を致すべき有為の人材」（同前、四九頁）とあることから、基本的には既成政党系人物を排除し、革新的な新人を多く選出することにあったが、最終的に推薦されたのは現職二三五名、新人二一三名、元一八名で、数多くの現職既成政党系議員が含まれ、また新人の中にも既成政党系県会議員が多く含まれていた。この背景には、内閣としても当選を優先させる必要があったからといわれている。すなわち、内閣と議会との妥協が成立したのであった。実際の選挙の結果は、推薦候補者の当選は三八一名という結果となったが、これ以降の戦時議会は内閣との協調の中で自らの存在意義を示していくのであった。

演習問題

1. あれだけ批判されながらも、既成政党政治家が生き残った理由について考えてみよう。
2. 近衛新体制が目指そうとしたものはどのようなものだったのか、考えてみよう。
3. 一九三〇〜一九四五年のような国内外が急速に変化する状況で、政党に要求されるものはどのようなものなのか、考えてみよう。

《本文脚注》

＊1　今井清一・伊藤隆編『現代史資料　四四』(みすず書房、一九七四年)三一六〜三二六頁。
＊2　皇道革政同盟編『既成政党をあばく』(全日本興国同志会出版部、一九三二年)五頁。
＊3　同前、一六〜一八頁。
＊4　『読売新聞』一九三七年一二月二〇日。

＊5　前掲『現代史資料　四四』三頁。
＊6　同前、七頁。

参考文献

伊藤之雄「『ファシズム』期の選挙法改正問題」（『日本史研究』二一二、一九八〇年）
吉見義明・横関至編『資料日本現代史　四・五』（大月書店、一九八一年）
粟屋憲太郎『昭和の政党』（小学館、一九八三年）
村瀬信一『帝国議会改革論』（吉川弘文館、一九九七年）
古川隆久『戦時議会』（吉川弘文館、二〇〇一年）
季武嘉也『選挙違反の歴史』（吉川弘文館、二〇〇七年）
村瀬信一『帝国議会』（講談社選書メチエ、二〇一五年）
伊藤隆『大政翼賛会への道』（講談社学術文庫、二〇一五年）

11 五五年体制の成立

武田　知己

《学習のポイント》 戦後の政党は、戦前からの様々な遺産を引きつぎながらも再生した。保守・革新という日本独特の政党間競合の構図が政党論などの知見を応用してしだいに形成され、一九五五年には自由民主党、社会党という二つの政党に収束していく過程を説明する。

《キーワード》 吉田茂、重光葵、鳩山一郎、自由民主党、社会党、五五年体制、冷戦

1．はじめに

本章では、敗戦から一九五五（昭和三〇）年までの一〇年間の政党システムの構築過程を、同時期の日本の民主主義観、日本国憲法体制と議院内閣制観、政党観と国際情勢などを背景として論じる。なお、政党システムとは、第一章で述べられているように、「政党間競合から生まれる『相互作用のシステム』」（サルトーリ）を意味するものとして用いている。

本章の区切りとなる一九五五年は、いわゆる「一九五五年体制」（以下「五五年体制」）が始動する年である。本章の目的は、この体制がどのような経緯で出来上がったのか、そしてどのような特徴を持つのかを、歴史学の手法に加え、政党論、政治制度論、国際政治学の知見を応用して説明することと言い換えることができる。

ところで、本章で説明しようとする五五年体制という概念は使用されて久しく、数多くの意味が持たされてしまっている[*1]。整理してみると、次のような特徴を持つという点では一定の合意が見られると考えられる。すなわち、①外交政策・安全保障政策をめぐる「保守」（対米関係重視、改憲派。ただし、一九六〇年代以降は改憲を主張しない）と「革新」（対共産圏・アジア関係重視、護憲派）という独特の対立軸を有していたこと[*2]、②「保守」と称される自民党が福祉国家化を推進するなど進歩的・左派的な政策をとったこと[*3]、③「派閥間競争を媒介としたソフトな支配」により、長期にわたり有権者の支持を調達しながら、（少なくとも）三八年続いた「自民党長期政権」とほぼ同義となったこと[*4]、④対米協調を根幹とする大勢順応的な対外政策が優位だったこと[*5]、⑤与党事前審査制度や国対政治のような日本独特の意思決定の仕組みが発達したこと[*6]、などである。

以下では、これらの特徴が形成される歴史的経緯を、その間に存在した様々な「未発の可能性」[*7]にも目を向けながら説明していきたい。

2. 政党の復活

政党の復活

一九四五（昭和二〇）年九月二日、人類に悲惨な戦禍を齎（もたら）した第二次世界大戦が正式に終結した時、世界にどのような新秩序を築くのかという課題は、民主主義を標榜（ひょうぼう）し、また平和愛好国たることを主張した戦勝国の課題であった。しかし、どのように国内政治体制を立て直すのかという課題は、敗戦国を含む第二次世界大戦の交戦国に共通に抱かれていたものであった。すなわち、戦時期には多くの国である種の強権体制が構築されたが、その体制をいかに平常に復帰させるのか、あるいは戦禍にあえぐ国民の生活を安定させるために彼らと共にどのような新体制を構築するのか、さらには悲惨な焼け跡から自然と生まれてきた急進的な体制変革への要望をいかに取り込むのかといった課題は、程度の差こそあれ、敗者にも共通した課題だったのである*8。

特に、敗戦国となった日本においては、戦前の政治体制の正統性そのものを疑う傾向が強まり、より民主的な制度が求められたことは自然の成り行きであった。しかし、忘れてならないのは、戦前日本にも議会があり、政党が存在し、政策決定や政権の行方に影響を与えてきたこと、つまり、日本には、半世紀以上にわたる立憲政治あるいは民主主義的経験があったことである。敗戦前後には、こうした「民主主義的傾向を強化しあるいは復活」(ポツダム宣言十条)させることが、新体制を構築する上で最も有力で確実な方法の一つとみなされていた。敗戦後最初の総選挙までに間に、三〇〇ともいわれる数の政党が結成されたのはその証拠であった。

もっとも、「一人一党というのも六〇人(ママ)くらいあった」ため、占領当局が「一定の数の候補者を立てる能力があるものしか政党として認めないようにせよ」と要求してきたという。結局、政党とは何かを規定し、規制する「政党法」は制定されなかったが、政党復活の圧倒的な勢いをよく表しているエピソードである*9。

主要な五政党

幾多の泡沫(ほうまつ)政党が次々と消えていく一方で、その後の政界再編の軸となったのは、日本社会党(一九四五年一一月二日成立。以下同じ)、日本自由党(同年一一月九日)、日本進歩党(同年一一月一六日)、日本協同党(同年一二月一八日)、日本共産党(一九二二年七月一五日創設)の五つの政党であった。

このうち、偶然も作用したものの、最初に結党されたのは日本の左派勢力の雄となる日本社会党であった。戦前の日本無産党系、日本労農党系、社会民衆党系の三つの系統(一九四七年一一月に社会革新党を結成する平野力三らを加えて四つの系統と数えることもある)が、社会主義革命への態度と権力対立を抱えていた戦前・戦時の歴史を乗り越えて団結し、一九四六年四月、敗戦後最初の選挙では第三党に躍進した。それは、敗戦後の日本政界に左派的な圧力が強まっていくことを予感させる出来事であった。また共産党は終戦の年の一二月に再建され、最初の選挙で五議席を獲得した。また、当時の知識人やジャーナリズム、学生の間には共産党シンパが少なくなかった。

左派勢力が一気に国民の支持を集めた理由の一つは、一九二〇年代の政党内閣の経験や一九四〇年以降の大政翼賛会の歴史にあった。戦前・戦時の政党の歴史は、自由民権運動以来の歴史を有する既成政党が政治の核となる十分な能力を欠いていることや、政党が容易に行政機関化しかねないことを証明した歴史であった。この間の左派勢力も派閥抗争を抑えきれないなど、問題がなかったわけではなかったが、彼らは監視や弾圧の対象であった。社会の各方面で社会化や民主化、あるいは革命が叫ばれるようになったのは、旧体制内の民主的傾向をただ単純に復活させるに飽き足らない日本人が少なくなかったことや、左派勢力抑圧の歴史に対する強い反感が存在していたことを示していた。

他方で、日本進歩党は、戦時中の大日本政治会に所属した議員のほとんどが集まった大政党であった。彼らは旧体制を継承する存在であった。それ故に、結党直後の公職追放で議員の九五%を失い、上述の総選挙でも第二党にとどまった。同党の中堅派は、一九四七年三月に民主党を結成、保守第二党あるいは進歩勢力といわれる中道路線を追求することとなるが、中には修正資本主義を主張する左派的分子を抱えていた。また、日本協同党は、戦時期の一九四五年三月一一日に結成された護国同志会系が創設した政党であった。彼らも協同主義という社会主義とも資本主義とも異なる修正資本主義的な政策を掲げていた。やはり公職追放で大きな打撃を受けるが、一九四七年三月八日に国民党（一九四六年九月創設）と合同して国民協同党を結成し、やがて民主党系とともに保守第二党系の中核を担うようになる。

最後の日本自由党は、後の首相・鳩山一郎が創設した政党であった。鳩山は熱烈な民族主義者であり、反共主義者であったが、戦前には軍国主義や全体主義に反対し、戦時期には大政翼賛会の推薦を受けずに活動していた。一九四六年四月の総選挙で第一党の地位を獲得したのは同党であり、戦前の親英米派の外交官・幣原喜重郎内閣の後継内閣の正当な後継者となった。しかし、組閣の直前、鳩山は、同年二月に反共主義声明を出したことや戦前にヒットラーを礼賛した疑いなどから（鳩山の欧州訪問記『世界の顔』がその証拠とされたが、執筆者は鳩山ではなく同行したジャーナリストの山浦貫一であった）、公職追放の通達をうけ、組閣を断念せざるを得なくなった。占領軍は、戦前の右派的傾向の復活に極度に神経を尖らせていたのである。

3. 日本国憲法体制の理想像をもとめて

吉田茂の登場と左派の台頭

鳩山にかわり自由党を率いて政権を担ったのは、鳩山の親友であり、幣原を継ぐ親英米派の外交官であった吉田茂であった。やがて戦後日本政治の基礎を築くことになる吉田も、当時は政界の素人に過ぎず、組閣と同時に戦前の左派やリベラリストと呼ばれた学者や知識人たちをブレーンとし、傾斜生産方式の実施をもくろむなど、後に保守派の雄となることを考えれば、超党派とも左派寄りともいわれる意外な態度をとりながら、混乱した敗戦後の経済や政治の安定を図ろうとした＊10。

しかし、第一次吉田内閣は敗戦後の混乱した経済の中で台頭した労働攻勢に対処できず、また吉田が彼らを「不逞の輩」と呼んだことも災いし、翌四七年四月の総選挙では片山哲率いる社会党に第一党の座を譲った。占領軍も吉田の統治能力の欠如に失望していた。吉田は社会党の邪魔をしないとして、潔く下野する。

後継首班となった社会党委員長の片山は、少数与党であったため、芦田均率いる民主党、三木武夫率いる国民協同党とともに連立内閣を組んだ。占領当局の最高権力者であったマッカーサーは、クリスチャンで穏健左派であった片山を好み、片山内閣の成立は日本の国内政治の中道路線を強めるとの好意的な声明を発表した。片山内閣の組閣時の国民の支持率はなんと六八・七％にも達し、これは後の細川内閣まで破られなかった記録であった。吉田自由党は、占領当局の支持だけでなく、国民の支持も失ったのであった。

『民主主義』に見る民主主義観

ところで、この間、日本は占領当局の草案を受け入れ、それを帝国議会で修正し、帝国憲法改正の手続きを経て日本国憲法を制定（一九四六年一一月三日）、施行（翌年五月三日）していた。戦後の日本人は、ポツダム宣言に書かれていたように、自ら自由な政体を選択できた。日本人が議会を中心とした民主主義を希求していたことは確かであった。しかし、民主主義にはいくつかの型があった。新憲法制定により、その「新しい型」がどのようなものなのかが示されることとなったのである。

この新憲法の示した日本の民主主義体制に関して、占領当局は、文部省に命じ、日本人の政治教化を目的に、尾高朝雄を編集主幹とし、大河内一男ら当時の知識人を動員して執筆させた『民主主義』（一九四八年。上下二巻。復刊あり）を刊行させた。占領当局が民主主義をどう理解していたかが透けて見えるのはもちろんのこと、当時の日本における民主主義観、日本国憲法観、議院内閣制観や政党観を同書からうかがうことができる*11。

同書によれば、民主主義は「単なる政治上の制度」ではなく、「人間の尊重」を根幹とする「精神」として理解することが好ましいものであった。すなわち、「議員を選挙したり、多数決で事を決めたりする政治のやり方よりも、ずっと大きいもの」が民主主義である*12。同書は民主主義を政治面だけではなく、社会面、経済面を含む三つの面で捉え、生活様式の内面に深くとり入れられるべきものとして捉えていたのである*13。

そして、ある国がこのように民主主義を理解し、「同じ一つの理解と協力」でまとまれば、「単に一国の内部だけでなく、別々のことばを話し、異なる文化を持つ違った民族の間にも、同じように理解と協力の関係がひろまってゆく。そうして、だんだんと世界が一つになってゆく」と極めて楽観的な予測が示された。こうした「民主主義の精神」の高唱は、アメリカの生活様式をめぐる戦いとも称される冷戦戦略の顕在化の時期と重なっていた*14。

議院内閣制とは何なのかという問い

もっとも、精神論としての楽観性とは裏腹に、同書は、日本における民主主義の制度化には強い決意が必要だと訴えていた。そもそも、日本人は従来から「政治は自分たちの仕事ではない」という考えを強く持っているが、民主主義の下での政治とは「自分たちの仕事」である。民主主義は「国民の政治」なのである[15]。さらに、現代社会において、政治は自分たちの代表が行う「代表民主主義」であるのが普通であり、民主主義は「国民による政治」として実現される。そして、国民が自ら行う政治だからこそ、「国民のための政治」となり得るのである[16]。

同書によれば、こうした（有名なリンカーンのことばに体現される）民主主義観は、日本国憲法に制度的に体現されている。「国民主権」と「国会中心主義」は、「国民の政治」と「国民による政治」の二側面の反映である。また、憲法条文に体現されているのは、一九四一年のルーズベルト大統領の年頭教書にある四つの自由（言論の自由、信仰の自由、恐怖からの自由、欠乏からの自由）の精神であり、「国民のための政治」は、主権者たる「国民の自らの意志」により、また「国民のたゆまぬ努力と責任」を通して、実現可能であると結論づけられる[17]。

本章で関心を持つべき当時の政治制度論の理解については、同書が日本国憲法体制を議会中心の政治体制として理解していることが注目される。また、同書は、日本国憲法体制の仕組みは、「イギリスの制度の歴史とその現在の組織」を理解することで「いっそうよく理解されうる」と、イギリスの政治体制を引照基準として設定していた。つまり、日本国憲法体制を議院内閣制と捉え、かつ日本国憲法体制をイギリスの政治体制と同質のものとする理解が示されているのである[18]。こうした理解は当時の日本だけでなく、現在でも一般的であろう。

国民・政党・議会の関係の重要性

確かに、日英両国は、ともに議院内閣制を採用している国である。その制度の中核には「議会」が位置する。そして、議会が信任している限り行政府が存在し、安定するのが議院内閣制の本質である。逆に言えば、議会が強ければ、それが信任する政府も強い。議院内閣制下において、議会と政府は強固に結合し、融合して強いリーダーシップを生み出すことが可能となるのである。

ところで、この議会とは国民から選ばれた選良、すなわち「政治エリート」の集まる場である。国民が主権者であるとしたら、主権者たる国民は、彼ら・彼女らを信頼して政治的な意思決定を委ねなければならない。つまり、議院内閣制は、有権者が政治エリートたちを信頼し、彼ら・彼女らが一体となって決定するという条件下で、はじめて強いリーダーシップを発揮し得る制度であるといえる*19。

しかし、果たして「政治エリートが政治を取り仕切るシステム」としての議院内閣制が、すべての国民が主権者たることを想定する大衆社会において十分機能するのかどうかは、実は未知数であった*20。少なくとも、主権者たる有権者が代議士を自らの代表として信頼し、機能する議会を作るためには、国民と議会を密接に結びつけるものが存在することが必要である。大統領制であれ、議院内閣制であれ、それが代議制民主主義の原則である*21。

では、国民と議会を結びつけるものは何か。それは「政党」である。『民主主義』においても、国民と議会をつなぐものと想定されていたのは政党に他ならなかった。

『民主主義』の第七章「政治と国民」は、政党の発達と定義を次のように論じている。民主主義が、前述のように、身近な生活から世界平和までを貫く精神であり、政治は人任せにできないものであるにしても、国の政治は、範囲も広いし、問題も複雑で、成り行きの見通しも困難である。まずは「町の政治」や「村の政治」から手掛けるべきであるが、「地方の問題には、地方だけでは解決しないこと」がたくさんある。こうして地方のことを真剣に考えてゆくうちに、大きな国全体の問題についてもだんだんと理解ができ、識見を養うことができるようになってくる。すなわち、「地方の問題に熱心な人々は、国全体の政治に深く心を配らないではいられない。村の政治を自分の仕事と思う気持ちは、そのまま、国の政治を自分の仕事と考える態度となってくるはず」である[*22]。

とはいえ、「町や村ならば、自分でその代表にうって出る機会も多いが、国全体の政治だと、国会議員や大臣になって自分で政治をつかさどる立場に立つということは、ごく少数の人々にかぎられる」。そもそも、同じ代表者を選ぶにも、町や村の議員は候補者の経歴や性質や意見をよく知っているから、誰を選ぶかを容易に決めることができるが、国会議員はそうでない。身近な人でない場合も多いし、政見演説をそのまま受け止めてよいかどうかわからない、逆に選ばれる方も投票があてずっぽうや偶然によって支配されるのは好ましくない。さらに選挙された議員がバラバラの判断によって行動するのであれば、「政治の方針のしめくくり」がつかない。こうした不都合を取り除くために、民主主義の発達とともに発達してきたものが、「政党」であるとされるのである[*23]。

以上のように、政党を、小さな生活圏で政治を行う一般国民と、政治エリートによって担われるほかない現代の国政とをつなぐ「導管」として理解する同書は、国の政治は「政党を本位として行われる」と断言する[*24]。国民にとって、代議士の人柄の判断は難しくとも、どの党の主義主張に賛成すべきかを判断するのは比較的容易である。他方、代議士も自らの抱負を国政上より強く推し進めるには、同じ主張や政策を有する者がひと固まりになる政党が役立つのである。「政党は、地方の政治の場合にもいろいろな役割を演ずるが、特に、国全体の政治は政党によらないでは民主的に運用することはできない」のである[*25]。

しかし、ここで注意したいのは、議会政治として理解される議院内閣制と、以上のような国政における「政党」の一体性およびそれに基づく機能とが、やや安易に結びつけられていることである。有権者と代議士が政党を中心に接続すれば、強い議会が生まれ、議院内閣制が機能するというのは、確かに一九世紀に確立する議院内閣制の古典的理念である。しかし、近年の研究成果が主張するように、議院内閣制下で強い議会を作るのは単なる政党ではない。それは「一体化された政党」でなければならないのである。言い換えれば、「政権を支える（諸）政党が示す『凝集性＝まとまり』の程度によって議院内閣制の性格が左右される」のであり、議院内閣制は、「凝集性の高い政党」がなければ、強い権力核としての議会を作りがたい[*26]。例えば、与党の一部が政府の方針に反対し、本会議の採決で反対票を投じたり、野党と実質的に提携するなどは、議院内閣制の想定するところとは異なるのである。

同書には、この理解が希薄であったということができる。それは当時の日本の議院内閣制あるいは政党理解の現実であったろう。

結論的に言えば、この後の政党再編は、政策や世界観のすり合わせ、数の組み合わせ、そして権力闘争を軸に進められ、「保守」と「革新」という日本独特の対抗軸を作り上げる一方で、それぞれの政党のまとまりという、議院内閣制を作動させる条件は失われていくのである。

4. 五五年体制への道

片山・芦田連立内閣と第三次吉田内閣の経験

この後、五五年体制はいくつかの転機を経て形作られてゆく。まず、片山・芦田内閣期は、「保守」と「革新」という区分けが出来上がる転機となった*27。片山率いる社会党が、戦前の旧勢力とは異なる「革新的勢力」として自らを位置づけ、炭鉱の国家管理などの社会主義的な政策を進めていった際、自由党は、閣外協力も拒否して完全野党化するに至ったからである。また、前述のように、保守第二党として中道路線を追求していた民主党の右派も猛反発し、幣原喜重郎を中心とした二四名が自由党と合同して民主自由党を結成した（一九四八年三月一五日）。「革新」とそれ以外という区分けが、「保守」の側の再編を促したのである（民主自由党結成を第一次保守合同と呼ぶこともある）。一方の社会党は、鋭い党内抗争に悩まされる。片山内閣を次いで芦田均が組閣すると、社会革新党、労働者農民党が相次いで分裂した。革新側も世界観と権力闘争と無縁ではなかったどころか、できたばかりの党を割るほどの対立を経験したのである。

昭和電工疑獄で芦田連立内閣が総辞職すると、一九四八年一〇月には、吉田が率いる民主自由党が政権を譲り受けた（第二次吉田内閣）。そして、翌年の総選挙になると、吉田は、増田甲子七（かねしち）、池田勇人（はやと）、佐藤栄作（えいさく）ら中堅官僚を大量に擁立し当選させることに成功する。そして、戦後憲政史上、衆議院において初めて単独過半数を獲得するに至った。その後、吉田は、山崎首班工作など、官僚派 対 党人派の対立を乗り越えると、官僚出身者を中心とした吉田派を中核としつつ、再び自由党と改称した党（一九五〇年三月一日）に君臨し、長期政権を担うこととなる。

こうした第三次吉田内閣以降の一連の経緯が、日本独特の政党対立軸を築く転機となった。特に第三次吉田内閣が選挙で単独過半数を獲得したことは、それ以前の弱く、もろい二つの連立内閣との鮮やかな対照を見せている。もちろん、議院内閣制が連立与党を想定していないわけではない。しかし、第三次吉田内閣において、吉田が「ワンマン」(強力な権力者を意味する和製英語)と評された権力を有し、サンフランシスコ講和に象徴される政策推進力の強さを示す一方、片山・芦田内閣はあまりに脆弱(ぜいじゃく)であった。一九四九年二月以降、一九五二年一〇月まで続く第三次吉田内閣は、日本国憲法体制のあるべき一つの運用方法を示したといえる。つまり、絶対多数をとる政党が、党首中心、首相派閥中心でまとまれば、日本国憲法下では、議会と政府は完全に提携でき、融合して、強力なリーダーシップを発揮するのである。それは、教科書的な議院内閣制の運営方法であった。

朝鮮戦争とサンフランシスコ講和

しかし、凝集性の高い与党とそれに支えられる議会を背景にした強い首相・吉田は、やがて外交政策・安全保障政策をめぐり、革新勢力への敵対性を発揮する。きっかけは、一九五〇年六月の朝鮮戦争の勃発であった。米ソ二大超大国を両極にいただく冷戦が、隣国で「熱戦」に転化した際、朝鮮に派遣された在日米軍を補う目的で、同年八月、警察予備隊が創設された。その後の再軍備に必ずしも積極的でなかった吉田は、極東における冷戦の熱戦化を受け、アメリカが日本の早期独立を模索したのをみると、限定的な再軍備へと舵(かじ)を切り、さらに在日米軍の駐留を認め、翌五一年九月に対日講和条約を結び日米安全保障条約・日米行政協定(一九五二年二月)に調印した。日本は、有無を言わさずアメリカ陣営に組み込まれ、自由主義諸国の一員として国際社会に復帰したのだが、吉田は、その力を存分に発揮してこうした変化を受け入れたのである＊28。

そして、この間に冷戦が国内化する。戦後日本が自由主義陣営に加入することと引き換えに、「基地と人との交換」といわれる日米同盟を基軸とした外交・安全保障政策が採用される過程で、国民民主党（一九五〇年四月二八日に民主党と国民協同党が合併）の苫米地義三が超党派外交に加わったことはその象徴となった。超党派での調印を実現するために種々の工作を担当した増田甲子七・保利茂・坪川信三らが後に「あれほどの苦労というものは、今日までなかったような気がする」と回顧するほど紆余曲折したものの＊29、数年前に生死をかけて戦ったアメリカとの協調を根幹とする「サンフランシスコ体制」を、共産党・社会党などの革新勢力を除く「保守」が認める形が整ったのである。

他方で、社会党は、この間、吉田への強い反感を示すと同時に、再び鋭い内部抗争を経験する。社会党左派の立場から事務局職員として活動していた曽我祐次はこう回想している。当時の社会党の議論の中心は講和条約であった。左派は「青青」、つまり、全面講和論で片面講和反対、安保条約も反対、右派は「白青」、すなわち、講和賛成で安保反対、独立の契機として講和条約を認めるが、そのかわり安保は要らない、いけないという立場であった。特に左派は「吉田は安保のために講和を結ぼうとしている。日本を軍事基地にし、ソ連・中国の反共の砦にしようとしている。そういうことだからダメだ。もっと全世界から祝福されるように努力をして全面講和にもっていけ」と考えた。また、左派は、第三勢力的な立場、むしろアジア・アフリカ連帯の上に乗っかっていった方がいいという戦略も有してた＊30。

だが、当時の社会党は議席数では右派が優勢であった。議員で構成される執行委員会が一旦「白青」で決めたものの、(左派の強い)青年部がダメで、「青青」だというので、浅沼書記長が「要するに大会にかけて決めようか、とやったわけだ。当時、職場支部というのが出来、左派が総評系の労働者同志会を使って入党活動をやっていて、大会にかけるとしたら、(左派は)これには相当自信があったわけね。……それで浅沼が、じゃあ大会にかけようかというから、いいじゃないかとうなったわけだ」。そうなると、右派優位の執行部の決定は「白青」、しかし大会を開くと「青青」になる。そこで右派は大会を開かせないという作戦を立てて抵抗、結局大会の議長選出で揉め、両派合同での大会は開かれないまま、一九五一年一〇月二四日、社会党は分裂する*31。

また、社会党が分裂する一方で、共産党はレッド・パージを受け党は壊滅状態となるが、党内対立から分裂し、一九五一年第五回全国協議会で極左冒険主義を採用するに至った。国内冷戦もこうして一部熱戦化した感がある。共産党が極左冒険主義を清算するのは、一九五五年七月の六全協まで待たねばならなかった。その間、国民は共産党にほとんど支持を与えなかったのである。

「吉田」と「反吉田」の対抗

最後に、サンフランシスコ会議以降、一九五四年一一月二四日に日本民主党が結成され、同党を与党として鳩山一郎内閣が組閣され、一九五五年一一月に自由民主党が結成される過程を見てみたい。この間、政党再編の転機は幾度も断続的に訪れている。しかも、それは必ずしも五五年体制に一直線に向かうものではなかった。

まずは、公職追放解除組が独立後の政界に復帰した時であった。この転機は、自由党内では吉田体制への不満と対抗という形で現れる。その不満は、自由党の創設者であった鳩山が政界復帰することで頂点に達する。やがて、鳩山を中心に、三木武吉や河野一郎は反吉田政党の結成を模索することになるが、鳩山が脳溢血で倒れると反吉田新党は退潮し、彼らは党内で吉田を揺さぶる方針に切り替える。

戦前派の復帰は、保守第二党系にも大きな影響を与えた。一九五二年二月、国民民主党と農民協同党、また一九五一年に旧民政党系の戦前派の結成した新政クラブが合併した改進党が誕生したのは、その結果であった（一九五二年二月八日）。彼らも吉田自由党の政策や態度には不満を持っていた。自由党内の反吉田勢力は自由党の主導権の回復を目指したのだが、憲法改正と明示的な再軍備による日本の自主性の回復という政策的な共通項があり、後の保守新党の基盤となった。

以上の様相を吉田の側から見れば、自身の政策の左に革新勢力、右に戦前派を抱え、彼らに挟撃される形になったわけである。こうなると、吉田の武器は、解散総選挙しかなかった。一九五二年八月の抜き打ち解散、一九五三年四月のバカヤロー解散を経て、自由党は鳩山自由党（後に日本自由党と改称）を党外に追い出した。日本自由党は三五議席ほどの議席を獲得するものの、自由党は二〇〇前後の議席をなんとか確保する（ただし、鳩山らは後に復党する）。他方で、改進党は八五議席、七六議席と思ったほどには振るわなかった。吉田の戦略は一定の効果を持った。

ただ、この間、左右社会党が、合わせて一四〇弱の議席を獲得する躍進を見せたことは見逃せない。特に左派の躍進が目立ったのが重要である。前述の曽我によると、それで「左派としては統一しても結構。つまりこっちの主導権で。それまでの社会党は右派が多数派なんだからね。……右派も伸びなかったわけではないが、右派の伸びは非常に鈍かった。左右あわせて元の勢力よりもさらに大きくなった。そういう状況がずっと出てきたんで、この際一緒になりましょうということだな」。

つまり、左派主導での社会党統一への動きがこの間に始まるのである。戦前派の政界復帰が戦争の悲惨な記憶を呼び起こし、敗戦直後のような左派勢力への期待を改めて呼び起こしたこと、また朝鮮戦争を契機に、平和主義などの戦後的価値観を主張した左派の戦略が功を奏したといえよう。吉田自由党を取り巻く状況は必ずしも安泰ではなかった[*32]。

重光首班工作の挫折

こうした中、一九五三年四月の総選挙後には、重光首班工作と称される政界工作が試みられる。これが次の転機だった。この工作は、絶対多数を失ったとはいえ、なかなか倒れない吉田内閣にしびれを切らした左右社会党が、反吉田を旗印に、改進党・日本自由党と協力して、重光葵改進党総裁を首相に指名しようとしたものである。しかも、追放解除組を含む反吉田連合に左派が参加するというアイディアは、日本が「あまりアメリカばかり向いている」から、「民族独立の方向」で政治を動かすという意図を持って、総評議長であった高野実が持ち掛けたものであった。これに「社会党の右派のなかで一部、それから黒田（寿男）派ね、平和同志会。この二つはちょっと関心を示した」。しかし、鈴木茂三郎、河上丈太郎、西尾末広ら社会党の中心勢力にとっては「これはちょっとしたいたずら」としか思えず、功を奏さずして、五月二一日、第五次吉田内閣が成立する[*33]。

第五次吉田内閣も、政策面・権力面で鋭い対立を抱える政界運営、国会運営には苦労した。相対多数は役に立たなかった。一九五四年四月、緒方竹虎自由党副総理の声明により、自由党主導での保守合同が模索されるが、自由党の多数派工作に利用されかねないとの強い警戒を生み、吉田と反吉田の政策上また権力闘争上の対抗軸を克服できないまま、挫折する。

しかし、このこともまた意外な副産物を生み出した。必ずしも相互に交流のなかった日本自由党と改進党は、少数派であった日本自由党の党首であった鳩山を党首として、一二〇余りの議席を有した日本民主党を結成したのである（一九五四年一一月二四日）。

日本民主党の結成

日本民主党の結成は、民主自由党結成に続く第二次保守合同と称されることがある。確かに、通常「保守」と分類される二党が合同したのは確かであり、この翌年に自由民主党が創設されるので、自由党――民自党――日本民主党――自由民主党という一筋の流れで、この段階までの保守結集過程を理解することは自然なようにみえる。事実、この間に、保守合同論者の岸信介（のぶすけ）は（当時は自由党所属）、改進党の芦田均、日本自由党の石橋湛山（たんざん）との間で、保守新党の結成を目指して様々な会合を重ねた。岸は、改進党内の保守合同論者（内務省出身者が多かった）に働きかけたが、功を奏さず、やがて党を除名されながらも、保守合同路線を追求してゆく。

他方、日本民主党が創設された時には一八〇議席余りを有する自由党が存在していた。ならば、日本民主党は、保守第二党としての性格を有していたと解釈してもおかしくはない。少なくとも日本民主党の過半数を占めていた改進党の幹部、重光や松村謙三（けんぞう）などはそのような見方をし、鳩山を担いで結党に参画している。また、保守第二党系は、戦後における福祉国家政策の上で、見逃し得ない提言や政策構想をしばしば示してきた。特に改進党時代にはその傾向が強かった*34。それは、自らの進歩性を主張することで、保守的とみなされる自由党との差異化を図ろうとしたからである。重光などは、そうした政策を軸に、独自の政党再編構想を掲げ、保守合同に対抗する構えも見せていた。この頃、戦犯として巣鴨プリズンで接触のあった岸としばしば会合している重光だが、容易に岸の保守合同構想に乗ろうとはしなかった*35。

他方で、分裂する社会党があわせて日本民主党とほぼ同数かそれ以上の議席を有していたのであるから、政党再編が「三党」体制――社会党、自由党、民主党に落ちつく可能性もあり得なくはなかった。実は、日本民主党党首となった鳩山一郎はそれを希望していた。引退直後の回想において、鳩山は、イギリスのように二大政党の間に「共通の広場」があるならばいざ知らず、日本にはそれがない。ならば「二党の間の争いは猛烈になるのではないか」。それ故「保守党が二つに分かれていても、その一つ一つが大體全體の三分の一の力を持っていれば政府は長続きしなくとも、争いは餘程緩和されるのではないか」と考えていたというのである*36。

党首の鳩山がそのような態度をとるならば、外交・安保軸を中心とした政党の対抗軸が修正される可能性はあった。実際、保守合同前の鳩山は、首相就任直後から、ソ連との国交回復に強い意欲を見せたが、自由党がこれに反発する一方、統一への動きを強める左派社会党は、鳩山を支持する様相を見せ、鳩山もそれに積極的に応じた。日本民主党は憲法改正と再軍備も追求していたから、左右社会党と日本民主党が外交・安保をめぐって一体となることはなかったろう。ただ、右派社会党には、アメリカとの協調を一定程度許容する考えもあった。外交・安全保障をめぐる「保守――革新」軸が少なくとも緩和される可能性はあったのである。

社会党再統一と自由民主党結成

しかし、政党再編は、結局のところ、翌年一〇月一三日の社会党の再統一、翌一一月の自由民主党結成に決着することとなった。つまり、左右社会党は、ソ連へ接近する鳩山内閣に好感を持ちながらも、一九五二年以降の党勢拡大を背景に、鳩山ブームといわれる保守回帰の傾向に対抗する道を選んだのである。特に、右派社会党は、再軍備に必ずしも反対できずに議席で伸び悩むと、保守政党が統一されていない段階で統一すれば政権を取りうるという判断の下、一九五五年一〇月一三日、左派主導での統一大会を開催することに同意した。こうして、左派右派合わせて一八五議席を有する社会党の再統一が実現する。

他方で、自由党と日本民主党も、再軍備や憲法改正に温度差を抱えながらも、左派主導での社会党再統一に進む革新側の動向に警戒心を募らせた。鳩山内閣期、「ブーム」と呼ばれたほどには民主党の勢力拡大ができなかったことは、松野鶴平や三木武吉ら保守合同論者に強い焦りを生んでいる。この時、一九五五年四月一二日、鳩山側近だった三木による「保守合同の際には必ずしも鳩山を党首にすることに拘らない」という趣旨の談話が出された。すると、緒方総裁も、保守合同に異存はないのだから正式に検討を開始すると応える。そして翌月七日には反吉田連合の中核に位置した岸信介日本民主党幹事長が、協議開始に応じるとし、必要ならば民主党の解党もあえて辞するものではないと談話を発表した。こうして保守合同による新政党設立の機運が醸成されたのである。

それ以降、松村や三木武夫のような旧改進党系の反対派を押さえつけながら、五月一五日に三木武吉と大野伴睦の会談が、六月四日に鳩山と緒方の党首会談が行われ、両幹事長、両総務会長の四者会談が六四回にわたり開催される。そして一〇月二七日には新党結成準備大会が、一一月六日には四者会談で三点をめぐる合意――新党は総裁を置かず四人の代行制をとること、翌年春ごろに総裁選を行うこと、第三次鳩山内閣を発足させること――がなされ、衆院二九九、参院一一八の議員を抱える大政党の結党が決定し、一一月一五日に中央大学講堂において、自由民主党の結党大会が行われたのである。

特に、今まで一度も一体となったことのなかった保守勢力が結集する過程は平坦ではなかった。結党二〇年目における石井光次郎（みつじろう）、唐島基智三（からしまきちぞう）との鼎談において、岸は次のように言っている*37。

> （保守合同は）それはもう筆舌に尽くしがたいというような……。私としては、緒方さんの声明以来、改進党と交渉して、うまくいかず、結局、私と芦田均さんと石橋（湛山）さんの三人で新党運動を起こし、鳩山さんをかついで民主党をつくるまで……そのためにわれわれは除名もされた。そういう経過をたどってきているから、保守合同が成ったときは、ほんとに私は感慨無量でしたね。今もその気持が残ってますよ。

なお、結党大会であいさつを請われた三木武吉は、そろそろ政治から身を引きたいと語って聴衆に強い印象を残した。そしてその翌年の七月四日、忽然として世を去った。現在、自民党の設計者ともいわれる岸も、三木の支えなしにこの大事業が完成しなかったことは分かっていた。保守合同は、三木という長老政治家が緒方や岸らを支えることで実現した一世一代の政治的作品だったのである*38。

5. おわりに

こうして出来上がった五五年体制では、福祉国家の実現に極めて積極的な進歩的あるいは左派的勢力を内包した「保守政党」が生まれた。また、対米協調の修正を目指しながらも、朝鮮戦争とサンフランシスコ講和を契機に、アメリカが作成した憲法を擁護する点では合意しつつも、外交・安全保障をめぐり党を割るほど激しい派閥対立を抱える革新政党が生まれた。言い換えれば、政党再編過程でそれまでに存在していた様々な可能性は未発に終わり、最終段階において、国家の行方の根幹にかかわる外交・安全保障での相違と権力対立とを軸として、両勢力がまとまったのである。

また、五五年体制は、自民党が圧倒的優位を占めたものの、衆議院の三分の一以上を社会党が占めるものであったが、翌年六月に行われた参議院選挙では、自民党が現状維持にとどまったのに対して、社会党は八六議席、全議員の三分の一を制する議席を獲得した。これによって不可能となったのは、憲法改正のための国民投票を発議することであった。もちろん、これでは社会党が政権をとることはできない。この絶妙の割合は、その後も継続していき、一九五八年の選挙を最後に、社会党は過半数を超える候補者を選挙で擁立しなくなっていく。それ故、後に、五五年体制とは二大政党を中心とした政党システムでありながら、政権交代がなく、社会党が自民党の半分しか占めない（しかし自民党が全体の三分の二を超えない）「一と二分の一政党制」と称されるようになっていった。

しかし、自民党側が結党最初からそうなることを見越していたわけではない。三木武吉は、自民党は一〇年もてばよい、と語ったという。逆に自民党左派に属する宇都宮徳馬（とくま）は、自民党結成には「単一保守党による永久政権の構え」があったと語っているが、自民党の長期与党化は、結局のところ、国民の信託、すなわち総選挙の結果に過ぎない。たとえ、自民党がそう願っても、選挙で勝たなければ、政権はとれないのである[*39]。

そうであれば、問題とすべきは、日本国民はなぜ「保守」に常に三分の二近くの議席を与えたのか、である以上に、なぜ「保守」に三分の二を超える議席を与えなかったのか、ということであろう。それには、戦後の日本国民の意思がそこにあったからと答えるほかあるまい。保革対立やその行方が強調されてきた五五年体制であるが、対米協調の下、自由民主主義の価値観を享受しつつ、憲法改正を阻止して「平和国家」としてのアイデンティティを鞏固にし、豊かさとそれに伴う福祉の充実を求める日本人なりの「戦後合意」のかたちがそこに込められていたとはいえないか。言い換えれば、敗戦後の日本人が描いた国のかたちが、この体制に巧まずして表現されていたのである*40。

しかし、このシステムは、政党の凝集性の確保という議院内閣制を始動させる重要な課題を置き去りにしてきたことも、以上見てきた通りである。自民党は、多様な出自を持つ勢力が一つに合併したため、派閥の発生を抑えることはできなかった。鳩山内閣下で、既にこういった傾向が強まっていた。鳩山内閣は、最後まで党内対立に悩まされ続けたのである*41。本章の「はじめに」で述べたように、やがて派閥間で交互に総裁を選出することを軸とした緩やかな支配方法が確立されてゆく。他方で、社会党も、右派は、河上丈太郎に代表されるように戦前派が少なくなく、「保守」同様に個人後援会を有していた一方で、戦後派である左派は「どうしても労働組合というものに頼らざるを得なくなり」、俗に「逆ピラミッド」といわれる事務局・組合主導の、また論点によっては地方組織や活動家が強い発言権を持つ党組織を有するようになる。組織の統一感は保守勢力同様に欠如していたのである*42。

そして、こうした凝集性の低い政党による政党システムであった五五年体制においては、イギリス型議院内閣制が想定していなかった独特の仕組みが発達し、定着することとなる。法案が閣議で決定される前に、与党たる自民党が、官僚と綿密に調整する「与党事前審査制」がその一つであり、法案作成に関し、議院運営委員会とは別に、政党間で独自に取引する「国対政治」がもう一つの制度である。もっとも、一九六〇年代半ばには、社会党では党勢拡大を目指した江田三郎による構造改革が、自民党では派閥解消を目指した三木武夫による党近代化が提案され、党改革が目指されるが、その頃には、凝集性のない政党と議院内閣制を整合的に運用するための不可欠の仕組みは、業界と官僚を交えた密室の取引がなされ、汚職の構造が生まれやすかった。また緩やかなサロン的な集まりにすぎなかった自民党派閥も、総裁公選の際には、時に党などあってなきが如く、党の行方を左右してゆく存在感を持つようになった*43。五五年体制に対する批判の眼は、五五年体制の枠組みそのものではなく、こういった側面に向けられることとなってゆくのである。

演習問題

1. 本文を読み、敗戦から一九五五年に至る一〇年間の政党再編に関する主な出来事を、保守・革新の対立軸の形成過程を軸に年表風にまとめてみよう。
2. 一九五五年体制の特徴がいつどのように出来上がったかをまとめ、政治体制が時間をかけて出来上がっていくことを確認しよう。
3. 戦後直後の日本の民主主義観は、二一世紀を生きるあなたのそれとどのように違うか、あるいは似ているのか、考えてみよう。

《本文脚注》

＊1　五五年体制という言葉の起源については、升味準之輔（ますみじゅんのすけ）「利益政治による自民党支配」（大嶽秀夫『高度成長期の政治学』東京大学出版会、一九九九年）。その多様な意味については、例えば山口定（やすし）「戦後日本政治体制と政治過程」（三宅一郎ほか『日本政治の座標』有斐閣、一九八五年）を参照。

＊2　岡義武編『現代日本の政治過程』（岩波書店、一九五八年）。宮崎隆次「五五年体制成立期の都市と農村（一）」（『千葉大学法学論集』九－二、一九九四年）、同「五五年体制成立期の都市と農村（二・完）」（『千葉大学法学論集』一四－四、二〇〇〇年）。なお、この対抗軸は「平和軸」とも評される。中北浩爾（なかきたこうじ）『一九五五年体制の成立』（東京大学出版会、二〇〇二年）は、平和軸では「保守」「革新」の対立軸を説明できないとし、五〇年代初頭の国際緊張緩和の中で、労働、経済問題を視野に入れた対立軸の形成過程を論じている。

＊3　御厨貴（みくりやたかし）「昭和二〇年代における第二保守党の軌跡――『芦田日記』『重光日記』にみる芦田・重光・三木」（『戦後をつくる』吉田書店、二〇一六年所収。初版一九八七年）、武田知己『重光葵と戦後政治』（吉川弘文館、二〇〇二年）、田名部康範「日本の保守勢力における福祉国家論の諸潮流」（『社会政策』第二巻第三号、二〇一一年）。

＊4　北岡伸一『自民党――政権党の三八年』（中公文庫、二〇〇八年。初版は一九九五年）三頁。なお、自民党が下野したのは一九九三年であるが、選挙によって政権を譲るのは二〇〇九年のことである。九三年に五五年体制が崩壊したという一般的な認識には、別の解釈もあり得よう。この点に関しては、武田知己「『五五年体制』の変貌と危機（一九五五－一九八六年）」（季武嘉也・武田知己編『日本政党史』吉川弘文館、二〇一一年）二一二～二一三頁。

＊5　この点は、前掲『自民党――政権党の三八年』が強調する点である。

＊6　こういった仕組みに関しては、佐藤誠三郎・松崎哲久『自民党政権』（中央公論社、一九八六年）、中島誠『立法学〈第三版〉』（法律文化社、二〇一四年）、野中尚人『自民党政治の終わり』（ちくま新書、二〇〇八年）。

＊7　特に、保守第二党の軌跡に着目した研究として、（注3）に挙げた文献の他、河野康子『日本の歴史24　戦後と高度成長の終焉』（講談社、二〇一〇年）。

＊8 クリントン・ロシター『立憲独裁――現代民主主義諸国における危機政府』（庄子圭吾訳、未知谷、二〇〇六年）。

＊9 当時、社会党議員として占領軍との折衝を担当していた細川隆元の証言。自民党『秘録 戦後政治の実像』（永田書房、一九七六年）八頁。

＊10 高橋彦博『日本国憲法体制の形成』（青木書店、一九九七年）、村井哲也『戦後政治体制の起源』（藤原書店、二〇〇八年）。

＊11 文部省編『民主主義』（角川ソフィア文庫、二〇一八年）。引用はすべて同復刻より。

＊12 同前、一七～一九頁。

＊13 同前、二四六頁。

＊14 同前、二〇頁。

＊15 同前、一四八～一五一頁。

＊16 同前、第一一章、二四六頁以下。

＊17 同前、第一三章、三三〇頁。

＊18 同前、三二一頁。

＊19 高安健将（けんすけ）『議院内閣制』（中公新書、二〇一八年）参照。

＊20 同前、二一～二二頁。

＊21 待鳥聡史『代議制民主主義』（中公新書、二〇一五年）第一章。

＊22 前掲、文部省『民主主義』、一五五～一五七頁。

＊23 同前、一五七～一五八頁。

＊24 同前。

＊25 同前、一五八頁。

＊26 前掲『議院内閣制』二四頁。

＊27 以下の政界再編の転機については、黒澤良「政党政治の凋落と再生（一九三二－五五年）」（前掲『日本政党史』）一八〇頁以下を修正したものである。

＊28　楠綾子『現代日本政治史一　占領から独立へ　一九四五〜一九五二』（吉川弘文館、二〇一三年）。
＊29　前掲『秘録　戦後政治の実像』三〇頁。
＊30　以上、曽我祐次『多情仏心――わが日本社会党興亡史』（社会評論社、二〇一四年）六九〜七〇頁。
＊31　同前。
＊32　同前、一二八頁。
＊33　ただし、日教組は重光首班論が多数だったという。前掲『多情仏心』一三九〜一四〇頁。
＊34　詳しくは、前掲「日本の保守勢力における福祉国家論の諸潮流」。
＊35　前掲『重光葵と戦後政治』第二部参照。
＊36　鳩山一郎『鳩山一郎回顧録』（文芸春秋新社、一九五七年）一六九頁。
＊37　前掲『秘録　戦後政治の実像』八九頁。
＊38　三木については、重盛久治『三木武吉太閤記』（春陽堂書店、一九五六年）、御手洗達夫『三木武吉伝』（四季社、一九五八年）、御手洗辰雄「民衆政治家――三木武吉伝」全一三回（『エルエー』一九九七－一九九九年）、水木楊『誠心誠意、嘘をつく――自民党を生んだ男・三木武吉の生涯』（日本経済新聞社、二〇〇五年）。緒方については、栗田直樹『緒方竹虎』（吉川弘文館、二〇〇一年）。岸については、原彬久（よしひさ）『岸信介――権勢の政治家』（岩波新書、一九九五年）。
＊39　自民党が選挙に勝つ理由を自民党の支配構造に求める研究として、石川真澄・広瀬道貞『自民党――長期支配の構造』（岩波書店、一九八九年）。
＊40　「戦後合意」という概念については、前掲『代議制民主主義』六〇頁以下。
＊41　武田知己「第一五講　鳩山内閣」（筒井清忠編『昭和史講義　戦後編』ちくま新書、二〇二〇年）。
＊42　前掲『多情仏心』一二九頁。社会党の党組織に関しては、谷聖美「社会党の政策決定過程」（中野実編『日本型政策決定の変容』東洋経済新報社、一九八六年）、梅澤昇平『野党の政策過程』（芦書房、二〇〇〇年）九五〜一〇七頁。
＊43　総裁公選については、小宮京（ひとし）『自由民主党の誕生』（木鐸社、二〇一〇年）参照。

参考文献

川人貞史（かわとさだふみ）『日本の国会制度と政党政治』（東京大学出版会、二〇〇五年）
北岡伸一『自民党――政権党の三八年』（中公文庫、二〇〇八年）
季武嘉也・武田知己編『日本政党史』（吉川弘文館、二〇一一年）
武田知己「戦後保守勢力の相互認識と政界再編構想の展開　一九四五－一九四九年」（坂本一登・五百旗頭薫編『日本政治史の新地平』吉田書店、二〇一三年）
奥健太郎・河野康子編著『自民党政治の源流』（吉田書店、二〇一五年）

12 高度成長下の開発と政治

松本　洋幸

《学習のポイント》 一九五〇年代後半から一九七〇年代前半にかけて、日本経済は空前の高度成長を遂げた。自民党政権は、高い経済成長率を目標に据えた経済計画を示し、それを実現するために大規模な開発政策を実施していった。太平洋ベルト地帯に人口と産業が集中し、第一次産業人口が激減するなど、日本社会は大きく変貌した。それに伴い、日本の政治のあり方も大きく変化していった。

《キーワード》 国土総合開発法、国民所得倍増計画、全国総合開発計画、新全国総合開発計画

1．高度経済成長と開発政策

第二次世界大戦後の日本経済は、敗戦直後の混乱から朝鮮戦争による特需景気を経て立ち直り、一九五五（昭和三〇年）年から一九七三年に至るまで、実質国内総生産（ＧＤＰ）は四・八倍に増加し、平均成長率（年率）が一〇％を超えるほどの高度経済成長の時代を迎えた。国内の産業分野では、鉄鋼・造船・石油化学部門に加え、家電製品や自動車など電気機械類を中心とする重化学工業部門の成長が著しかった。農村部から都市部（特に大都市圏）への人口移動が顕著に見られ、日本は農村型社会から都市型社会へと変貌した。

この章では、高度経済成長を後押しした開発政策の推移について触れていく。この時期は、明治以降の約七五年間のインフラ整備費に匹敵するほどの公共投資額が投じられ、現在我々が目にする新幹線・高速道路・臨海工業地帯などが次々と整備された。また、開発政策が具体化していく中で、中央――地方関係や政府――与党関係にも大きな変化が生じ、自民党による強固な一党支配体制が築かれていった。

2. 資源開発と府県総合開発

浅井良夫氏は、一九五〇年代を「開発の時代」、一九六〇年代を「成長の時代」と時期区分し、両者の特徴を次のように位置づけている[*1]。前者は、①国内資源の開発重視、②後進地域の開発に重点、③食糧増産、④貯蓄の奨励など、「疑似途上国的」な開発政策の性格が見られる。一方後者は、①資源の海外依存、②太平洋ベルト地帯の開発、③コメの生産過剰、④消費の推進、と一九五〇年代とは対照的な特徴を有している。以下、まず戦後復興期の開発政策について、国・地方の両面から見ていくことにしたい。

戦後復興期の国の開発政策をリードしていたのは、経済安定本部であった[*2]。石炭・鉄鋼部門へ資金や資材を集中的に投入して生産を回復し、他の産業部門へ波及効果を及ぼそうという傾斜生産方式に代表されるように、その政策基調は総花的な投資ではなく、経済合理性に基づく重点主義にあった。同本部の資源委員会では、国内の豊富な水資源に注目して、TVA型の大規模な開発事業を計画した。水力発電、工業用水、農業用水、洪水調節などの機能を持つ多目的ダムを基軸にした河川総合開発である。

一方、敗戦直後の各府県でも、後述するように、食糧増産、戦災地復興、資源開発などを掲げた総合計画を策定し、復興に向けて歩み始めようとしていた。戦前から国土開発を担っていた内務省――建設院――建設省では、この流れを受けて、「地方計画策定基本要綱」を示し、府県単位の府県総合計画と数府県単位の地方総合計画の立案を目指していた。経済安定本部の重点主義と違い、府県を主体としてボトムアップ式に計画を積み上げていくところに特徴があった。

両者の政策は一九五〇（昭和二五）年五月に国土総合開発法として法制化された。しかし吉田茂（しげる）首相は経済計画を嫌い、国内資源開発に重きを置かず、外交折衝を重ねて外資導入を優先する方針であった。それ故、一九五四年に策定された「総合開発の構想」は黙殺される状態であった。この時期には未だ体系的な国土計画と呼べるものはなかったのである。

国政レベルで最も進展があったのは、経済安定本部の河川総合開発の流れをくむ「特定地域開発」であった。復興期の日本は、毎年のように大型台風による大規模水害に見舞われ、深刻な電力と食糧の不足に悩まされていた。こうした喫緊の課題を解決し得る特定地域開発に地方の注目が集まったのである。経済安定本部では、特定地域開発には只見（ただみ）川と北上（きたかみ）川の二か所を想定していたが、地域指定の拡大を求める政治家の介入により、結果的に二一か所に及んだ。特定地域開発の指定を受けることにより、大規模な公共事業や補助金を呼び込むことが期待されたのである。

ところが、今度は特定地域開発の指定を受けられなかった地域の議員たちが、個別河川の総合開発を目的とした河川開発法を国会に提出する動きに出た。こうした流れを受けて、一九五二年七月には国土総合開発法が改正される。特定地域開発は、当初の重点的な資源開発を目的としたものから、総花的な河川総合開発へと変化していったのである。

一方、各府県でも総合計画が立案・実施されていた。国土総合開発法の公布を受けて、各府県では先の特定地域開発とも連動しながら、食糧増産、災害防除、電源開発、地場産業の振興など、地域の資源を最大限に活用しつつ、独自色の強い総合計画を立案していた。また戦前・戦中に整備された工場用地・軍用地や産業基盤などを利用して、工場誘致を熱心に進める県（神奈川・千葉・富山・岡山各県など）もあった。シャウプ勧告に基づく地方税制の改革により、大規模工場にかかる事業税や固定資産税などの税収増が見込まれることになったことも、地方自治体の工場誘致競争に拍車をかけた[*3]。

このように、一九五〇年代前半の日本では、朝鮮戦争による特需景気とも相まって、国・地方で開発熱が高まった時代であった。その契機となったのは国土総合開発法であったが、肝心の全国的な国土計画は進展せず、経済安定本部が行う特定地域開発と、各府県の総合計画とが並行して進められていた。

しかし一九五三年七月の朝鮮戦争休戦に伴い国際収支が悪化すると、政府は極度の緊縮財政政策をとった。このため、中央・地方の公共事業も抑制され、この時期の開発熱に水を差す結果となった。各府県の総合計画は軒並み財政難から中断を余儀なくされ、税収減のために財政再建団体の適用を受ける自治体も生まれた[*4]。農業部門の国庫補助金も大幅に削減されたために、地方の農村では保守政権に対する強い不満が蓄積された。一九五〇年代後半には、社会党と農協や労働組合が協力して、知事選で保守系候補を破るケースが生まれたが、その背景には、当該期の緊縮財政政策や特定地域開発への農業団体の強い不満が表れていた[*5]。中央政府も保守政党も、地方の開発熱を受け止めるだけのキャパシティを持っていなかったのである。

3．経済計画の開始と「陳情体系」の形成

一九五五（昭和三〇）年に入り、アメリカの景気回復などの影響もあって国際収支の改善が進み、やがて神武景気（一九五五～五七年）を迎えた。翌一九五六年度の『経済白書』は「もはや『戦後』ではない」と記し、今後の経済成長は復興ではなく、技術革新を伴った近代化によって牽引されるべき、と説いた。

こうした中で、一九五五年七月に経済審議庁（経済安定本部の後身）は経済企画庁へと衣替えし、同年一二月に「経済自立五ヶ年計画」を発表した。鳩山一郎内閣下で策定されたこの計画は、最初の長期経済計画とされる。長期経済計画とは、経済の広範な分野に関する数年単位にわたる予測や体系的な数値目標のことである。「経済自立五ヶ年計画」では、一九五六～六〇年度の経済成長率を五・〇％（安定経済）とし、経済の自立と完全雇用の達成を図ることを目標に据えた。また重点政策課題として、産業基盤の近代化、貿易の振興、国内自給度の向上、国土開発の促進、健全財政の堅持、国民生活の安定と消費の節約などが挙げられていた。当時、鳩山内閣は緊縮財政方針を継続していたが、住宅公団や愛知用水公団などを設立し、公企業体を活用してインフラの整備を図ろうとした。

政府が積極的な財政方針をとり、大規模な公共事業を恒常的に手掛けていくようになるのは、岸信介内閣からである。岸内閣は新たに一九五七年一二月に「新長期経済計画」を発表した。目標を「より高い、安定した経済成長の実現」（極大成長）、完全雇用、そして生活水準の向上に置き、一九五八～六二年の経済成長率を六・五％に設定した。また産業基盤の整備の遅れが経済成長の

「隘路」であるとして、輸送力の増強、電気通信施設の拡充、下水・公園など都市の生活環境整備、低所得者向け住宅の建設などが重要な課題とされた。

「新長期経済計画」で特に重点項目に挙げられていたのが、道路と港湾の整備である*6。一兆円にものぼる第二次道路整備五か年計画が策定され、道路整備緊急措置法や首都高速道路公団法、さらには臨海工業地帯整備のための特定港湾施設整備法が制定され、事業ごとに特別会計を設置して財政的裏付けを整えた。国の開発政策の主眼は、資源開発・食糧増産を目的とする後進地域の河川総合開発から、重化学工業化と貿易拡大を目的とする太平洋岸臨海部の産業基盤の整備へと移行し、新たに通産省が開発政策の主体として存在感を示すようになった*7。

こうした中、地方自治体や各種団体に対する補助金もしだいに増加していった。予算編成時期になると、中央省庁の各部局は自身の縄張りを拡大しようと、補助金の増額や新規獲得に向けて大蔵省に交渉し、時には与党議員に援軍を頼む。補助金を受ける地方自治体や各種団体は、中央省庁や国会に陳情に押し寄せる。国会議員、特に政権与党である自民党議員は、省庁の補助金獲得競争や、選挙区民や圧力団体からの陳情に助力することによって、その政策分野に必要な専門知識・経験を広く集積し、自身の地盤培養につなげる。こうして、中央省庁、利益団体、自民党議員の三者連合の「補助金分配体系＝陳情体系」（升味準之輔）が徐々に構築されることになった*8。

岸内閣は、「新長期経済計画」の発表後、大型予算を組み、翌年の総選挙に臨んだ。保守・革新両陣営の統一後初となる総選挙の結果は、自民党二八七、社会党一六六で、大きな議席の変動はなかった。また翌年の参議院選挙で自民党は勝利を収めた。この二度の国政選挙では、自民党内の各派閥が、選挙資金や応援演説などで自派の候補者を全力で支援した。一方、各候補者は派閥領袖の庇護（ひご）を受けながら、個人後援会を総動員して選挙戦を戦った。加えて、農協、中小企業連盟、遺族会、医師会などの圧力団体も活動を活発化させた＊9。

このように、派閥と個人後援会、圧力団体と利益誘導政治などの特徴を有する自民党型政治が、高度経済成長の始動とともに形成されていったのである。

4．国民所得倍増計画・全国総合開発計画と「中央と直結する政治」

日米安保条約の改定問題の喧騒（けんそう）から約一か月後に成立した池田勇人（はやと）内閣は、「寛容と忍耐」をスローガンに、国論を二分するような憲法改正を棚上げして、与野党関係の修復に努めた。さらに一九六〇（昭和三五）年一二月には「国民所得倍増計画」を発表して、今後の政策の主軸を経済発展に置くことを明らかにした。この計画は、経済学者の下村治（しもむらおさむ）や、池田派幹部、その他一〇〇〇名を集めて、約三年間かけて立案されたもので、初めて国民総生産（GNP）の概念を示すなど画期的な内容を含んでいた。折しも日本経済は、いざなぎ景気（一九五九～六一年）に湧き、一九六〇年度の『経済白書』は、衣・食・住・レジャーと生活のすべてにわたって「消費革命」が進んでいることを謳った。

「国民所得倍増計画」は、岸内閣の「新長期経済計画」にかわる経済計画で、一九六一～七〇年の一〇年間で国民総生産を二倍にすべく、年平均七・二％の経済成長を達成することを目標に据えた。鉄道・道路・港湾などの社会資本の整備に重点を置き、東海道新幹線、首都高速道路、東名・名神高速道路、水資源開発などが、公団を活用しながら大規模に整備されていった。そのピークが、一九六四年の東京オリンピックであったことは言うまでもない。重化学工業化の推進も重要な課題で、一〇年間で二億坪の土地造成を計画し、その半分を臨海埋立地とすることなどが盛り込まれていた。「太平洋ベルト地帯」への優先開発方針が示され、石油化学コンビナートが形成されていったのである。

これに対し、所得倍増計画は地域間格差を生むとして、後進地域を代表する自民党議員らから強い反発の声が挙がった。そこで策定されたのが、全国総合開発計画（全総）である。これは、大都市の過密化と地方の過疎化を防ぐべく、四大工業地帯の外側に開発拠点を設けて工業分散を図り、国土の均衡ある発展を目指そうとするものであった。人口と産業を集積する開発拠点を設けるために、新産業都市建設促進法が制定された。こうして国の開発政策の目的は、地域間格差の是正へと変化していった。

全総の計画が明らかになると、地方の自治体や産業界はこの国家プロジェクトを取り込んで地域振興につなげようと、猛烈な陳情合戦を繰り広げた。新産業都市は、計画案では一〇が予定されていたが、四四か所から指定を求める要求が寄せられ、最終的には一五か所が指定された。しかし、今度は太平洋ベルト地帯の議員からの圧力を受けて、工業整備特別地域六か所が指定されるに至った[*10]。一方、これらの指定から漏れる地域についても、開発促進を図る優遇措置が取られた。例えば、一九六一年一一月公布の低開発地域工業開発促進法は、新産業都市の対象以外の小都市における工業開発を促進するために、税制や金融面での優遇措置を定めたもので、一九六二年から六六年に至るまで一〇五地区が指定された[*11]。かくして全総が目指した拠点開発方式は総花的なものへと変容していった。

国家的な大規模プロジェクトによる開発に依拠して地域振興を図るという地方の開発熱は、政権与党・自民党の個々の議員にとっては地盤育成の好機でもあった。不知火(しらぬい)・有明・大牟田地区の新産業都市指定をめぐっては、河野一郎・建設大臣が、その見返りとして、自分の派閥の野田武夫の鞍替え(神奈川二区から熊本一区へ)を求め、熊本県知事がそれを呑(の)んだ、といわれている[*12]。この他にも自民党政治家が介在した事例がいくつも認められる。当時の自民党は、未だ党本部の統制力が弱く、個々の議員は派閥領袖の庇護を受けつつ、選挙地盤を自分の手で補強・維持していかなければならなかった。様々な開発プロジェクトの補助金や許認可を獲得し、大型の公共土木工事の投資を促し、大規模な重化学工場や団地・教育施設を誘致することが、効果的な地盤培養策となったのである。

加えて、農業部門へも政策的配慮が図られた。農業の近代化を目的とした農業基本法が制定され(一九六一年)、大規模な農業構造改善事業など国による農村への大幅なテコ入れが行われた。また農業団体と自民党議員の圧力によって生産者米価が継続的に引き上げられることになり、自民党は農協を有力な支持母体として獲得することに成功した。一九五〇年代半ばに労農提携によって当選を果たした革新系の知事も、しだいに保守系へと鞍替えしていった。

このように、高度成長によって生まれた経済成長の果実を後進地域や農業部門へと再分配する仕組みが、一九六〇年代前半に出来上がっていったのである。

さらに看過できないのは、一連の開発政策が具体化される過程で、国と地方との関係が変化する点である。先述した通り、一九五〇年代半ば頃までは各府県で優秀なプランナーたちが、地元の資源を活用した独自色のある総合開発計画を立案していた。しかし一九六〇年代に入ると、地方の側は国家的プロジェクトにぶら下がることで多くの補助金や優遇措置を獲得していこうと激しい競争を続け、全国横並び的な開発思想が生まれてきた[*13]。また、住宅公団・道路公団・水資源開発公団・高速道路公団などの政府出資の公団が地方の公共事業を主導したこともこの流れを促進した。保守系候補者が「中央と直結する県政」を掲げて知事に当選するのも、この頃からである。

5. 社会開発・新全国総合開発計画と「政官混合体」

佐藤栄作内閣は、池田内閣の経済成長路線を引き継ぎつつも、その行き過ぎを批判し、新たに「社会開発」をスローガンに掲げた。社会開発とは、産経新聞記者・楠田実ら「Sオペ」と呼ばれるブレーンを中心に立案された構想で、急激な高度成長がもたらすひずみを是正し、依然として低位にある国民生活水準の向上を図るべく、社会資本の整備方針を産業基盤から生活基盤へと移行することを謳ったものであった[*14]。この方針は、佐藤内閣下で策定された中期経済計画（一九六五年）にも反映され、その目的は「ひずみの是正」に置かれ、住宅政策をはじめ国民生活の質的向上が重要課題に挙げられていた。

加えて、佐藤内閣は一九六六（昭和四一）年から全総にかわる新たな国土計画の策定に着手し、一九六九（昭和四四）年には新全国総合開発計画（新全総）を発表した。明治一〇〇年を機に、これまでのインフラを根本的に作り替え、日本列島の改造、国土空間の再編成を目指すという壮大な目標が掲げられた。具体的には、新幹線・高速道路・航空路・通信ネットワークを構築して七大都市圏（東京、大阪、名古屋、札幌、仙台、広島、福岡）を結ぶこと、また北海道の苫小牧、青森県の陸奥湾・小川原湖、瀬戸内海西部および志布志湾などに大規模な工業基地を建設推進すること、などが含まれていた。全総で「点」として捉えられていた開発拠点を、「線」「面」として全国土に拡大していこうとするものであった。新全総の策定作業は、経済企画庁総合開発局の下、外部の有識者で構成される研究会と有機的に連動しながら進められた[*15]。

一方の自民党の側でも、全総にかわる新たな国土計画を策定する試みが始動する。田中角栄(かくえい)をリーダーとして一九六七年に発足した都市政策調査会である。田中は代議士当選直後から、建設省の発足、国土総合開発法、道路三法、水資源開発公団設立にかかわり、また全総策定時代には自民党政務調査会長を務めるなど、一貫して戦後日本の開発政策を体現する存在であった。また大蔵大臣・通産大臣・郵政大臣を務めたほか、開発政治を通じて建設省にも大きな影響力を持っていた。都市政策調査会には、新全総の担当者をはじめ、各省庁の若手官僚らもスタッフとして加わり、財界人・有識者との勉強会を繰り返して、翌年に「都市政策大綱」を完成させた。都市政策大綱は内容的に新全総と重なる部分が多く、後の「日本列島改造論」へとつながっていく[*16]。

この頃の政府・与党の関係で重要な点は、政策決定過程における「政官混合体」（佐藤誠三郎）とも呼ばれる密接な連携が生まれ、また自民党政務調査会の存在感が増したことである。自民党結党当時から、内閣が提出する予算案・法律案について与党側の了承を得る事前審査制があったが、それは政務調査会の席上で担当官僚がレクチャーを行うという程度のものであった。しかし池田・佐藤内閣期に入ると、政務調査会の部会や調査会が頻繁に開催されるようになり、予算案や法律案の策定初期段階から官僚・与党議員が協議する方式へと移行していった[*17]。

こうした中、特定の政策領域に通じた「族議員」が現れた。自民党の政務調査会部会は概ね各省庁単位で構成されており、族議員は日常的に各省庁から専門的知識を吸収し、また関連団体や地元からの様々な要望を取りまとめ、政調会や党内の議論をリード・調整していった。彼らは、定期異動のある官僚を凌駕するような精細な知識を保有して行政手続・慣行・人事に通暁し、政策遂行に際して重要な優先順位（例えば公共事業の箇所づけ）などにも強い影響力を持つようになった。その結果、地方や圧力団体からの陳情活動は、以前よりも具体的かつ盛大なものとなり、一九七〇年代には特定の行政分野や業界と結びついた議員連盟が叢生する*18。

さらに自民党の長期政権化によって、派閥の存在感も肥大化していった。この頃の派閥は、選挙の際の候補者支援のほか、各議員の地元や支援団体から寄せられる陳情を派閥内の専門家（族議員）に任せるなど効率的な処理方法を生み出し、さらには新人政治家への教育的機能も合わせ持っていた。特に佐藤内閣期には、限られたポストを多くの希望者に分配するための閣僚・党役員に関する人事の慣行、例えばポストを派閥勢力比に応じて配分する方法や、当選回数に応じた年功序列的なキャリアパス（衆議院議員の場合、当選二回で政務次官、三回で政務調査会部会長、四回で副幹事長、六回で入閣といった類い）などが整備されていった*19。

党内には、こうした派閥連合的なあり方を改めて、統率のとれた近代的組織政党への脱皮を目指す動きもあったが、総裁選挙や総選挙を通じて派閥の存在感はむしろ増していった。見方を変えれば、各派閥が多様な人材や政策志向を蓄積した結果、保守イデオロギーを前面に出した岸内閣、経済成長優先の池田内閣、社会開発を掲げる佐藤内閣といった具合に、世論の動向に合わせながら政策目標や政治色を変化させていく、疑似的な政権交代と長期政権を可能にしたともいえる。

一九七〇年代初頭まで、自民党は常に衆議院の過半数の議席を保有していたが、総選挙における絶対得票率は、四四・一七％（一九五八年）、四一・八七％（一九六〇年）、三八・四七％（一九六三年）、三五・六四％（一九六七年）、三二・三二％（一九六九年）と、減少傾向にあった。最大野党である社会党の場合も同様に、二五・一七％（一九五八年）から一四・五五％（一九六九年）へと、急減した。自民党の支持基盤は、町内会・中小同業者団体・商店街など地域に根差したリーダーたちがまとめる諸団体で、一方の社会党は労働組合が最大の支持母体であった。しかし高度成長下で農村部から都市部への人口流入が相次ぐと、旧来型の地域コミュニティーは機能しなくなるとともに、労働組合の性格も従来の労使対立やイデオロギー重視の姿勢から労使協調・成長路線へとしだいに変質していった。この結果、地域の諸団体や労組に属さない無党派層が生まれ、総選挙における自民党・社会党の得票率減少へとつながったのである。

一九六〇年代後半に入ると、自民党政権による経済成長路線や開発政策の弊害が顕著となってきた。全総の一環として期待を集めた新産業都市のうち、その後も持続的に成果を挙げることができたのは、岡山県の水島（みずしま）コンビナートや大分市などに限られた。また太平洋ベルト地帯の急激な重化学工業化は、沿岸漁業の衰退や、大気汚染・水質汚濁などの深刻な公害を招く結果となり、新全総の大規模開発プロジェクトは批判の矢面にさらされた。三大都市圏への人口集中が加速度的に進む中、都市インフラの整備が追い付かずに、交通渋滞や住宅不足、処理施設問題など、都市問題はさらに深刻さを増した。

こうした経済成長路線・開発政策によるひずみの是正を掲げ、都市部の新たな有権者の期待を集めて誕生したのが、革新自治体である。一九七〇年代の自民党は、新たな挑戦者の誕生を受けて、その性格をさらに変えていくこととなる。

演習問題

1. 高度経済成長期の自民党政権（岸内閣・池田内閣・佐藤内閣）について、それぞれの経済計画や開発政策の特徴などについて、まとめてみよう。
2. 自民党が長期安定政権を築いた理由について考えてみよう。
3. この時期に構築されたインフラを取り上げ、その形成過程などを調べてみよう。

《本文脚注》

＊1　浅井良夫「開発の五〇年代から成長の六〇年代へ」（『国立歴史民俗博物館研究報告』第一七一集、二〇一一年一二月）。

＊2　経済安定本部と内務省――建設省の開発政策の相克や、国土総合開発法の制定・改正過程については、御厨貴（みくりやたかし）『政策の総合と権力』（東京大学出版会、一九九六年）二一九～二三七頁を参照。

＊3　宮崎正康（まさやす）「地域開発政策」（中村隆英・宮崎正康編著『過渡期としての一九五〇年代』東京大学出版会、一九九七年）。

＊4　同前。

＊5　功刀俊洋（くぬぎとしひろ）『戦後型地方政治の成立』（敬文堂、二〇〇五年）一九二頁。

＊6　宮崎正康「地域開発政策と格差是正」（中村隆英・宮崎正康編『岸信介政権と高度成長』東洋経済新報社、二〇〇三年）、城下賢一「岸内閣と大規模公共事業の展開」（『土木史研究　講演集』第三〇巻、二〇一〇年）。

＊7　浅井良夫「一九五〇年代における経済自立と開発」（『年報日本現代史』第一三号、二〇〇八年）。

＊8 升味準之輔『現代政治――一九五五年以後』下巻（東京大学出版会、一九八五年）四二七～四三三頁。
＊9 中北浩爾『自民党政治の変容』（NHK出版、二〇一四年）三七～四〇頁。
＊10 御厨貴「国土計画と開発政治」（『年報政治学』一九九五年）…後に『戦後をつくる』（吉田書店、二〇一六年）に収録、山崎澄江「高度成長期地域開発政策の形成」（『土地制度史学』第一六三号、一九九九年四月）。
＊11 前掲「地域開発政策と格差是正」。
＊12 同前。
＊13 下河辺淳『戦後国土計画への証言』（日本経済評論社、一九九四年）九〇～九一頁、前掲「国土計画と開発政治」。
＊14 村井良太『佐藤栄作』（中公新書、二〇一九年）一三〇～一三六頁。
＊15 前掲「国土計画と開発政治」。
＊16 前掲『戦後国土計画への証言』一〇四～一〇七頁、前掲「国土計画と開発政治」。
＊17 佐藤誠三郎・松崎哲久『自民党政権』（中央公論社、一九八六年）九〇～九一頁。
＊18 同前、九二～九五頁。
＊19 同前、三九～五一頁。

参考文献

本間義人『国土計画を考える』（中公新書、一九九九年）
渡辺治編『高度成長と企業社会』（吉川弘文館、二〇〇四年）
武田晴人『高度成長』（岩波新書、二〇〇八年）
石川真澄・山口二郎『戦後政治史』（岩波新書、二〇一〇年）
季武嘉也編著『日本の近現代』（放送大学教育振興会、二〇一五年）

13 派閥と個人後援会

手塚　雄太

《学習のポイント》 自民党は、高度経済成長という大きな社会構造の変化があったにもかかわらず、長期にわたって政権を維持することに成功した。その要因を、派閥や政治家の個人後援会のあり方から説明する。

《キーワード》 組織政党、派閥、個人後援会、中選挙区制

1．自民党の成立と「近代的組織政党」

一九五五（昭和三〇）年、財界の後押しと左右社会党の合流を受けて、自由党と日本民主党が合併して自由民主党が成立した。以後、自民党は一九九三年まで三八年の間、政権を担い続けた。

自民党が政権を担った期間には、高度経済成長という大きな社会構造の変化があった。自民党政権下でたびたび労働大臣を務めた石田博英（ひろひで）は、一九六三年一月号の『中央公論』に発表した論文「保守政党のビジョン」の中で、産業構造の変化と政府の政策により第二次産業就業者が増加すれば、労働組合を基盤とする社会党が伸長し、五年後には自社両党の得票率は逆転する、という危惧を示した。その上で、自民党の「近代化」と労働者の利益を保証する政策の必要性を訴えていた。しかし、石田の見通しは外れ、自民党政権は長期化した。本章では、自民党の党組織の側面から長期政

権となった理由を説明する。

前提として重要なことは、結党以降しばらくの間、自民党が「近代的組織政党」の樹立を目指していたことである。結党時に自民党が定めた「組織活動要綱」は、党本部に強力な中核指導部（全国組織委員会）を設置し、中央――都道府県――市町村――部落といった系統だったピラミッド型の党組織をつくり出す必要性を論じている。加えて要綱は「社会党の組織に対決するためにも末端機構の整備を急ぐ必要がある」として、「これまでの選挙組織又はその基盤となっている後援会、協力者等を総合再編成して強い支部機構を育てあげる」必要性を説いていた[*1]。自民党は、日本労働組合総評議会（総評）を通じて多くの労働者を組織化していた社会党へ対抗するため、議員や議員の後援会などからなる支持基盤を、中央から地方を貫徹する党組織に再編しようとしたのである。しかし、こうした組織化の試みは実現しなかった。それでは、なぜ自民党政権は長期化したのだろうか。この点を近代化の障害とされた派閥と個人後援会に着目して説明したい。

2. 派閥の形成

自民党がこれほどまでに長い期間にわたって政権与党であり続けることを、当時の人々は予想していなかった。自由党と日本民主党は合流直前まで党内も入り乱れて権力闘争を演じていたことから、自民党は結党時に総裁を決められず、鳩山一郎（日本民主党総裁）、緒方竹虎（自由党総裁）、三木武吉（日本民主党総務会長）、大野伴睦（自由党総務会長）の四名を暫定的に総裁代行委員とせざるを得ない状況にあった。自民党結党の立役者であった三木武吉ですら、自民党は「寄せ木細工」であり、「二、三年の中に今のような政党はぶっ潰れる」として、国民に根を生やした政党になるために党の若返りが必要だと論じていた[＊2]。

　結党当時の自民党には、複雑な人間関係や政策路線の違いから、一一の派閥が存在していた。自民党の派閥が「党中党」ともいえる集団として確立していく要因の一つは、自民党が導入した総裁公選制度である。戦前の政党でも総裁公選制度は党則に規定されていたが、実際に投票が行われたことはほとんどなかった。占領期には「民主化」の風潮の中で総裁公選論や役職公選論が盛んとなり、日本民主党の党則に総裁公選制度が盛り込まれ、自民党にも受け継がれた。

　総裁選の選挙権を有したのは、衆参国会議員と都道府県支部連合会ごとに選出された二名の大会代議員である。第一回の総裁選は鳩山と緒方の争いとなる見込みだったが、直前に緒方が急死したため取りやめの議論もあった。しかし、最終的には鳩山一人が立候補し、党大会において無記名投票が行われ、鳩山が初代自民党総裁となった。

　総裁選が本格化したのは、鳩山引退後に行われた第二回の総裁選である。候補者となったのは岸信介(のぶすけ)、石橋湛山(たんざん)、石井光次郎(みつじろう)の三名である。この総裁選では、第一回投票で岸が勝利したものの過半数に達せず決選投票となり、石橋が逆転勝利した。この総裁選は熾烈(しれつ)を極め、党役職や大臣ポストなどの約束手形が大量に切られたほか、公職選挙法の適用外であったことから金銭を伴う対立陣営の切り崩しも盛んに行われた。

　総裁選は派閥の固定化につながり、旧自由党系の石井光次郎派・大野伴睦派・佐藤栄作(えいさく)派・池田勇人(はやと)派、旧民主党系の岸信介派・河野一郎派・石橋湛山派・三木武夫(たけお)／松村謙三(けんぞう)派の八派閥に整理され「八個師団」と呼称された。以降、自民党内では派閥領袖(りょうしゅう)を中心に総裁の座をめぐって、めまぐるしい合従連衡(がっしょうれんこう)と権力闘争とが繰り広げられた。

派閥が確立したもう一つの要因は中選挙区制である。一九四六年の衆議院議員総選挙で一時的に大選挙区制が採られたものの、以降は戦前と同様に中選挙区制での選挙が続いた。中選挙区制が同一選挙区の他党候補との競争以上に、自党候補との競争をもたらすことは第八章でも触れた通りだが、自民党議員もその点では同様であった。そこで個々の議員は派閥の支援を受けたのである。派閥領袖は自派閥を拡大するため独自に候補を支援し、選挙区では複数の自民党候補者がそれぞれ異なる派閥から支援を受けてしのぎを削るようになる。中選挙区制は派閥の成長を助けることになったのである。

こうした党内構造が党執行部の権限と党の凝集力を弱めることは、自民党の有力政治家たちも早い段階から気づいていた。そこで検討されたのが小選挙区制の導入である。小選挙区制にすることで、選挙は自民党と社会党の二大政党対立となり同士討ちが回避でき、公認権を握る党執行部の権限も強化できる。鳩山一郎内閣は小選挙区制への改正を狙ったが、党内主流派の権限強化につながるとして反主流派から消極論が出たほか、小選挙区制導入により鳩山内閣が多数派を形成して一気呵成に憲法改正を行うという危惧を抱いた社会党の反発もあり成功しなかった。

岸信介内閣（一九五七年二月～六〇年七月）・池田勇人内閣（一九六〇年七月～六四年一一月）・佐藤栄作内閣（一九六四年一一月～七二年七月）を経て、政府・党・議会の各種役職も派閥単位で配分されるようになるなど、派閥は人事面でも存在感を増していく。さらに党本部だけでなく各派閥にも多額の政治献金がなされるようになる。

派閥をめぐる問題はたびたび自民党内でも議論された。特に池田内閣期には三木武夫を会長とする組織調査会が設置され、一九六三年に池田へ答申がなされた。答申の大綱では派閥の解消、派閥均衡人事の禁止、政治資金の党一元化、個人後援会の献金受理額制限などが掲げられた。小委員会の答申では「わが党は議員中心、議員政党であり、したがって派閥政党の観を呈し、これから多くの弊害が派生する」として、「国民政党、組織政党への大転換」が必要だとしていた*3。各派閥は答申を受けて一旦解消されたが、すぐに復活して元の木阿弥となってしまった。

なお、政府が国会に提出予定の予算案・法案について自民党から事前に承認を得るという、自民党政権で定着した事前審査制という手続きも党の分権化を促進させた。自民党の政務調査会には、各省庁にほぼ対応する形で部会が設置されている。事前審査制の下で、提出予定の予算案・法案は自民党政務調査会担当部会でまず議論され、政務調査会審議会の審議を経て、総務会で決定されると党の正式決定となる。この決定を経た後に、予算案・法案は内閣で閣議決定される。

事前審査に類似する行為は戦前から行われていたが、党の正式な決定が閣議決定の前提となるという慣習が成立したのは自民党政権になってからのことである。こうしたボトムアップ式の意思決定過程の中で重要性を帯びるようになったのは、意思決定の起点となる政務調査会の部会であった。一九六〇年代後半から七〇年代にかけて、各部会では特定の政策分野における政策知識を身につけ、農協、経団連、商工会議所、医師会など各種の業界団体（利益団体）とも結びつき、影響力を誇示する「族議員」が台頭していく。自民党と業界団体と官庁の三者の間では、「鉄の三角形」と呼ばれる協力、あるいは癒着の関係が形成されることにもなった。

3. 戦後の後援会群像

先述の通り戦後の衆議院議員総選挙は中選挙区制で行われた。戸別訪問も引き続き禁じられたため、個々の政治家は戦前と同様に様々な形で有権者との接点を築いた。戦前から存在していた政治家の後援会は、戦後に入ると派閥の影響もありさらに普及し、ほとんどの政治家が後援会を有するようになる。

戦後の後援会でも、戦前と同様に会員の結束を固めるために多彩なイベントを開催したり、会員からの陳情を処理したりするなどといった、様々なサービスを提供している。ただし、戦後の後援会では、規模が大規模化し、組織もより精緻かつ高度に組織化されていった。自民党議員だけでなく、社会党や民社党の議員も後援会を設立することはあったが、本節では、特に自民党議員が設立した後援会の多様な事例を説明する。

まずは、戦前派議員の後援会を、第八章でも見た愛知県選出の加藤鐐五郎の事例から確認しておく。戦時期に要職にあった政治家の大半は、公職追放で占領期には逼塞を余儀なくされた。政治活動を封じられた加藤は、戦前からの陶磁器業界や医師会とのつながりを生かし、占領期にいくつかの事業を経営していた。加藤は事業経営を支えるため、旧知の企業経営者などをめぐり注文取りに勤しんだ。加藤は政友会に属していた芦田均が内閣総理大臣になった際、「芦田君は天下取り、余は注文取り」と自らの境遇を自嘲している。

しかし、占領期に多様な人脈を維持していたことは、加藤が政界に復帰する際に大いに役立った。加藤は政界復帰にあたり自由党へ属するとともに、後援会の「五月会」を再結成した。五月会は一九五二年には会員一万三〇〇〇人を擁するようになり、五四年には名古屋市内各区に組織を張り巡らせた。拡大の過程では陶磁器業界人や医師会員にも五月会への加入を促している。いわば両業界を両輪として、加藤は支持基盤を再生させていた。

五二年一〇月の選挙で政界に復帰した加藤は、地元名古屋の発展を旗印に、中京財界からの後押しを受けて大臣就任を目指した。加藤は中央政府の財政援助による地域の発展を望む中京財界と、要望を受け止めることで党勢拡張・政治資金獲得を図る吉田茂（しげる）首相・佐藤栄作幹事長ら自由党幹部を結びつけ、さらには愛知用水・名四国道・名古屋港・名古屋市営地下鉄といったインフラ整備に必要な補助金を中央から獲得してくるため奔走した。また、陶磁器業界や医師会の諸問題についても、加藤は業界のために奔走し、業界からの支援に報いていた。加藤は一九五四年に吉田茂内閣の国務大臣に就任し、五五年には自民党結党に参加し、五八年には衆議院議長にまで上り詰めた。

ただし、戦前から続いていた加藤の後援会を用いた政治活動は、加藤と支持者の高齢化、そして他候補の侵食もあり、徐々に停滞するようになる。加藤は五月会の会合にこまめに顔を出す一方、市会議員を五月会に入会させて系列化し、遺族会や環境衛生組合など戦後に設立された団体からも支持を得ることで地盤を再編成して、一九六三年の政界引退まで当選を続けた。

加藤のように戦前からの地盤を再生させた議員がいる一方で、戦後初めて政界に登場した政治家たちはいっそう強固な後援会を作り上げていった。

最初に確認するのは、中曽根康弘（なかそねやすひろ）（一九一八－二〇一九）の後援会である。中曽根は群馬県高崎市生まれで、東京帝国大学法学部卒業後に内務省に入った。海軍主計少佐を経て、一九四七年に群馬県第二区（高崎市ほか）から改進党公認候補として衆議院議員総選挙に立候補し、当選を果たした。その後、岸信介内閣の科学技術庁長官を皮切りに大臣や党の要職を歴任し、一九八二年には内閣総理大臣に就任した。

一九四六年、中曽根が官僚を辞して郷里に帰った際、政治的理想を同じくする青年らが結束し「青雲塾」を組織した。中曽根は青年の姿に胸を打たれるとともに、これが集票にも効果的であったことから恒常的な後援会組織にしたという。五六年には主婦のための「あやめ会」も作られた。その後、二〇年をかけて中曽根の後援会は、総連合会――郡市連合会――単位連合会（校区・大字）――連絡員といった系統だった組織となる。中曽根事務所には数人の秘書と事務員がおり、後援会の運営実務を担当した。中曽根の秘書は一九六八年頃、「もし、あした選挙だということになって、われわれが何も準備をしなかったとしても、まず六万五千票は出るでしょう」と語ったという*4。

　中曽根後援会でも選挙区内の市町村から寄せられる公共施設新設・補修のための予算獲得要望を関係省庁につないだり、選挙民個人からの陳情に対応するといった様々なサービスが提供された。選挙民個人からの依頼は、地域での催しへの参加、就職の斡旋、冠婚葬祭にまで及ぶ。また各種の講演会も開かれた。あやめ会では民謡踊りの講習、旅行会、あみもの教室、料理講座などが開かれていたという。有権者一人一人を捉えるためのサービスを提供する一方で、中曽根は毎年青雲塾の大会で演説したり、選挙区内を遊説したりするなどして、自身の政治理念の普及にも努めた。

　戦後に生まれた後援会の中で最も著名なのが、田中角栄（一九一八－九三）の後援会「越山会」であろう。新潟県刈羽郡二田村の貧農の家に生まれた田中は、一九三四年に一五歳で上京し、働きながら中央工学校で学び、一九三七年には共栄建築事務所を設立する。兵役を経て、四一年に設立した田中土木建築工業は全国五〇社に入るまでに発展した。四六年の総選挙に日本進歩党公認で立候補して落選したが、翌四七年の総選挙で新潟県第三区（長岡市・三条市・柏崎市ほか）から進歩党後身の民主党公認で立候補して当選を果たした。五七年に戦後最年少の三九歳で岸信介内閣の郵政大臣に就任した後は、党幹事長・政務調査会長、蔵相など歴任し、七二年には内閣総理大臣に就任した。

田中は一九五八年の総選挙以来、八六年の選挙まで、三〇年近くにわたり選挙区内でトップ当選を続けた。この原動力が越山会である。五三年頃、それまであった田中後援会が越山会を称するようになる。田中は新潟三区の中でも、刈羽郡・南魚沼郡などで多く得票していた。これらの地域の大半は都市周辺の農村、あるいは山間地区であり、豪雪に悩まされ、農民は出稼ぎを余儀なくされる上に、都市との所得格差も生じていた。太平洋沿岸地域との格差是正を訴えた田中は、長年にわたり雪に苦しみ、貧しさに耐えてきた人々の心をつかみ支持を広げていく。自民党で頭角を現した田中は、新潟三区に道路・橋梁・トンネル・土地改良などあらゆる公共土木事業を持ち込み、地域の姿を変えていく。

一九六〇年、田中が経営する越後交通秘書課に越山会の本部が置かれたことで、秘書課を頂点に各地区の越山会は組織化された。本部では市町村ごとの田中の得票率を表にして各地区の越山会に配布した。地区越山会を互いに競わせるためである。越山会にも青年部・婦人部が作られるが、注目すべきは六二年からいわゆる「越山会査定」が始まったことである。田中の在京秘書が地元に入り、陳情を受け付けて、「箇所付け」（公共事業費を地域の個別事業に具体的に割り付ける作業のこと）を差配したのである。越山会には多くの土木建築業者が集まり、地域にもたらされる公共事業により利益を得た。会員の冠婚葬祭に関する情報も本部に集約されて速やかに対応されたほか、会員が東京目白に住む田中を訪ねるとともに東京を観光する「目白もうで」も盛んに行われた。田中が就職の世話をした者の集まりである誠心会も組織され、累積で三〇〇〇人を超えた。越山会は三区全体に広がり、社会党系地方議員すら越山会に加入するようになり、一九八三年に会員数は九万五〇〇〇人となった。ロッキード事件により逮捕されて以降も、田中は越山会を背景にトップ当選を続けた。

越山会ほどの組織ではないにせよ、田中や中曽根のような領袖級の政治家以外も、支持者を後援会という形で組織化していた。

例えば二度の建設大臣や自民党幹事長・総務会長を務めた橋本登美三郎（一九〇一－九〇）は、一九四九年に茨城県第一区（水戸市ほか）から初当選した際に後援会「西湖会」を結成し、親類縁者、母校の同窓生、青年団などを中心に組織化を図った。西湖会は様々な講座を行う一方で、芸能人を呼び、学修と娯楽を交えたイベントを通じて会を拡大していく。橋本を支える地元秘書は、支援者から寄せられる地元での冠婚葬祭や陳情への対応など支持の拡大に努めた。建設大臣就任後は地元の治水・利水灌漑事業や、道路・橋梁・港湾といったインフラ整備に力を尽くし、町村長や地方議員も系列化した。一九六七年の時点で西湖会員は関連・系列団体も含めると二万人を超えた。

また、一九六七年の選挙で大分県第二区（別府市・杵築市ほか）から自民党公認で初当選した佐藤文生（一九一九－二〇〇〇）は、中曽根後援会を参考として、後援会である「風雪会」を作り上げた。風雪会でも様々なイベントが実施されたほか、就職・進学・結婚などの個人的な陳情がもたらされた。佐藤は朝から夜まで支持者との面会・紹介・宴会が続くありさまを「三カイの苦しみ」と称したという。

自民党の政治家は後援会を作り上げ、同じ選挙区の自民党候補としのぎを削った。こうした自民党員同士の競争は、地域に存在した多様な民意を掘り起こすことを可能にした。ただし、後援会の維持コストも増し、様々なニーズを満たすための公共事業費や補助金も増大していく。

なお、後援会が発達する中で、自民党ではいわゆる二世議員あるいは三世議員といった世襲議員も増加する。後援会側からすれば、組織を維持することで得られる利益が存在している以上、政治家の引退とともに会が解散するのは避けたい。後継者として異論が出にくいのは政治家の身内である。二世・三世側からすれば、既存の後援会を譲り受けることで新たな組織を立ち上げる労力や資金を節約できる。互いの利益は一致する。こうして自民党議員のうちで世襲議員が占める割合は、一九六九年に二三％、七六年には三二％にまで増加することになる。

4. 派閥政治の変容

佐藤栄作内閣の退陣後、一九七二年に田中角栄内閣が成立した。この頃になると派閥は三木武夫、佐藤派の大半を率いて独立した田中角栄、池田勇人没後の派閥継承争いを制した大平正芳(まさよし)、岸内閣退陣後に分裂した岸派の一派を率いた福田赳夫(たけお)、河野一郎没後に派から独立した中曽根康弘の五領袖が率いる「五大派閥」に再編された。

一九六〇年代後半からの革新自治体の急増、田中内閣成立直後の衆院選における共産党の台頭といった事態への危機感から、田中内閣では再び小選挙区制導入論が起きたが、野党側から反対論が起き、党内でも消極論があって頓挫した。七四年の参議院議員選挙で与野党の議席が伯仲した上、田中の金脈問題も露見したことから田中内閣は退陣に追い込まれた。

田中辞職後、党内では分裂含みの対立が生じたことから、話し合いの結果、池田内閣期に「党近代化」の方針をまとめ上げて「クリーン」な政治イメージを有していた三木が小派閥の領袖ながら総理・総裁となる。しかし、ロッキード事件への対応をめぐり、党内抗争は苛烈化した。三木内閣は、七六年の総選挙で結党以来初めて公認候補の当選者数が過半数を割り込む敗北を喫したため、退陣に追い込まれた。

三木退陣後に総理・総裁となった福田赳夫は、改革の一環として派閥の解消を唱え、すべての派閥が表面的には解消された。また、七七年には総裁予備選挙制度を導入した。一般党員が総裁選に加われば、派閥やカネの力を削ぐことが可能と考えられたためである。制度の導入により、二年継続して党費を納める党員と、自民党の外郭団体「自由社会を守る国民会議」に加盟する党友が総裁予備選挙に参加できることになった。予備選挙導入前の七六年度時点で自民党党員は四〇万人程度であったが、導入後の七八年二月時点では一五〇万人に急増した。予備選挙を前に各派閥が復活して党員・党友票を集めるため狂奔したためである。当初の思惑は完全に外れ、派閥の影響はさらに増していく。七八年の予備選挙では現職総理・総裁である福田が、田中派の支援を受けた大平正芳に敗れる波乱が起きた。

派閥と後援会を党組織近代化の阻害要因とみなす自民党政治家も少なくない中、両者に効用を見出し、その存在を肯定的に評価する政治家もいた。その一人が大平である。大平は総裁予備選挙で表明した政見の中で「自由民主党の活力の源泉は、党内に自由で多様な見解がつねに活き活きと息づいており、それが無数のパイプを通して日本社会のあらゆる階層、職能、地域と結びついていることである」と述べていた。また、総裁就任後には「われわれの党は、非常に幅広く、つかみどころがないような政党に見えるからこそ、多くの支持者を集めることができ、長期にわたって政権を担当できたと考えるのである」とも述べていた[*5]。

なお、一九七三年には自民党中央から各都道府県連に各級議員後援会連絡協議会を結成するよう指示が出されていた。後援会の存在が再評価され、党組織の中に積極的に組み入れられることになったのである。結党直後に目指された組織のあり方とは異なる形で組織作りが進められていたといえよう。また、総裁予備選挙の導入もあり、自民党員・党友は七九年度には三〇〇万人を超えるようになる。

先の総裁選の経緯もあり、自民党では七九年末からいわゆる「四十日抗争」と呼ばれる党内を二分する抗争が起きた。大平は派閥抗争の末に実施された八〇年の衆参同日選挙の最中に急死した。大平の死により同日選挙は「弔い合戦」の様相を帯び、自民党が勝利した。

苛烈な党内抗争も大平の死と前後して収束し、その後任には各派の話し合いで大平派の鈴木善幸(ぜんこう)が就いた。激しい争いは、党にとっても不利益だという認識が広まったのである。以降の自民党では「非主流派はあっても反主流派はいない」といわれるような「総主流派体制」が続くことになる。

こうした中で、鈴木内閣期には総裁予備選挙の廃止も検討されたが、八二年には再び総裁予備選挙が実施され、田中派・鈴木派の支援を受けた中曽根康弘が勝利した。予備選挙で各候補が全国を遊説する中、手応えを感じた中曽根は「公選は明らかに全国民的関心を呼び起こし、政治と国民を結ぶ結果となっている」と日記に記している[*6]。総裁選のエネルギーは政治を活性化させたともいえよう。中曽根は五年にわたる長期政権を担うことになり、八六年の衆参同日選挙では圧勝を収めた。

さて、大平内閣から中曽根内閣の前半期にかけて自民党内で影響力を誇示していた最大派閥は田中派であった。ロッキード事件の裁判を抱えて七六年には自民党を離党していた田中角栄は、自派閥を拡大することに執心し、衆参あわせて一〇〇名を超える派閥を形成した。数の力を背景に、党外人である田中が自民党の「キングメーカー」となる奇怪な状況が生まれた。

その田中は一九八〇年に自派について、次のように批評した*7。

> 多彩な専門家が寄っている。総合病院だよ。診てもらいたい医者、少しぐらいわがままの言える看護婦がいる所へ、人が集まるのは自然でしょ。僕らの集団は「時間が来たから（医者が）帰る」ということはしないし、相手が頼めばちゃんとやってやるだけの温かみがある。（田中派は）リスクの大きい職業の中で必然的にできた互助会制度なんだ。

有力な族議員を抱え込んだ田中派では、自分で処理できない陳情を持ち込まれた個々の政治家が、派の族議員に依頼して処理するシステムが出来上がっていた。こうしたシステムを、田中は「総合病院」に比喩したのである。他の派閥も田中派に負けじと自派の「総合病院」化に努めていくことになる。

一九八〇年代にかけて、派閥は政治家の世代交代もあり再編成された。このときに派閥の性格も「総合病院」化と並行して変化していく。

第一は、派閥領袖の位置づけである。そもそも派閥は、領袖となる政治家が総理・総裁を目指すための道具であった。しかし、派閥が多様な機能を有するようになると、そこには一種の既得権益が生まれるようになり、組織を維持するための様々な方策がとられるようになる。七〇年代、「八個師団」から「五大派閥」へ再編される過程では、派閥領袖の交代は権力闘争を伴っていた。しかし、八〇年代の再編成過程では、田中派→竹下登（のぼる）派の継承を除いて平和裡に派閥が継承された。これも、派閥が分裂した場合の不利益を想定してのものである。「領袖がいるから派閥がある」のではなく「派閥があるからリーダーがいる」という、主客転倒した状況が生まれたのである。

第二に、派閥に所属する議員が増えたことから、その機構整備が進んだ。各派閥には、派閥内の会合の世話や他派との折衝役、あるいは若手議員の相談役として事務総長という職が置かれた。八七年一二月以降からは各派閥事務総長が毎月会合をするようになった。田中派では八五年に田中が脳梗塞で入院すると、派閥の意思決定機関として常任幹事会を設置し、集団指導体制へと移行したほか、総務局、政策局、事務局が置かれた。これと類似の組織は他派でも作られた。派閥に属する政治家を管理しやすくするため、議員は当選回数・年次別に組織化された。こうなると、派閥の入退会の取り扱いも厳格になっていく。

さて、一九八七年、田中派の大半が竹下登をリーダーとする新派閥である経世会に参加した。経世会の会則では、派閥会長は会の総意によって選出されると規定された。総理・総裁を目指す政治家がオーナーとして振る舞う派閥からの変化を明瞭に示していよう。領袖の「個人商店」だった派閥が、高度に組織化されて「株式会社」化・「総合病院」化していったのが八〇年代の派閥再編成であった。

5. 自民党政治の限界

自民党有力政治家は派閥の領袖となり自派拡大に努め、総裁の座を争った。また、中選挙区制下の自民党政治家は、同じ選挙区の自党政治家より優位に立つため、個人後援会を軸にきめ細かく民意に対応し、有権者にサービスを提供しながら支持拡大に努めていた。結党当初は党組織化の阻害要因とみなされた派閥と後援会の持つ活力は、多種多様な民意の吸い上げにつながり、結果として自民党政権の長期化に寄与したといえよう。また、派閥領袖が代わる代わる政権に就くことは、一種の「疑似政権交代」的機能も果たし、国民の飽きを解消した。

しかし、多額の金銭を要する後援会のあり様や、公共事業の誘致合戦や業界団体との密接なつながりは、「金権政治」「利益誘導政治」といった批判を免れなかった。また、財政赤字が拡大する中で、吸い上げられる民意すべてを満たす予算措置は不可能となっていく。

さらに言えば、派閥領袖による政権交代は政党間による政権交代ではなく、あくまで疑似に過ぎない。そして、派閥が既得権益集団となると「疑似政権交代」すら起きなくなっていく。一九八七年、中曽根の後任として竹下登が総理・総裁となるが、これは中曽根の裁定によるものだった。竹下内閣は巧みな調整力により消費税導入を成し遂げたが、リクルート事件で短命に終わった。その後は派閥領袖ではない宇野宗佑（そうすけ）・海部俊樹（かいふとしき）が、竹下派の支援の下、総裁公選を経ないで総裁に就任した。

「総主流派体制」、あるいは「竹下派支配」ともいわれる政治状況で、派閥が有していた競争の側面や派閥間の相互監視による政治的緊張が失われていった。そして、冷戦の終結という国際環境の変化の中で、自民党政治の限界も露呈していくことになる。

演習問題

1. 派閥の歴史的変遷を総裁選のあり方と関連づけながらまとめてみよう。
2. あなたの暮らしている地域から選出されている政治家が、どのような支持基盤に立脚しているかをインターネットなどを用いて調べてみよう。
3. 自民党が他党に比して優位を保った理由を考えてみよう。

《本文脚注》

＊1　自由民主党編刊『自由民主党党史　資料編』（一九八七年）九七〜九九頁。
＊2　三木会編刊『三木武吉伝』（一九五八年）四五一〜四五二頁。
＊3　前掲『自由民主党党史　資料編』四七八〜四八九頁。
＊4　N・B・セイヤー『自民党』（小林克巳訳、雪華社、一九六八年）七八頁。
＊5　大平正芳『大平正芳全著作集』五（講談社、二〇一一年）一七二〜一七三頁、四三二〜四三三頁。
＊6　中曽根康弘『天地有情』（文藝春秋、一九九六年）三八三頁。
＊7　『日本経済新聞』一九八二年一月一五日。

参考文献

渡辺恒雄『派閥――保守党の解剖』（弘文堂、二〇一四年。初出は一九五八年）

升味準之輔（ますみじゅんのすけ）『現代日本の政治体制』（岩波書店、一九六九年）

ジェラルド・カーチス『代議士の誕生――日本保守党の選挙運動』（山岡清二訳、サイマル出版会、一九七一年）

升味準之輔『戦後政治　一九四五－五五年』上・下（東京大学出版会、一九八三年）

升味準之輔『現代政治　一九五五年以後』上・下（東京大学出版会、一九八五年）

佐藤誠三郎・松崎哲久『自民党政権』（中央公論社、一九八六年）

高畠通敏『地方の王国』（岩波書店、一九九七年。底本は一九八六年）

井芹浩文（いせりひろふみ）『派閥再編成――自民党政治の表と裏』（中公新書、一九八八年）

山田真裕「自民党代議士の集票システム――橋本登美三郎後援会、額賀福志郎後援会の事例研究」（筑波大学大学院博士課程社会科学研究科博士学位論文、一九九三年）

蒲島郁夫・山田真裕「後援会と日本の政治」（『年報政治学』四五、一九九四年）

北岡伸一『自民党――政権党の三八年』（中公文庫、二〇〇八年。初出は一九九五年）

季武嘉也『選挙違反の歴史――ウラからみた日本の一〇〇年』（吉川弘文館、二〇〇七年）

小宮京（ひとし）『自由民主党の誕生――総裁公選と組織政党論』（木鐸社、二〇一〇年）

季武嘉也・武田知己編『日本政党史』（吉川弘文館、二〇一一年）

中北浩爾（なかきたこうじ）『自民党政治の変容』（ＮＨＫ出版、二〇一四年）

服部龍二『中曽根康弘――「大統領的首相」の軌跡』（中公新書、二〇一五年）

待鳥聡史『政党システムと政党組織』（東京大学出版会、二〇一五年）

服部龍二『田中角栄――昭和の光と闇』（講談社現代新書、二〇一六年）

笹部真理子『「自民党型政治」の形成・確立・展開――分権的組織と県連の多様性』（木鐸社、二〇一七年）

手塚雄太『近現代日本における政党支持基盤の形成と変容――「憲政常道」から「五十五年体制」へ』（ミネルヴァ書房、二〇一七年）

14 革新自治体と自民党の変容

松本　洋幸

《**学習のポイント**》 高度経済成長は過疎・過密問題や様々な都市問題を生むと同時に、都市部に支持政党なしの多くの無党派層を生んだ。一九六〇年代半ばから一九七〇年代半ばにかけて、大都市部を中心に数多く誕生した革新自治体は、社会福祉の充実や環境問題に積極的に取り組み、市民参加型の新しい政治スタイルを生み出した。この兆候は国政にも影響を及ぼし、自民党は都市政策や党組織改革に積極的に取り組み、一九八〇年代以降の保守回帰へとつながった。

《**キーワード**》 革新自治体、シビル・ミニマム、無党派層、「国民政党」、新自由主義

1．高度経済成長のひずみと多党化現象

一九五五（昭和三〇）年から一九七三年まで続く高度経済成長は、日本社会を根底から変化させた。第一次産業人口は急減し、膨大な人口が農村から都市へと流入し、都市部の人口は、一九五五年に約五〇〇〇万人（五六％）、一九六〇年に約六〇〇〇万人、一九七〇年には約七五〇〇万人（七二％）を超えた。東京・大阪・名古屋の大都市圏への人口流入が目立ち、中でも東京・神奈川・埼玉・千葉の一都三県の人口は一九五五～七五年の二〇年間に一五四二万人から二七〇四万人へと増加し、国内総人口の約四分の一を占めるに至った。特に一九六〇年代前半の増加率は急激なもの

があった。

しかし一九六〇年代半ば以降、高度経済成長の負の側面がしだいに顕著になってきた。すなわち都市部への過剰な人口と産業の集中は、都市インフラの機能不全を招き、また産業公害の弊害が明らかになってきた。急激な人口増加に対して、交通機関・上下水道・住宅・教育施設など生活基盤の整備の遅れが目立っていた。また太平洋ベルト地帯を中心に、大気汚染や水質汚濁、地盤沈下などの被害が顕在化した。経済成長の追求から、深刻化する都市問題への対処が、政府や政党の主要な課題となっていったのである。

高度経済成長期の都市化は別の側面をもたらした。自民党幹部の石田博英（ひろひで）は「保守政党のビジョン」（一九六三年）の中で、高度経済成長に伴って農村部を主体とする保守政党の基盤が掘り崩され、労働組合を主たる支持基盤とする社会党の台頭を予測し、それへの対応策を急ぐ必要性を説いていた。しかし実際の国政選挙の結果を見てみると、自民党・社会党ともに得票率を低下させており、都市で生まれた大量の有権者は従来の保守・革新の陣営に包摂される存在ではなかった。後に石田は、この現象を都市における無党派層の誕生と捉えた。

その一方で、多党化と呼ばれる現象も同時に進行していた。すなわち一九六〇年に西尾末広（すえひろ）ら右派の一部が社会党を離党して民主社会党（民社党）を結成したほか、一九六四年には創価学会を支持母体とする公明党が誕生し、地方議会でも存在感を示していた。一九五〇年代に低迷が続いていた日本共産党も、都市部を中心に支持層を固め、徐々に党勢を回復しつつあった。この傾向は特に大都市部で顕著に現れており、自民党・社会党の得票率の減少と対照的に、公明党・共産党がしだいに勢力を伸長させつつあった。

こうした状況の下に、一九六〇年代後半から七〇年代半ばにかけて、大都市圏を中心に革新自治体が誕生する。

2. 革新自治体

革新自治体とは、社会党・共産党といった革新政党の支援を受けた首長を擁する自治体のことを指す。革新系勢力が連合して候補者の首長を当選させるケースは、一九四〇年代後半においては民主人民戦線、一九五〇年代後半には安保闘争や平和運動などを背景として、全国的に一定数を占めていた。しかし、一九六〇年代後半以降に誕生する革新自治体の多くは、政府・自民党・大企業が主導する開発主義を鋭く批判し、都市問題や公害問題の解決と、住民参加の政治を唱える、いわゆる「自治体版福祉国家」を目指していた[*1]。

革新自治体が一躍脚光を浴びるようになったのは、一九六七（昭和四二）年の地方選挙からである。その四年前の一九六三年の地方選では、飛鳥田一雄（横浜市長）、中馬馨（大阪市長）、吉田法晴（北九州市長）など、社会党・共産党の推薦候補が当選していた。ただし勝因は、対立する保守陣営の分裂あるいは準備不足によるもので、全国的には革新首長は減少傾向にあった。一九六七年地方選における美濃部亮吉（東京都知事）の当選を契機として、革新自治体が「点」から「面」へと広がっていったのである。

革新系候補が継続的に勝利をおさめた背景として、従来とは異なる選挙戦のスタイルをとったことが挙げられる。美濃部の場合、最初の選挙（一九六七年）では、文化人などが中心となった「明るい革新都政をつくる会」が先頭にたち、一般の支持者や各種団体からカンパを募るなど、政党色を薄めた選挙戦を展開した。この時、美濃部は社会党・共産党の基礎票に加え、自民党・民社党の一部、さらには多くの無党派層から支持を集めて当選を果たした。また再選の際（一九七一年）には、「中央直結」を唱える自民党候補に対して、「広場と青空」をスローガンに打ち出し、無党派層や女性有権者へ直接訴えかけるイメージ戦略をとった。

以下、『資料・革新自治体』などをもとに、革新自治体が取り組んだ特徴的な施策について見ていく。

まず挙げられるのは、政策決定過程における市民参加と行政機構の改革である。革新自治体の先駆けともいうべき飛鳥田一雄は、市民の声を直接くみ上げる直接民主主義の手法を重視し、横浜市役所の一階に幹部職員が交代で詰める市民相談室を設け、一万人市民集会や区民集会、市政モニター制度や市長への手紙などの新しい試みを行った。美濃部都知事も市民との対話を重視し、一二年間で一九六回もの対話集会を開催した。

その一方で、後述する様々な都市計画・福祉政策に必要な専門知識をストックするために、都市政策や都市計画の専門家をブレーンとした。特に都政調査会に集った松下圭一、小森武、鳴海正泰（なるみまさやす）らは、東京・横浜の政策立案に深くかかわった。また行政機構にもメスを入れ、首脳部会議や首長直属の企画調整部門を設けて司令塔とし、役所の縦割り行政の克服を目指した。さらに行政の透明性を高めるために、明快なスローガンやグラビアを多用して広報宣伝に力を入れたほか、情報公開条例の制定や公文書館の設置（神奈川県・藤沢市等）なども行われた。

最も力を入れたのは福祉政策である。育児相談や幼児の予防接種無料化（横浜市）、準教科書無償配布（小松市）、無認可保育所への助成（東京都）、老人医療費助成制度（東京都）、老人アパート（中野区）、福祉バス（七尾市）など、特に子どもと高齢者に対する手厚い保護施策が各自治体で行われた。このほか障害者施設の拡充なども図られた。

整備の遅れが指摘されていた都市基盤の拡充も重要な政策課題であった。ただし、その目的は、それまでの産業基盤整備から生活環境整備へと大きく変化した。こうした中で生まれたのが、シビル・ミニマムという考え方である。これは、市民生活を送る上で不可欠な各種生活基盤や社会保障制度などの目標値を一〇〇％として、現状の充足率、当面の達成目標などを数値化して、その実現を図ろうとするものである。それまで多くの都市では人口・産業の積極的な誘致を前提に目標値を設定していたが、革新自治体ではそれらを抑制して住みよい街づくりを目指す方向へとシフトチェンジが図られた。

このため、民間企業の行き過ぎた開発行為には一定の制限が課された。横浜市では、大規模宅地開発業者に対して、学校・公園・清掃工場などの用地を負担させる宅地開発要綱を制定し、以後、この手法は全国的に広まっていった。公害問題については、国よりもさらに厳しい規制基準を示した公害防止協定の締結（横浜市）、公害防止条例（東京都）や環境アセスメント条例の制定（川崎市）、航空機騒音問題への対応（豊中市）、光化学スモッグ被害者救済（枚方市）などに取り組んだ。また緑地保存や景観保全などを重視した街づくりも重要な柱で、百万本植樹運動・市街地景観条例（京都市）、緑の憲章（武蔵野市）、杜の都の環境をつくる条例（仙台市）などが制定された。

このほか、支持基盤である革新勢力の政治的立場を反映して、平和・護憲などの理念を重視し、自民党政権や米軍と対峙（たいじ）する場面もあった。ベトナム反戦運動への参加、米軍接収地の解除を求める運動、自衛隊や米軍の道路使用不許可の措置（東京・横浜）、原子力船寄港反対、朝鮮大学校の認可などが挙げられる。また、政府の「対米従属外交」へのアンチテーゼとして、アジアの途上国や社会主義圏の各都市との様々な交流事業を積極的に推進する自治体も現れた。横浜市の上海友好都市の提携やアジア卓球選手権大会の開催などは、その顕著な例である[*2]。

3．保守市政から革新市政へ——神奈川県藤沢市を中心に

ここでは、神奈川県藤沢市を事例に、保守市政から革新市政への転換を具体的に見ていくことにしたい[*3]。

東京から約五〇キロ南西に位置する藤沢市は、人口約四〇万人で、県内第四の都市である（二〇二〇年現在）。時宗総本山の遊行寺（ゆぎょうじ）を擁し、東海道六番目の宿として栄えたが、一九二〇年代に入り東海道線の電化や小田急江ノ島線の開通などで、東京・横浜とのアクセスが便利になり、大都市の別荘地・行楽地としての性格を強めていった。市制施行は一九四〇（昭和一五）年である。

第二次世界大戦後は、一九五二年から二〇年にわたり保守系の金子小一郎（こいちろう）が市長を務めていた。金子家は市内中部の名望家で、小一郎は東京農業大学を卒業後、市議となり、一九四二～四六年に市長を務めるなど、地元の名士であった。金子は、再選を果たした一九五六年に『藤沢総合都市計画』を発表した。その内容は、住宅・観光・生産など均衡のとれた首都圏の衛星都市建設を目指すというものであった。その後、一九六〇年に市域北部にいすゞ自動車や中部に荏原製作所を誘致するなど、工業化と宅地開発に力を入れ、一九六一年には首都圏整備法の市街地開発区域指定を受けることに成功した。

この結果、藤沢市の人口は一二・四万人（一九六〇年）から一七・五万人（一九六五年）に急増し

た。流入人口の多くは京浜地帯への通勤者が占めており、独立型の「衛星都市」ではなく「ベッドタウン」としての性格を強めつつあった。市議会には、通勤困難の解消、団地周辺の道路・下水・ガスなどの整備、教育施設の拡充などを求める陳情が相次いで寄せられた。また都市計画事業が、環境・景観保持を唱える住民運動の反対に遭って中止・凍結となるケースも散見された。

一九六八年の市長選では、金子は国・県とのパイプと一六年間の実績をアピールしたが、対立候補の葉山峻（しゅん）（社会党・民社党推薦）は住民本位の市政を掲げ、「自然、福祉を守り、住宅、文教都市として発展させる」と、これを批判した。金子は五選を果たしたが、その差はわずか一五〇〇票の辛勝であった。この時、共産党も独自候補を立てており、葉山の票とあわせれば金子を上回る計算となり、金子市政への批判の高まりを反映するものであった。市長選の翌年、金子は総合都市計画を大幅に見直し、『藤沢市総合計画書』を発表した。そこでは、都市づくりの目標を「自然と生活環境に恵まれ、産業と文化の調和ある住みよい都市」に置き、社会福祉や文教政策、公害対策、交通安全対策なども盛り込まれていた**〈表14−1**：二四九頁参照**〉**。ただし、これらの施策は具体性を欠き、住民への浸透度もいまひとつであった。

一九七二年の市長選で、金子市長は引退し、保守系は加藤慶徳を擁立したが、革新系の葉山峻に一万票以上を超える大差で大敗した。葉山は社会党と共産党の推薦を受けたが、革新系無所属候補という立場で、労働組合、文化人団体、婦人団体、市民団体などで組織された市民連合が、選挙運動の中心を担った。葉山の家は市内鵠沼（くげぬま）の裕福な家で、父は戦前から左翼運動に傾倒したが、峻も早稲田大学在学中に砂川闘争に参加するなど、社会運動の経験を有していた。一九五九年に二五歳で市議に当選（社会党）して以降は、環境保全・公害反対運動に参加するなど、労働組合や市域南部を中心に厚い支持層をつかんでいた。

弱冠三八歳で市長に就任した葉山は、最初の市議会における施政方針演説で、市政の基本方針を「住民本位の市政」に置き、「自然の保護と人間性の回復」を基調とした五項目を当面の目標に掲げた。これらは翌一九七三年の『人間のまちを目指して』でさらに具体化された。シビル・ミニマムの達成に重点を置き、一九七三年から七五年の実施計画をまとめたものである。先述の『藤沢市総合計画書』と比較した場合、都市基盤整備費用が割合を大きく減らす一方、市民生活の安全や福祉部門の充実を目指していることが分かる**〈表14－1〉**。緑化運動の強力な推進や公害対策の強化、乳児医療費無料化や老人医療費助成、心身障害者支援施設の建設などの新たな福祉政策、交通安全施設の充実、水洗化普及事業などの市民生活に直結する項目が目立っている。

その一方で両者に共通する項目も多い。ここには示されていないが、大型公共工事として進行していた西部開発計画や藤沢駅北口再開発計画などは、葉山時代に継承されていく。葉山市政下で『藤沢市総合計画書』の見直しなどに当たっていた幹部職員は、次のように市政の転換を見ていた。

金子さんは基盤づくりに精を出されましたが、その上に立って葉山さんはさらにその上に人間を乗っけてみたらどうよ。簡単にはそういう話だね……葉山さんじゃなくてもそういう時代がきたと思うんですよ……今までつくってきた物をもう一回反省しながら新しい時代の挑戦をする。それは市民の文化をつくることだった。というのが葉山市長の発想だったと思う。そこで出てくるのが市民参加の街づくりだったと思います（『都市化と市民の現代史』二九〇頁）

金子市政との最も大きな違いは人口抑制策にあった。葉山は『藤沢市総合計画書』で示された

表14−1 『藤沢市総合計画書』と『人間のまちを目指して』の施策体系

『藤沢市総合計画書』(1969) 計画年次：1969〜75年

施策の方向性	主な事業	事業費（千円）	比率（%）
社会福祉の充実	精神薄弱児通園施設 老人ホーム 保育所 母子寮 児童青少年総合センター 勤労会館 市営住宅	2,376,100	3.3
保健衛生の向上	ごみ焼却場 ごみ埋め立て地 ごみ収集車 公衆便所 火葬場 市民病院 高等看護学校	3,583,000	5.0
産業の振興	農業構造改善 漁業資源開発 卸売団地 中央卸売市場 中小企業団地	2,079,000	2.9
市民安全の維持	消防出張所 消防署 消防訓練所 消防機動力整備 職員住宅	263,800	0.4
教育文化の向上	小中学校建設・整備 特別学級 屋内体育館 プール 養護学校 青年の家 婦人会館 中央公民館 資料館 武道館 弓道場 海洋訓練センター 教育研究センター	11,781,400	16.3
計画的都市づくり	公園建設 下水道 河川 区画整理 街路	51,252,990	71.1
行財政運営の改善	行政センター 職員会館 職員研修会館 庁舎建設	780,500	1.1
合 計		72,116,790	100.1

『人間のまちを目指して』(1973) 計画年次：1973〜75年

施策の方向性	主な事業	事業費（千円）	比率（%）
人間をたいせつにするまちづくりのために	公園新設・川べり遊歩道新設、緑の広場設置、乳児医療費無料化、公害分析機器・公害防止資金の貸付、公害防止条例制定、交通安全設備の充実、清掃、消防、防犯灯の設置・助成	352,500	15.6
ささえあう市民福祉のために	生活福祉資金の貸付、心身障害者総合福祉センターの建設、70歳以上の老人医療費の助成、ねたきり老人入浴サービス、保育所建設、勤労福祉会館建設調査、市営住宅建設、消費生活相談開設	205,050	9.1
都市機能を高めるために	市道（生活道路）舗装事業、都市計画道路事業、下水道、水洗化普及事業、土地区画整理事業（藤沢駅南北・北部第一第二など）	1,134,200	50.3
教育・文化・スポーツの振興のために	幼稚園就園奨励費補助、学校新増設、屋内運動場・プールの完備・開放、市民教養活動の充実、湘南台総合文化センターの建設調査、長後地区青少年ホール建設	429,150	19.0
豊かな暮らしをつくるために	農水産業の保護・近代化のための助成、中小企業貸付金・近代化資金、中小工業団地造成、市内観光基本計画策定、市民休暇村建設、卸売団地の建設	82,230	3.6
市民サービス向上のために	市民センター建設（建設1 設計2）、広報ふじさわの充実、行政情報システム推進	51,500	2.3
合 計		2,254,630	99.9

一九七五年時の人口三〇・五万人を二八・五万人に引き下げるべく、様々な政策を打ち出した。その一つが「開発行為等に関する指導要綱」である。これは、一〇〇〇平方メートルを超える開発行為、および三階以上の建築物で、かつ一八戸以上または五階以上の中高層建築物の事業者に対して厳しい規制を行うとともに、学校用地や公園用地などの負担を求めるもので、この規制によって人口増加率は年間二・五％程度減少すると見込まれていた。また「農業緑地保全要綱」などを制定し、農業緑地と都市の空閑地を保全して、無秩序な宅地化を抑制する方針を強く打ち出した。さらに約四〇〇ヘクタールに及ぶ宅地開発計画である西部開発事業についても大幅な見直しを行い、収容人口の規模縮小を行い、後に「湘南ライフタウン」と命名する。

人口抑制と並んで、葉山市政期のもう一つの柱は、市民参加の市政である。それが最も顕著な形で現れたのは、新たな総合計画の策定過程においてであった。市長就任後の二～三年間は市内各地で市長対話集会を開催し、道路・下水など日常的な要求を聴取する。それらをもとに、学識経験者や職業別・地域別代表が参加した研究会で、当面実施すべき施策項目などを検討する。この研究会の議論を踏まえて、一九七四年から市民シンポジウムを一年半に七回開催する一方、地区別の市民集会で細やかなニーズを集約し、並行して職員向けのセミナーを部局横断的に開催した。こうした下準備を整えた上で、一九七七年九月に審議会を発足させ、総合計画の基本構想を練った。メンバーには過半数の市民代表が参加したほか、田村明や清水嘉治(よしはる)ら横浜市・神奈川県の革新自治体のブレーンも加わった。ここで得られた基本構想が市議会で議決されると、『広報ふじさわ特集号』で細かな施策別の基本方針が示され、今度は課題別市民討論集会と地区別市民集会が開催された。集会には一二三三人の市民が参加し、約五六〇〇に及ぶ意見・提案が寄せられた。こうして『藤沢新総合計画』が一九七九年四月に完成したのである。

このように総合計画策定において、市民参加のルートが幾重にも重層的に確保されており、葉山は時代状況に合わせながら、こうした手法を微調整していった。この点は他の革新自治体に比べて最も徹底しており、横浜市や東京都の先行事例を参考にしていると思われる。葉山は、こうした活動を通して、市民の自律性・能動性・公共性を引き出し、新たな都市文化の創造を構想していた。それは、総合市民図書館の建設や市民オペラの開設へとつながっていく。

葉山市政は、二度のオイルショックや、バブル景気とその崩壊など、経済の激変期にありながらも二四年間に及ぶ長期政権となった。その基盤を支えた要因の一つには、こうした市民とのたえざる対話を通して、多様な住民要求を吸収すると同時に、それらを適正にコントロールできた点にあったといえよう。

4．自民党の都市政策大綱と新自由主義

一九七一年の地方選では、特に大都市圏を中心に革新自治体の数はさらに増加し、「革新メガロポリス」「地方の時代」などと呼ばれた。また飛鳥田横浜市長の呼びかけで、全国革新市長会が発足し、一九七〇（昭和四五）年には「革新都市づくり綱領」が発表された。

革新自治体の叢生（そうせい）を前にして、一九六八年には各政党も相次いで都市政策を具体化させた。自民党が「都市政策大綱」をまとめ、社会党では構造改革派を中心に都市問題特別委員会が「都市再建綱領づくりのための討議資料」を発表し、さらに公明党の「大衆福祉のための都市開発」、民社党の「都市政策」、共産党の「都市問題解決の二つの道」と続いた。しかし野党の都市政策は自民党

に刺激を受けた急ごしらえの感が強く、具体性を欠いていた*4。

自民党の「都市政策大綱」は、一九六七年に田中角栄を座長に据えて発足した都市政策調査会において策定されたものである。過疎過密問題や公害問題などの高度経済成長の弊害を克服すべく、各省幹部や各界の有識者を招き、約一四か月間の討議が行われた。その基本的スタンスは、日本列島そのものを都市政策の対象として捉え、大都市改造と地方開発、さらに両者をつなぐ交通網の建設を進めることで、国土の均衡ある発展を目指すというものであった。ここで重要な点は、不動産業者からの要望を入れて、民間ディベロッパーに対して資金・税制両面で優遇措置を与えることで、都市再開発事業の新たな主体として積極的に位置づけた点である*5。一九六九年には上記の趣旨を踏まえた都市再開発法が制定された。ただし、この時点では自民党も民間ディベロッパーも土地利用の公共性を理解し、地価高騰には抑制的であった。「都市政策大綱」は、日本列島改造論へと引き継がれるが、やがて土地騰貴とオイルショックにより大規模な地方開発は挫折を余儀なくされる。

一方の革新自治体も大きな節目を迎えつつあった。革新自治体ブームは一九七〇年代前半にピークを迎えるが、しだいにその限界が露になってきた。一九七四年の京都府知事選、一九七五年の東京都知事選では、蜷川虎三・美濃部亮吉がそれぞれ当選を果たしたが、社共両党の対立が影響して得票を大幅に減らした。一九七五年の府県知事選、さらに一九七九年の地方選挙で革新首長は大きく数を減らすことになった。かわって、行政能力と中央とのパイプをアピールする自治官僚たちが、自民党・公明党・民社党の相乗り選挙で当選を果たすようになった。

進藤兵氏は、革新自治体衰退の要因として、①自民党が革新自治体に対するネガティブキャンペーン（「ばらまき福祉による財政危機」）を行う一方、民社党・公明党との選挙協力を深めたこと、

②オイルショック後の経済成長の停滞に伴い、自治体収入が縮減する中、「自治体版福祉国家」を目指した革新自治体が深刻な財政問題に直面したこと、③高度経済成長の終焉（しゅうえん）により、民間では労働運動がいっそう停滞して労使協調主義が強まり、民間労組と官公労組との間に乖離（かいり）・対立が生じたこと、④農村自治体との連帯が成立せず、革新自治体が孤立したこと、⑤経済不況が慢性化する中、財政困難を克服するための自前の政策提案能力が弱かったこと、⑥革新勢力内部の対立問題（社共の対立、社会党内部の対立、執行部と労組の対立、市民連合と政党との対立など）、などを挙げている[*6]。加えて市民の市政参加により、多様な市民ニーズが持ち込まれた結果、その調整に苦慮することも少なくなかった。東京都のゴミ焼却施設をめぐる江東区と世田谷区との対立、横浜市における新貨物線反対運動などがよく知られている。

一九七〇年代後半の自民党内の激しい派閥対立、総選挙における保革伯仲を経て、一九八〇年代に入ると保守回帰の傾向が強まる。この背景には、自民党が都市の無党派層への働きかけを強めたことがあった。一九七〇年代に入ってからの自民党は、先に見たように都市政策を活性化させつつ、公害対策の強化、高齢者の医療費無料化、児童手当制度の創設など、革新自治体の施策を取り込んでいった。さらに一九七七年に全党員が参加できる総裁予備選挙の導入をはじめとする党改革が行われた。こうした政策面・党組織の改革は、高度経済成長下で誕生した、階層を問わない中流意識を持つ無党派層＝新中間大衆（村上泰亮（やすすけ））の取り込みを強く意識したものであった。従来から農村部に強く都市部に弱いといわれてきた自民党は「開かれた国民政党」を自称するようになった[*7]。

革新自治体の退潮にかわって、登場するのが新自由主義である。この思想は、イギリスのサッチャー政権やアメリカのレーガン政権に代表されるように、「小さな政府」と「自由競争」の立場に立って、オイルショック後の経済不況を克服できない福祉国家体制の修正を迫るものであった。革新自治体の財政膨張などに厳しい批判が浴びせられる一方で、企業活動の規制緩和や税負担の軽減、さらには公共企業体の民営化などが推奨された。中曽根内閣は、こうした新自由主義を一部取り入れた民活方針を打ち出し、民間事業者を巻き込んだ都市再開発政策が再び脚光を浴びることとなる*8。都市問題が一定の解決を見た東京では、国と都による臨海部の再開発が進められて街並みが一変していく中、革新自治体に熱狂した都市空間は、バブル景気に沸く消費空間へと変貌していったのである。

演習問題

1. 革新自治体が登場するようになった背景を考えてみよう。
2. 具体的な革新自治体を取り上げ、それ以前・以後の市政との違いを説明しよう。
3. 一九七〇年代後半以降の革新自治体の後退と保守回帰の理由について考えてみよう。

《本文脚注》

*1　進藤兵(ひょう)「革新自治体」(渡辺治編『高度成長と企業社会』吉川弘文館、二〇〇四年)。

＊2　大西比呂志「国際都市横浜とアジア――戦後自治体外交の展開」（金香男編著『アジア共同体への信頼醸成に何が必要か』ミネルヴァ書房、二〇一六年）。

＊3　以下の記述は、（続）藤沢市史編さん委員会編『都市化と市民の現代史』（藤沢市文書館、二〇一一年）および季武嘉也「保守市政から革新市政へ」・源川真希「革新自治体の誕生――東京・横浜・藤沢」（『藤沢市史研究』第四七号、二〇一四年）を参照。

＊4　土山希美枝『高度成長期「都市政策」の政治過程』（日本評論社、二〇〇七年）第三章。

＊5　同前、源川真希「都市・自治体政治における『戦後体制』とその変容」（『年報日本現代史』第二〇号、二〇一五年）。

＊6　前掲「革新自治体」。

＊7　中北浩爾（こうじ）『自民党政治の変容』（NHK出版、二〇一四年）第二章。

＊8　前掲「都市・自治体政治における『戦後体制』とその変容」。

参考文献

「資料・革新自治体」刊行委員会編『資料　革新自治体』（日本評論社、一九九〇年）
横浜市総務局市史編集室編『横浜市史Ⅱ　第三巻（下）』（横浜市、二〇〇三年）
渡辺治編『高度成長と企業社会』（吉川弘文館、二〇〇四年）
源川真希『東京市政』（日本経済評論社、二〇〇七年）
功刀俊洋（くぬぎとしひろ）「革新市政発展前史」（『行政社会論集』第二〇巻第二号〜第二四巻第三号、二〇〇八年一月〜二〇一二年三月）
季武嘉也・武田知己編『日本政党史』（吉川弘文館、二〇一一年）
岡田一郎『革新自治体』（中公新書、二〇一六年）
源川真希『首都改造』（吉川弘文館、二〇二〇年）

15 冷戦終焉と政党再編

武田 知己

《学習のポイント》 世界規模の冷戦という国際政治の枠組みは、日本の国内政治にも大きな影響を与えたが、その冷戦が終わったあとの日本の政党政治がどのように変化したのかを、政党論などの知見を応用して説明する。

《キーワード》 冷戦の終焉、平成デモクラシー、政治改革、政権交代

1．はじめに

本章では、一九八九年から二〇一九年現在に至る三〇年余りの政党再編過程を、政党論、政治制度論、国際政治学の知見を活用しながら概観する。

この三〇年は、冷戦の終結とバブル経済の崩壊に象徴される国際政治経済の急展開への対応に迫られる一方で、同時に国内政治の変革を並行して実現しなければならなかった時代であった。この時代の政治史の捉え方には、いくつかの型がある[*1]。中でも、佐々木毅（たけし）、清水真人（まさと）氏らは「平成デモクラシー」という視角を用い、一九八九年前後からの平成時代を、明治維新や戦後改革同様、国内外の変動への積極的対処としての改革が試みられた特徴ある時代とみなしており、興味深い[*2]。第一次大戦後に世界を襲った民主化の波が、後に「大正デモクラシー」とも呼ばれる政治改革や社

会運動を日本に促したように、一九八九年一二月のマルタ会談を経て一九九一年のソ連崩壊で実現する冷戦終焉（しゅうえん）に伴い、世界を襲った「自由民主主義の精神」の高揚が日本にも到来し、政治にかかわるすべてのものを巻き込んだ大きな改革のうねりとなったというわけである。

もっとも、「平成デモクラシー」の国内的起源は、一九八九年前後の自民党と社会党両党の自己改革にある。一九九三年の大政変は、一九八八年六月に発覚したリクルート疑惑の拡大をきっかけに発展した政治改革の一つの頂点であった*3。また、多くの論者が、これ以降、現在に至る三〇年間の統治機構改革や、二〇一九年現在、一七を数えるに至った各内閣の足跡をトータルに捉えている点も見逃せない。すなわち、一九九四年の政治改革関連法案の実現以降も、疑惑への対処を越えて、改革は現在に至るも進行中というわけである*4。

ただし、本章の視点は、この三〇年に五五年体制的な政党システムの再編がどのように進んだかという点に据えられる。言い換えれば、本章の目的は「平成デモクラシー」の時代に、政党間の競争関係のかたちがどのようなものになっていき、それがどのような政権選択のかたちを国民に提示しているのかを考察することである。「平成デモクラシー」の重要な側面である、行政改革などへの言及は少ない*5。他方で、すべての新党の誕生と衰退とを記述することもしていない。一つの区切りは、日本新党（一九九二年五月二二日成立。以下同）、新党さきがけ（一九九三年六月二一日）、新生党（一九九三年六月二三日）の結成がもたらした一九九三（平成五）年の大政変に置かれる。その後の展開は、概略を描くことにとどめたい*6。

2. 冷戦の終焉と自民党の党改革

「自由民主主義の精神」と政治改革

一九八九（昭和六四／平成元）年は、国際政治の歴史の上で長きにわたって世界中で記憶される年となった。同年一二月、冷戦を戦う米ソ両首脳が、マルタ島で会談したからである。実は、二日間にわたる会談では、特に協定らしきものは決められなかった。しかし、会談に出席した最高会議議長兼ソビエト連邦共産党書記長ミハイル・ゴルバチョフとアメリカ大統領ジョージ・H・W・ブッシュ両首脳の交歓のうちに、半世紀近く続いた米ソ冷戦の終結が確認され、共同声明が出されるに至ったのである*7。

マルタ会談は、九一年のヨーロッパにおける米ソの戦略兵器削減協定交渉の呼び水となり、同年末にはソ連が崩壊するに至るが、会談において、冷戦下において人類が期待していた「イデオロギー」に基づく対立の終焉が宣言されたことが見逃せない。その時、世界に普及すべき理念と考えられたのは、社会主義・共産主義ではなく、西側の自由民主主義であった。こうした期待の象徴的表現が、フランシス・フクヤマの「歴史の終焉?」と題する論考（『ナショナル・インタレスト』夏号、一九八九年に掲載）であった。この論考前後の国際情勢を見ると、ヨーロッパではポーランドを皮切りに東欧革命が起き（一九八九年革命とも呼ばれる）、アジアでは天安門事件（一九八九年六月四日）が起き、ベルリンの壁が崩壊（一九八九年一一月）するなど、確かに自由民主主義の台頭を見通せるような状況が続いた。その時、フクヤマは、自由民主主義に対するファシズムや共産主義の挑戦という「歴史」にとらわれていてはならない、それはもはや過去のものとすべきであり、自由民主主義への挑戦の誘惑を断ち切り、二〇世紀の歴史から自由にならねばならないと訴えた。フクヤマの議論は、冷戦終焉の予感に伴い、自由民主主義が勝利を得るという予感と思想的怪物や地政学的な紛争が息を吹き返すという懸念の両方への、楽観と緊張とがないまぜとなった回答であった*8。

ところで、一九八九年には、日本においても「自由民主主義の精神」が改めて強調される事態が生まれていた。一九八九年は、その後の三〇年を貫く「政治改革」元年となったのである。

日本政治は、一九七〇年代に佐藤栄作内閣で起きた少なくない汚職事件や長期政権による倦怠感などから革新勢力が勢いを増す与野党伯仲時代を迎えていた。しかし、自民党は八〇年頃には復調を果たし、中曽根康弘内閣時代の一九八六年の総選挙ではついに三〇〇議席を獲得するに至るが、その後の支持は再び揺らぎ始める。

最大のきっかけは、一九八八年六月、川崎市で発覚したリクルート疑惑が、長期政権を担っていた自民党の幹部を広く巻き込んだ汚職事件に拡大したことであった。一九八九年には、宇野宗佑首相のスキャンダルも大きな打撃となって、同年六月の都議会、七月の参院選において、自民党は大敗を喫する。こうした一連の動きの中で、一九八八年末、自民党は政治改革委員会（後藤田正晴会長）を設置し、政府の選挙制度審議会と並行して政治改革を始動させることを決定した。後藤田のように権力闘争から距離を置く長老議員は、この状況に危機感を強めていたのである。

一九八九年五月二三日にその自民党政治改革委員会が出した「政治改革大綱」は、政治改革の時代の到来を告げる文書となった。同文書では、以上述べてきた時代状況が確認される。すなわち、平成の日本政治は、大きな岐路に立たされている。国民の政治不信は頂点に達し、議会政治史上、例を見ない深刻な事態となった、との認識が示される。

重要なのは、この重大な時期においても、国民は「戦後営々として築いてきた体制の変更」は望んでいないので、自民党は「自信をもって自由と民主主義の現体制を堅持」するために、「事態を深刻かつ率直に認識し、国民感覚とのずれをふかく反省し、さまざまな批判にこたえ、『政治は国民のもの』と宣言した立党の原点にかえり、党の再生をなしとげて国民の信頼回復をはたさ」なければならないと考えられていたことである。すなわち、この時始められる政治改革は、自由民主主義と五五年体制以降の日本政治への信頼を前提に、一連の制度の「土台をなす政治のあり方」を見直すというロジックであった。そのために、国民の政治不信と自民党批判の中心にある「政治家個々人の倫理性の欠如、多額の政治資金とその不透明さ」を改善すべく、政治資金制度と、できることなら選挙制度にまでメスを入れることを主張したのである*9。

以上のように、一九八九年に開始される政治改革は、自由民主主義体制への信頼感を前提に、「政治とカネ」をめぐる自らへの不信を払拭(ふっしょく)しようとする自民党の自己改革として開始された。言い換えれば、「平成デモクラシー」は、自民党の長期支配の構造＝五五年体制を前提に、それを改革することで、日本の自由民主主義を深化あるいは進化させようと始められたものだったのである。そこには国際情勢との明らかな共鳴が見られた。

一九八〇年代の日本政治の歪み

ところが当時の自民党は、その権力構造の上であまりにも多くの問題を抱えていた。第一に、それは一九五五年の結党以後の長期支配により、自民党が国民にとって「自然な与党」となっており、自民党以外の選択肢が想定し得なくなっていた中で自民党の支配体制が極端なまでに合理化されたということに求められよう[*10]。

そういった過度の合理化は、議会制民主主義を支える選挙にまで及んでいた。一九八〇年代には、いわゆる世襲議員の問題が本格的に批判の対象とされることとなるが、その背景には第一三章で論じられている「個人後援会」をめぐる問題があった。代議士の個人後援会は、自らを永続させようとする一つの利益集合体となっていた。一九八九年一二月のインタビューで、議員引退を決めたある政治家はこう語っている[*11]。

> 後援会のしがらみ、派閥のしがらみがあって、現職議員の中には辞めたくても辞められない人がいっぱいいるわけです。(後援会というのは)一つの利権構造になっている。権力を握って長らくやっていると、スイッチをひとつ押せばパッと動く。結局、世襲なら、それを維持するのに一番楽ということでしょう。

また、そうした過度の合理化は、政治と官僚との関係にも見られた。「与党事前審査制度」は、市場における新規企業や外国企業の参入を妨げているとして強い批判を浴びることとなった[*12]。自民党の自己改革は、自らが属する自由民主主義陣営で生きる上での一種の代償ともいえる性格を持っていた。

第二に、他の議会制民主主義国家に見られない最大の問題として、巨大派閥の存在があった。特に一九七〇年代以降の福祉政策を担ってきた田中角栄(かくえい)率いる田中派は、有権者のどのような陳情にも対応できる「総合病院」と呼ばれるほどの力を誇るに至った[*13]。自民党を離党するものの

（一九七六年七月）、一〇〇人を超える議員を抱え、大平正芳（おおひらまさよし）、鈴木善幸（ぜんこう）、中曽根康弘各政権樹立の決定的な原動力となった田中は、他派閥をコントロールしながら一国の最高権力を左右する「キングメーカー」「闇将軍」などと呼ばれた。結党後三〇年近くを経て、政党の行き過ぎた合理化と権力意思の肥大化は、自民党から議会制民主主義を支える政党としての健全な姿を奪っていたのである[*14]。

党改革の困難

一九八四年頃になると、田中派内部からも、漸くにして現状への批判が噴出してくる。しかし、それは結局自派からの総裁選出という目的を持ったもので、一九八五年には竹下登（のぼる）を総裁候補として擁立する「派中派」としての創政会（そうせいかい）が、金丸信（しん）、橋本龍太郎、小沢一郎、梶山静六（せいろく）らによって結成される。田中は、その動きを封じ込めようとするが、その直後に脳梗塞で倒れてしまう（一九八五年二月）。結局、一九八七（昭和六二）年七月、田中派（木曜クラブ）から一二〇名が参加して、竹下派（経世会）結成大会が行われた。田中派（木曜クラブ）の主流派は、竹下——金丸ラインの経世会に引き継がれた。

しかし、田中派支配のおわりは、自民党体制の正常化を意味しなかった。かわりに始まったのが竹下派支配だったからである[*15]。

こうした歪（ゆが）んだ権力構造が、政治とカネの問題を生み出したという認識から、自民党の党改革の動きが生み出された。その先駆けは自民党若手党員が結成した「ユートピア政治研究会」（一九八八年九月）であった。ここには、自民党が三〇〇議席を獲得した一九八六年選挙で当選した議員が集まった。中核は元知事の武村正義（たけむらまさよし）である。総勢一七名を数えるに至った武村たちの一部は、実は、リクルート疑惑を受けて設置された先述の自民党政治改革委員会にも参画し、武村は後藤田の推薦で事務局次長に就任した。そして、彼らの意見が、既に述べた一九八九年五月の「政治改革大綱」策定にも盛り込まれた[*16]。

また、彼らは当時から自民党の進歩的保守派の大平正芳と親しかった伊東正義（まさよし）を総裁に担ごうとしたが実現しなかった。竹下内閣が倒れて六月に宇野宗佑政権が成立すると、自民党政治改革推進本部が設置されるが、彼らは本部長に伊東正義を押した。そして事務局には研究会メンバーが多数参加し、事務局長には武村が就いた。権力欲に恬淡（てんたん）な後藤田や伊東といった長老政治家が、改革に積極的な若手議員を監督しつつ後押しする形が生まれつつあった[*17]。

この時、この下部機構の選挙制度改革委員会委員長には、竹下派の重鎮であった小沢一郎の推薦で、羽田孜（はたつとむ）が就任する。この羽田と小沢を中心としたグループもその後、自民党改革の中心の一つとなっていく。

ところが、一九八九年四月に消費税が導入されると、国民の批判はそちらに向けられ、自民党内でも消費税への批判が自民党体制批判よりも大きいという判断が勝ってしまった。九〇年二月の衆議院選挙で自民党が復調したことで政治改革への熱意は一旦失われる。

こうした中、政権についたのが、党近代化の先駆者の一人である三木武夫（たけお）を師と仰ぐ海部俊樹（かいふとしき）であった（八月一〇日）。彼は党の改革に熱意を示した。冷戦終結後の日本が直面した日米構造協議（一九八九年九月開始）や湾岸戦争（一九九〇年八月）への対応に忙殺されながらも、海部は政治改革の重要性を認識していた。海部を支えた小沢幹事長も、一九九一年四月に東京都知事選挙での敗北の責任を取って辞任するまで、積極的に種々の調整作業も行った。しかし、第二次改造内閣でまとめた政治改革三法案（後の四法案と比較すると「衆議院議員選挙区画定審議会設置法案」がないものとなっている）は、閣議決定されたにもかかわらず、一九九一年九月三〇日、小此木彦三郎衆議院政治改革特別委員会によって廃案が宣言されてしまう。海部は解散も辞さない態度を示したと捉えられ、後にＹＫＫと呼ばれる山崎拓、小泉純一郎、加藤紘一の三人、竹下派の一部も改革反対に回り、党内抗争が激化する中で、幹事長を辞した小沢が、最終的に解散の困難を海部に告げるに至った。海部は、首相の専管事項といわれていた解散権を行使できないまま退陣する。小渕恵三幹事長はその恨みを忘れず、小沢との確執が生まれていく。改革政治は権力闘争の火種となったのである[*18]。

竹下派分裂

海部の後継として、やはり竹下派の後押しで組閣したのは宮澤喜一であった（一九九一年一一月五日）。バブル崩壊後の対応やいわゆるＰＫＯ法案の成立、また日米構造協議後の日米関係や天皇訪中などを手掛けた一方、同じく竹下派に支えられていた海部内閣の苦悩を間近で見た宮澤は、政治改革を進めることには慎重であった。

政治改革関連三法案復活が実現しないことに業を煮やした若手議員は、一九九一年一二月に「政治改革を実現する若手議員の会」を発足させた。同月には政治改革推進協議会（民間政治臨調、後の二一世紀臨調）が財界・学者主導で結成される。また、一一月には、自民、公明、社会、民社の若手議員の勉強会「比較政治制度研究会」（ＣＰ研）が簗瀬進らを中心に結成された。こうした超党派の動きは、与野党を超えた政治課題として政治改革を捉える発想が現実のものとなり始めたことを物語っていた。

こうした中、一九九二年一月には共和汚職事件が起き、政治資金問題が再び批判を浴びることとなった。二月から自民党政治改革本部の審議がスタートするが、自民党四役はこうした議論は拙速だと宮澤を追い詰める。それでも三月には基本方針が答申として出され、舞台は野党との妥協点を探りながらの与野党協議に移った。

この間、宮澤内閣は国連平和維持活動協力と国際緊急援助隊法改正法案をめぐる自社両党の激しい対立に直面していた。これが政治改革に影響しないはずはなかった、さらに、七月の参議院選挙をなんとか乗りきった八月以降の政局を、佐川急便による金丸への贈賄疑惑が襲った。八月には、五億円の献金を受け取ったことを認めた金丸は副総裁を辞任したものの、やがて竹下内閣成立時の「ほめ殺し」事件が明るみに出された。経世会をあずかる小沢は、金丸の刑事事件立件回避を模索するが、東京地検は金丸を東京簡易裁判所に略式起訴し、政治資金規正法違反で二〇万円の罰金刑が確定する。小沢の工作は失敗したが、巨額の政治資金規正に対する罰金額の小ささに世論は猛反発し、結局、金丸は議員を続けることができず、一〇月に議員を辞職した。

予想外だったのは、この過程で、竹下派の内訌が激しくなったことであった。梶山はあくまで金丸を擁護した。そして旧友の小沢らが政治改革論議を進め、経世会幹部総退陣論をぶつ様子を「竹下外し、金丸外し」の政治的クーデターと認識し、真っ向から対立した。

こうした内訌を経て、一〇月二八日に小渕恵三が派閥会長に就任する。これを不服とする羽田・小沢らは「改革フォーラム21」を結成した。誰も予想できなかったことだが、自民党最大派閥、二重権力の源泉であった竹下派はこうしてあっけなく分裂してしまったのである。もし、小沢が派閥の後継者となっていれば、事態は異なっていたかもしれない。羽田・小沢らの派閥の離脱は、後の宮澤内閣の不信任案可決につながり、さらに自民党下野へとつながっていく[*19]。

3. 社会党・連合の動き

社会党の動き

以上のように、政界を揺るがし続けてきた自民党の動きを、五五年体制の一方の雄であった社会党が傍観していたわけではなかった。社会党にとってみれば、これは政権を獲得する絶好のチャンスであった。

社会党も、一九六〇年代には自己改革の試みを、社会党内部の連合政権論の模索という形で始めている。しかし、連合政権とは社会党と共産党との共闘なのか、それとも護憲・民主などを標榜（ひょうぼう）する全野党共闘なのかという問題が、左派と右派の間での激しい内訌を生んだ。一九六七年以降の革新自治体の誕生は社共共闘の勝利であったため、全野党共闘論は六〇年代末には下火となった[*20]。一九六九年の総選挙で三分の二に議席を減らすと、再び全野党共闘構想が息を吹き返すが、野党結集のためには党の性格を変更することが必要だった[*21]。こうして、一九七七年から七八年にかけて、改めて本格的な党改革が試みられた。別名「反協会闘争」として知られるこの改革運動は、長きにわたって社会党を指導してきた左派の優位を崩そうとする右派・中間派の闘争であった[*22]。

こうした一連の試みが、やがて社会党の綱領的文書「日本における社会主義への道」の見直しに結実する。一九八五年六月に草案「日本社会党の新宣言＝愛と知と力のパフォーマンス」が書かれ、同年一二月に「日本社会党の新宣言＝愛と知と力による創造」と名称を変えたこの宣言は、社会主義革命を目指す「道」を過去のものとすることへの激しい反対を生じさせ、翌一九八六年一月に一部修正の上、五項目の付帯決議「新宣言に関する決議」を添えて漸く採択されるに至る。平和革命を通した社会主義建設を否定し、議会制民主主義の枠内で、民社党、公明党と連合政権を組める「政権を取る政党」へと脱皮することを目指したこの宣言は、当時、社会党本部に勤務していた松下信之が言うように、「社会党の生き残り策として模索されたもの」であった。しかし、翌八七年にも左右両派は激しくぶつかりあい、結局、全野党共闘を否定する左派優位の指導体制は大きくは変わらなかった[*23]。社会党の地方支部で活躍していた江口昌樹が言うように、地方の一般党員も、「『新宣言』ができようがどうなろうが、『自分たちがいままでやってきたことを、同じようにしていけばいい』という考えが少なくなかった」という[*24]。それでは、社会党と地域社会、市民社会との断絶は避けられず、社会党から「ふつうの市民の関心や感性に対する敏感さがしだいに失われて」いくことは避けがたかったのである[*25]。

社会党改革派と連合

だが、一九九〇年代に日本政治を襲った政治改革の激流は、こうして改革に足踏みする社会党内にも波及し、新世代の改革派を生んだ。一九九〇年には松原脩雄を仕掛け人として仙谷由人らをメンバーとする「ニューウェーブの会」が結成される。ニューウェーブの会が党中央へ提出した「意見書」は、新宣言の延長にあるともいえる改革案であった。一九九〇年四月の党大会では、規約の前文が改正され、「社会主義革命を目指す」という文言が削られ、「社会主義の最も民主的な姿である社会民主主義を選択する」という文言が挿入されたのもこういった改革案の延長にあった＊[26]。

彼らは、旧体制派といわれるニューパワーの会（一九九〇年一一月）とともに「社会民主主義フォーラム」（一九九一年四月）を結成していた。しかし、内部の不統一に失望したグループは、同年、アクション・ニュー・デモクラシー（ＡＮＤ）を結成している。この会は、前述のように、一九九一年一一月、簗瀬を中心とした自民党の若手、民社、公明の超党派で比較政治制度研究会が立ち上がった際、その一角を占めた。彼らは連合とも連携した新党設立を視野に入れ始めていた。一九九二年には菅直人（かんなおと）、江田五月（さつき）がつくった政策集団「シリウス」が結成される。ＡＮＤのメンバーであった仙谷由人などもここにも名を連ねていた。こうして様々な改革の動きが社会党内のみならず、それを越えたところでも重層的に生まれていたのである。

ところで、五五年体制下において、後援会組織に必ずしも恵まれなかった革新勢力であったが、選挙に関しても、自民党とは異なった問題を抱えていた。つまり、個人後援会を持たない革新陣営は、選挙において党の地方組織や労働組合に依存せざるを得ず、「逆ピラミッド型」といわれる党組織を築き上げていたのであるが、しかも、社会党、民社党、社民連という三つの革新政党は、それぞれ支持母体とする組合を異にし、争っていたのである。

一九八九年という年は、こうした革新勢力の党組織の変化という意味でも画期であった。一九八七年一一月には民間連合が結成され、二年後の一九八九年一一月には連合が結成されたからである。総評・同盟・中立労連・新産別の四つのナショナルセンターに分立していた日本の労働組合運動は統合され（以下、民間連合、連合を「連合」で統一する）、彼らがより積極的かつ統一的に政治へのかかわりを果たせる条件が整備されたのである＊[27]。

だが、連合の初代会長となった山岸章(あきら)が、社会党、民社党、社民連といった既存の社民勢力三党を連合させ、その上で公明党との是々非々の連携を行うという二段階構想を打ち出した一方で、次世代の幹部らは、小選挙区制の採用による二大政党への再編を重視した。小選挙区を使用すれば、自民党が割れて「保守二大政党」が生まれるかもしれないし、野党がまとまらざるを得ないかもしれない。つまり、新世代は「保守」との連携にも含みを持たせたことになる。しかし、山岸はいきなり小選挙区制を導入すれば、「野党は完全にその息の根を止められてしまい、再生不可能となることは明らか」とこれに真っ向から反対し、意見はまとまらなかった*28。

一九八九年七月の参議院選挙と「連合の会」

山岸が推進する社民勢力結集構想が連合のとりあえずの総意となるきっかけは、一九八九年七月の参議院選挙であった。リクルート事件の拡大をチャンスとみた連合は、野党四党の党首会談を行い、「連合の会」候補として一二名の候補を立候補させることに成功する。そして、そのうち一一名が当選するという快挙を成し遂げた。また、この選挙では社会党候補も躍進し、自民党の議席が半減した。いわゆるねじれ現象を作り上げることに成功したのである。社民勢力結集構想は、社会党を基軸に、かつ連合の強い影響力下で進められることとなった。

他方で、連合は、同時期に進んだ選挙制度改革へも積極的に関与した。政治改革委員会(堅山利忠(たてやまとしただ)委員長)を発足させ、答申を出させた後、政治委員会(江本輝人委員長)において、小選挙区比例代表併用制を是とする選挙制度改革案がまとめられた。ただし、一九九〇年を通じて選挙制度改革論議が交わされたにもかかわらず、連合内での中選挙区制への支持は強かった。結局、併用制を志向しつつも、正式の採用はなされなかった。特に、民社党系からの反対が強かったが、それは、一九八九年七月、一九九〇年二月の二つの選挙における社会党の躍進への反発といってよかった。すなわち、「民社党と（それを支える）友愛会議は、このような状況下で選挙制度改革が実施された場合、民社党が社会党に一方的に吸収されてしまう恐れがある」と危惧したのである*29。

社会党の躍進は、社民勢力結集構想そのものにも影響を与えずにはおかなかった。特に、連合の次世代の幹部たちは、自民党の動向を横目に、自民党改革派の参加を視野に入れた新党の結成をより明確に主張し始める。それは「政策本位」で新勢力を結集しようという発想に基づいており、既に見た「政治改革大綱」に盛り込まれた自民党改革派の発想や社会党改革派の発想ともよく似ていた。山岸会長も、一九九一年初頭には、新宣言よりもさらに踏み込んで、安保、自衛隊、韓国などの点をめぐって、基本政策の根本的見直しを社会党に強く求めた。もっとも、山岸は、社民勢力の結集をあきらめたというよりも、そのためにも基本政策の歩み寄りや合意、現実主義化が必要だと考えたのであったが、五五年体制下の革新陣営の政策の根幹であった外交や安全保障に手を入れるという機運がしだいに高まったのである。

だが、一九九二年四月から、民社党と社会党は、ＰＫＯ法案をめぐって激しい対立を繰り返した。結局、民社党は自衛隊を海外に派遣するＰＫＯ法案に賛成、社会党は反対し、牛歩戦術をとって採決にまで抵抗する。同年の参議院選挙では、前回を上回る二二人の連合候補を出すが、二一名が落選するという文字通りの惨敗を喫した。それが、当時の社会党を中心とした社民勢力に下された国民の審判であった。

一九九一年夏以降は、政策本位での新勢力の結集、すなわち新党路線が勢いを増した。一九九二年四月の民間政治臨調に連合から多数のメンバーが加わったことは、その勢いをさらに強めた。また、「政策本位」での新勢力結集路線とは、参加を呼びかける際に社会党議員の「選別」をも意味した。こうして、社民勢力結集構想は、自民党改革派を含み、かつ旧態依然とした社会党議員の排除を前提とした「非自民勢力結集」構想として、展開し始めたのである。

4. 一九九三年の大政変へ

新党に喰われる社会党

一九九二年末、自民党羽田派が自民党を離党し新党結成も辞さない構えを見せると、山岸は改革派としての小沢との連携をも許容する姿勢を見せ始めた。そして、一九九三年二月には山岸・小沢会談が開催され、選挙制度改革を軸とした非自民勢力の結集が合意されるに至る。政局の軸は、社会党ではなく、竹下派を割った小沢の手に移っていったのである。

他方で、五五年体制を支えた自民・社会両党の自己改革が「一歩前進、二歩後退」というべき混乱の中にあった時、その枠外で動き始めた、元熊本県知事の細川護熙(もりひろ)の新党運動も見逃せない。一九九二年春に、細川と学習院大学教授香山健一(こうやま)の手で練り上げられた新党構想は、組織、人材、資金にも確たる見通しのない中でスタートしたもので、平和主義や改革精神にあふれた中道路線という趣旨に賛同した者たちをも不安にさせるほどだった。しかし、日本新党と名付けられたこの新党（一九九二年五月二二日）は、同年七月の参議院選挙で、自民党体制の行き詰まりと社会党の停滞の中で躍進し、得票率にして八％余りを集めた。しかも、自社両党の自己改革が停滞する中、新党結成に先んじた細川は、政権交代という軸で改革派グループと共闘する姿勢を示した。こうして日本新党が政党再編のもう一つの軸となったのである[*30]。

また、元知事の細川が自己資金をなげうって始めた新党運動は、政治改革で身動きが取れなくなっている永田町への「地方からの申し入れ」という性格も持っていた。これを見た山岸、高木郁朗らは、一九九三年、発信力のある地方の有力首長を糾合した「殿様連合」構想を、水戸市長の佐川一信を事務局長として描き始める。この構想は、経済学者として世界的に名の知れた大前研一の立ち上げた「平成維新の会」とともに当時の話題をさらった。同構想は六月には挫折してしまうが、社会党はこの構想にも乗りおくれてしまった。

政界には、大きな変動がもたらされ始めていた。一九九三年一月に発足した制度改革研究会は、座長には武村を、事務局長には田中秀征を据え、メンバーにはユートピア政治研究会のメンバーを加えた。しかも、そこには日本新党の細川、シリウスの江田、菅らが名を連ねた。超党派のこの集団のうち、自民党側の参加メンバーは、六月の宮澤内閣不信任案が、政治改革フォーラム21の欠席によって可決したことを受け、田中が鳩山由紀夫を誘って武村を中心とした新党を目指して新党さきがけを結成する（六月二一日）。これを見て、離党しない方針であった改革フォーラム21のメンバーが結局自民党を離党し、新生党を結成するに至った（六月二三日）。

こうした中、七月に総選挙が行われると、自民党はかろうじて衆議院第一党の座を確保したが、過半数を得ることには失敗する。逆に、新生党が五五議席、日本新党が三五議席、新党さきがけも一三議席とそれぞれ躍進した。これらの政党に加え、社会党、公明党、民社党、社民連、民改連の八党派の代表が七月二九日会談し、連立政権樹立に合意する。そして同年八月九日、ついに、日本新党の細川護熙代表が首相に指名されたのである。三八年もの長きにわたり政権党たり続けた自民党が下野した瞬間であった。意外だったのは、野党第一党であった社会党の山花貞夫(やまはなさだお)委員長が総理とならなかったことである。それは小沢の判断であったことが知られている。小沢が、武村ではなく細川を選んだことが、後の細川内閣の瓦解の遠因として注目されがちであるが、それに劣らず注目すべきは五五年体制の一方の雄であった社会党がこの時、首相を輩出できなかったことであろう。五五年体制という政党システムの凋落を象徴する印象的なエピソードであると思われる[*31]。

新しい政党システムの対立軸

こうして出来上がった細川政権であるが、八党派の連立政権は、それ以前の政党システムと何が異なっていたのだろうか。

まず、三つの新党が連合政権の中心になったと言っても、彼らの多くが元自民党員であったことには注意しなければならない。彼らは五五年体制の「外からの改革者」ではなく、「中からの改革者」であった[*32]。しかし、その彼らが政権選択を可能にする野党共闘構想を実現したのである。それは、複数政党制を前提とし、五五年体制とは異なる政党システムへと発展する可能性を秘めていたのであるが、この軸を政策的に見れば、社会党改革派、日本新党、新党さきがけには「中道リベラル」というスタンスの共通性があり、連合も最終的にはこの路線を支えているという構図が見られたことが指摘できる。

他方で、細川内閣成立過程には、もう一つの対立軸が潜在化していた。それは「小沢」対「反小沢」という権力闘争の軸である。小沢は、同い年の息子を亡くした田中角栄に寵愛され、また竹下――金丸ラインを支える中核として若くして期待され、竹下内閣の官房副長官として、また日米交渉を官邸で担う「官邸外交」の先駆者としても頭角を現した。また、弱冠四七歳で海部内閣の幹事長に抜擢されると、海部にかわり内閣そのものの命運を握る地位に躍り出る。小沢は早くして外交・内政両方で政界の最高の実力者となった。

しかし、それ故に小沢は批判と称賛の両方を向けられた。当時の日本外交の方針は、冷戦初期に形成された対米協調を基軸とした軽武装・経済重視の吉田茂の外交方針を堅持したままであったが、それは、自国が平和である限り国際的な種々の貢献に関心を寄せない「一国平和主義」とも批判されるようになっていた[*33]。新進気鋭の学者らを巻き込んだ勉強会を主催し、後に『日本改造計画』を執筆する小沢は、急展開を見せる国際情勢に対応するには、こうした外交路線を変更すべきと主張した。この頃の小沢は、戦後体制の批判者だったのである。大きな転機は海部時代の湾岸危機であった。小沢は言う[*34]。

僕はあの戦争を幕末の黒船来航と同じようにとらえていました。……冷戦が終わり、国際秩序が世界史的な規模で変わってきたときだから、甘ったれている場合じゃあないと考えた。当時、「バードン・シェアリング」（責任や負担の分担）という言葉が話題になったけど、日本はこういう時こそ本当に、国際社会できちんとした役割をシェアする一人前の国家にならなければいけないと考えた。

こうした認識は、自らを育てた自民党的な政治手法への強烈な批判を生んだ。小沢はやがて政治改革の方向性を統治構造そのものの変革へと引き上げていく。小沢が目指したのは、選挙改革により党の集権化を実現し、それによって議院内閣制の下で政府に権限を集中し、迅速かつ強力なリーダーシップを可能にすることであった。こうした「権力の集中」の仕組みを実現しつつ、その権力を正当に競う「権力の競争」のための新しい仕組みを作ろうというのである。こうした発想は著書『日本改造計画』に既に青写真として描かれていた。小沢は、しばしばイギリス視察も行い、英国型の多数決型デモクラシーを理想としていたことが明らかだった。

以上のような改革理念を追求する小沢は、それ故に、第一に自民党内のリベラル派との間での亀裂を、第二に同じくリベラル派であった非自民・非共産連合との間での亀裂を、第三に経世会内部での亀裂を、それぞれ自ら好んで作り上げた格好となった。小沢の理想は、複数政党制を前提とした中道リベラル路線とは異なる新しい日本の国家像やアイデンティティを追求しつつ、政党再編の核の一つであり続けるのである[*35]。

5．細川内閣から第三次安倍内閣まで

改革政治の展開と政党再編の諸構想

最後に、細川内閣から第三次安倍晋三(しんぞう)内閣（二〇一九年現在）までの経緯を、前節で述べた「中道リベラル」と「小沢――反小沢」という二つの対立軸と、その軸のその後の変化に着目しつつ概観したい。

福祉税構想や細川のスキャンダル、そして八党派の不和などから唐突に辞職した細川内閣を襲った羽田孜内閣時代、小沢らは突然社会党とさきがけを除いた院内会派「改新」を結成する。九月にはこれに公明や新党みらいなどを誘い、一八七名を擁する会派「改革」が結成される。小沢は露骨な社会党・さきがけ外しによる政党再編にうって出たのである。

これは両党からの猛烈な反発を生んだ。小沢が特に社会党を外したのは外交・安保をめぐる小沢との距離が大きかったからであった。さきがけを外したのは、武村らとの権力闘争の結果であったといわれる。こうした状況を自民党が見逃すはずはなかった。自民党は細川内閣時から社会党へ接近していたともいうが、社会党内部でも一部の者しか知らなかった村山富市(とみいち)(彼は左派の出身だった)を首班とする自社さ連立内閣工作が進められ、一九九四(平成六)年六月にかつての敵同士が大連立を組み、村山内閣が成立する。

連立に不可欠な政策合意が、特に新党結成論がくすぶる社会党内で合意を得られないまま組閣したこの連立政権は、短命を囁かれた。村山内閣は、自衛隊合憲論、消費税問題などの大きな案件だけでなく、阪神淡路大震災、オウム真理教事件問題などにも対処しなければならなかった。結果的に、一九九六年一月一九日、社会党は社会民主党に衣替えし、これに飽き足らない勢力は同月に新社会党を結成し、分裂するに至るが、村山内閣はその時まで続いた本格政権となった。

この間、在野の小沢らは、一九九四年一二月一〇日、九党派を集めて新進党を結成した。新進党は、衆議院一七八名、参議院三六名が結集した一大政党であった。この新進党は、かつての自民党のように左右混交の政党であり、新保守党ともいわれた。新進党は、やがて、小沢派、旧公明党派、羽田派の三派に色分けされるが、九六年一二月二六日には、旧公明党と連携する小沢らの強引な政治手法に反発した羽田派が嫌気を差し、新進党を離脱し、一三名で太陽党を結成するに至った。

他方、自社さ連立政権も末期には連立内部からの不満が噴出した。この頃には、さらにいくつかの政党再編構想が出されるようになった。自民党の長老中曽根康弘は、この内閣は暫定的なものであり、「保・保連合」(自民党と新進党の連立)がふさわしいと主張した。他方で同じく長老の宮澤喜一はむしろ社会党の脱皮に期待した。「リベラルという事は哲学であって政策ではない」のだから「思い切ってきちんと、ソーシャルデモクラッツというものを綱領として掲げてほしい」と保守勢力と社会民主主義勢力との対峙による二大政党制の発足に期待を寄せたのである[36]。

「第三極」の発展

結論を言えば、以上とは異なる「第三の道」が以後の政党システム再編の本流となっていき、二〇〇九（平成二一）年九月の民主党政権成立に至る道を築いていく。上記の動きの中で、「保・保連合」構想、「保・社民二大政党対立」構想のいずれにも与しない第三のグループが政権をとるに至った、というわけである。

実は、選挙で振るわない社会党には、この「第三極」の中核となる道も依然残されていた。村山も内閣辞職直後に「ボクは第三極という言葉は使わない。やはり政権を担い得るもう一つの勢力を目指していこうと言っているんです」と語っている一方で、「複数の政党が存在して、多様な価値観が反映する仕組みを国民も期待している」と述べ、二大政党制とは異なる複数政党制を思い描いていた[37]。他方で、一九九六年九月二八日、鳩山由紀夫をオーナーとし、社民連からさきがけに移り、鳩山と共に共同代表となった菅直人を擁する民主党の結党大会が行われていた。社会党も民社党も、新進党という政権を担い得る一大政党の結成から取りこぼされた政党であった。彼らは連携・合併を目指すも、それで政権が取れるのか、なかなか答えを出せずにいた。

そんな時、一九九七年末に新進党が突然解体してしまったことで事態は急展開する。政党システム再編の軸は、五二人の議員を擁する野党第一党・民主党代表に移っていった。解体された新進党は、一九九八年一月に、民政党、新党友愛、自由党、民改連の四党を結成し、細川元総理と民主党の連携により、民主党による他党の吸収合併という形で、一九九八年四月二七日、「新」民主党（党名は民主党のまま）が結成されるに至る。

この新しい民主党の基本理念は「民主中道」であった。これは中道左派とも中道右派とも解釈しうる玉虫色の表現であった。外交・安全保障の詰めは棚上げされ、数を糾合し政権交代のための第二党の枠組みを整えることが優先された。こうして衆議院九三名、参議院四一名を擁する野党第一党が結党されたのである。

小泉内閣の成立と政党システム再編

以上のように、転変する政党再編過程をにらみながら政権を運営していたのが橋本龍太郎内閣（一九九六年一月）であった。橋本内閣は政治改革と並び、世紀転換期のもう一つの車輪となった行政改革を一気に推し進め、一府一二省庁体制と官邸主導を可能にする改革を行った。行政改革では歴史に残る業績を上げた橋本だったが、参議院選挙で過半数を割った責任を取って一九九八年七月に退陣すると、首相は経世会の小渕恵三の手に移る。

しかし、自社さの枠組みはもう成立し得ない。ではどうするか。自民党の重鎮・野中広務（ひろむ）は、八月、亀井静香の仲介で、かつて「悪魔」とまで呼んで忌み嫌った小沢（当時は自由党党首）と会談し、連立のパートナーとして引き寄せることに成功する（自自合意は同年一一月、連立の成立は九九年一月）。それがやがて自自公連立に発展する（九九年一〇月）*38。

こうした連立の組み換えは必ずしも国民の共感を得られなかった。しかも、小渕急逝のあとを襲った森喜朗内閣は、政権誕生の密室性や度重なる失言、メディアの批判、そしてえひめ丸事件への対応のまずさなどから、急速に評判を落とした。

このままでは次の選挙が戦えないとの判断が自民党内で生まれつつあった中、盟友であった山崎拓や加藤紘一に「自分はエキセントリックだ」と言ってはばからなかった小泉純一郎が、二〇〇一年四月、秋田県で出馬を宣言する[*39]。辻説法を繰り返す小泉は、やがて自分に風が吹いているのを感じることとなった。政治改革に反対し続けたYKKであったが、自民党離党も覚悟しつつ、小泉の総裁選出馬を応援する。山崎は「負けると決まっているわけではない。勝てるような気がする。国民が味方するよ」と予言とも冗談ともつかない言葉で小泉を励ました。そして、やがて「ひょっとするとひょっとする」と街頭で叫び始めた小泉を、「豊臣秀吉に対する黒田官兵衛のような心境」で見守り始める。小泉は、結局、橋本に約一四〇票差をつけて、歴史的な勝利を収めた[*40]。

二〇〇一年四月の小泉内閣の誕生は、政党システム再編の新たな起爆剤となった。「自民党をぶっ壊す」と公言する自民党総裁は、世論の圧倒的な支持を浴びた。それまで順調に自自公連立を追い詰めていた民主党は、小泉に「自民党支配をぶっ壊す」役柄を奪われてしまったのである。それ故、二〇〇三年九月、民主党は折り合いの悪い小沢自由党との合併を強いられる（民由合併）。この民由合併がなければ、勢力拡大もままならず、二〇〇九年九月、民主党政権が誕生することはなかったかも知れない。しかし、野党結集の軸になったり、連立のキーマンになったりと攻守所を変えて政党システム再編の軸でありつづけた小沢を党内に取り込んだことは、それまでの政党対立軸のすべてを改めて党内部に取り込んだことを意味したのである。

民主党政権とは何だったのか

二〇〇六年九月の小泉内閣の辞職後、安倍晋三、福田康夫、麻生太郎、をそれぞれ首相とする三つの短命政権が続いた。そして、二〇〇九（平成二一）年八月、自民党が初めて選挙結果として衆議院第一党から転落し、民主党が政権を握る。それは、一九九三年以後の政党再編が、小泉時代という間奏曲を経て、「平成デモクラシー」の一つの到達点に立ち至ったことを意味した[*41]。

しかし、新聞記者の芹川洋一氏は、一九九〇年代を制度改革の一〇年、二〇〇〇年代を制度活用の一〇年と定義し、民主党政権成立以降の二〇一〇年代を、制度運用の失敗と、問題点が明らかになった一〇年と論じている[*42]。民主党政権が、それ以前の二〇年にわたる政治改革の問題点をあぶり出したことは確かだった。それは今後の政党システムの姿をめぐって考えるべき論点を、多々含んでいる。

一つは、一九九四年以降、橋本龍太郎という力ある政治家の下で統治機構の改革が先行した一方、それを使いこなす人材や仕組みが整っていなかったという問題である。行政改革によって官邸機能を強化し、縦割り行政の見直しが可能となったのだが、それを最も有効に使ったのが小泉であった。それは後に小泉革命とも呼ばれるほど鮮やかなトップダウン型の政治指導であった[*43]。しかし、民主党政権はそうした制度を使いこなせなかった。

なぜそうなったのかと言えば、一つは、民主党が英国型の「政府（内閣）における意思決定」を優先させることで、それと密接に連続する党内ガバナンス＝党の凝集性をなおざりにしたからであった。小泉も政務調査会における与党事前審査を回避し、経済財政諮問会議を活用した党首のリーダーシップの発揮を辞さなかったが、実は自民党の党内ガバナンスにも気を配った。議院内閣制は与党の凝集性が高くなければ、その特性たる内閣の強力なリーダーシップを発揮できないことを、小泉は国対や議運時代の経験から理解していたのである。

他方で、民主党は、政府において与党との一体化を図ることにこだわり、与党があたかも政府とは別に意思決定を行うようにみえる事前審査はやらないと決めた。しかも、かわりに与党議員の意見をまとめることも怠り、政治主導の名の下で幹事長や大臣が意思決定を独占した。そのため法案が国会に行っても個々の与党議員が協力しないという状態が生まれた。小泉が、政調会を存続させ、「骨太の方針」もあえて政調会の審議にかけることで異論を取り込み、反対を抑え込んだ老練さが民主党には欠如していたというほかない。さらに、民主党が党勢拡大のために、小沢自由党に代表される理念や政策を異にする勢力を取り込んだことは、党の凝集性をさらに低くした。言い換えれば、議院内閣制の根幹たる与党の一体性を獲得することの重要性を理解しながらも、民主党はそれを実行できなかったのである*44。

また、民主党は統治機構も十分に使いこなせなかった。同党は事務次官等会議を廃止した(二〇〇九年九月一七日)。それは官僚主導といわれたボトムアップ型の意思決定を避けるためであった。小泉も「官邸」の総合調整機能をフルに活用し、官僚の積み上げを拒否したことで知られる。竹中平蔵を実質的な責任者とした、前述の経済財政諮問会議が小泉「官邸革命」の象徴となった。しかし、小泉は、竹中という優れたアイディアマンを全面的にバックアップし、竹中も首相の威光を背後に官庁への丁寧で慎重な根回しを行っている。二人は、官からの反対を最小限に抑え込むための折衝を惜しまなかったのである*45。他方で民主党政権は、鳩山・菅内閣では大臣、副大臣、大臣政務官による政務三役会議ですべてを決め、官僚たちを締め出してしまった。ボトムアップ型で決定を積み重ねていく意思決定の仕組みの中核にあった各省庁のトップによる総合調整の機会を失ったことで、かえって官邸は機能せず、官僚を使いこなせず、政治家自らが官僚の真似事をしなければならなくなった。民主党政権にはたくさんの会議が作られ、権力集中は名ばかりとなった。せっかくの行政改革の成果が机上の空論となってしまったのである*46。

二〇一二年一二月の選挙で民主党が五七議席と大敗を喫して野田佳彦内閣が総辞職し、安倍晋三が第二次内閣を組閣した時、国民は民主党政権の失敗を強く記憶に刻んでいた。二〇一九年一一月二〇日、安倍内閣が桂太郎内閣（二八八六日）を抜いて在職最高記録を更新できた理由の一つは、民主党＝野党には政権は渡せないという消極的支持にある。この間、一度は政権を担った民主党は、二〇一六年に民進党と名称を変更し、二〇一八年には国民民主党と立憲民主党に分裂し、その生命を終えたのである。

6．おわりに

以上述べてきた三〇年にわたる政党再編を経て、二〇一九年末現在、一時期は十数個を数えた日本の政党は、自民党、公明党、立憲民主党、国民民主党、社民党、日本共産党の六つの主要政党に整理されている。日本維新の会（二〇一六年八月二三日成立）も存在感を放っている。しかし、現在のところ、自民党にかわる政権獲得の可能性のある政党は存在しない。「一強多弱」と表現される二〇一九年現在の日本政治は、かつての五五年体制時代とどこか似ていなくもない。野党の弱体化は目を覆うばかりである。

他方で、憲政史上最長となった安倍内閣に長期政権の弊害が出ていることも疑い得ない。安倍自民党は、生まれ変わった自民党ではなく、またぞろ選挙互助会や総裁選出団体としての派閥も復活の兆しを見せ始めている。個人後援会も政務調査会も、かつてとあまり変わらない機能を果たしているとの指摘も多い[*47]。

果たしてこれが、一九八九年の日本が目指した議会制民主主義の進化された姿なのであろうか。御厨貴（みくりやたかし）氏は、明治も、大正も、昭和も、三〇年を経ると何らかのシステムが出来上がっていたと語る。平成の三〇年も確かに巨大な変革の時代だった。しかし、この間の政党再編は日本の有権者に、一体何を残したのだろうか。いま一度、真摯に問い直す時期に来ている[*48]。

国際政治も同様である。自由民主主義が勝者となるというフクヤマの見立ては幻想だったのではないのか。人々は「蛮行」「難民」「冷戦」「不平等社会」への回帰の中で不安と恐怖にあえいでいる[*49]。権威主義体制への誘惑は、意外なほど強い。佐々木毅氏が言うように、冷戦後の新秩序と新体制の建設は誤解と迷走を生み出し、「自由民主主義の精神」としての「一九八九年の精神」は陳腐化している。ポピュリストの登場はその結果であるとみることもできる[*50]。

それは、日本においても自由民主主義体制への信頼が失われつつあることを示唆するかもしれない。曲がりなりにも国民が議院内閣制を支持している今が、ラストチャンスかもしれない。アジア最古のデモクラシー国の一つである日本の真価が、今まさに試されている。そして、その結末は、「他人ごと」ではなく、まさに主権者である私たちそれぞれの「自分ごと」なのである[*51]。

演習問題

1. 本文を読み、一九八九年前後から現在に至る三〇年間の政党再編に関する主な出来事をまとめ、野党が力を持つプロセス、野党が弱体化するプロセスを確認しよう。
2. 自由民主主義において、野党（反対党）の存在はなぜ大切なのだろうか。考えてみよう。
3. 日本人は現在でも自由民主主義体制を信頼しているのだろうか。インターネットや本などを読み、考えてみよう。

《本文脚注》

＊1 小熊英二編著『平成史〔増補新版〕』（河出書房新社、二〇一四年）は、バブル崩壊と長きにわたる経済停滞が引き起こした社会構造と社会意識の変遷を概観するものである。また、この間の自民党政治の変容という観点からの研究に、中北浩爾（こうじ）『自民党政治の変容』（NHK出版、二〇一四年）、同『自民党』（中公新書、二〇一七年）がある。概説書としては、後藤謙次『ドキュメント　平成政治史』（岩波書店、二〇一四年）、薬師寺克行『現代日本政治史』（有斐閣、二〇一四年）、芹沢洋一『平成政権史』（日経プレミアシリーズ、二〇一八年）、星浩『永田町政治の興亡』（朝日選書、二〇一九年）を参照。

＊2 佐々木毅・二一世紀臨調編著『平成デモクラシー――政治改革二五年の歴史』（講談社、二〇一三年）、清水真人『平成デモクラシー史』（ちくま新書、二〇一八年）。なお、この用語は青木昌彦も用いている。

＊3 一九七八年当時の首相・大平正芳は日本政治の本格的な転換が必要であると予感していた。公文俊平「大平

正芳の時代認識」(『GOLOCOM』一九九三年一〇月一日、国際大学ウェブサイト)。二〇二〇年一月二八日アクセス。

＊4　清水によれば、その後も「政権交代」と「官邸主導」をキーワードとして改革が続く。牧原出(いづる)は、八〇年代から続く権力構造の変化の過程と捉え、九〇年代以降の改革の基調を統治機構改革、二〇〇〇年代のそれを社会経済構造改革と整理する。牧原出『権力移行』(NHK出版、二〇一三年)、同『「安倍一強」の謎』(朝日新書、二〇一六年)、同『崩れる政治を立て直す――二一世紀の日本行政改革論』(講談社現代新書、二〇一八年)。

＊5　政党システム論について詳しくは、待鳥聡史『政党システムと政党組織』(東京大学出版会、二〇一五年)第一章参照。

＊6　新党の軌跡については、東大法・蒲島郁夫ゼミ編『「新党」全記録』全三巻(木鐸社、一九九八年)。浅川博忠『新党「盛衰記」』(講談社文庫、二〇〇五年)、野中尚人「政党――新たな使命と競争へ」(佐々木毅・清水真人編著『ゼミナール現代日本政治』日本経済新聞出版社、二〇一一年)。二〇一〇年代の新しい政党の変遷については、「考・野党　民進代表選を前に」上中下(『朝日新聞』二〇一六年八月三〇日、三一日、九月一日)、「検証民進分裂」上中下(『朝日新聞』二〇一七年一一月一九日、二〇日、二一日)、「考・野党民主党政権から一〇年」上下(『朝日新聞』二〇一九年九月二六日、二七日)参照。

＊7　冷戦史については、佐々木卓也『冷戦――アメリカの民主主義的生活様式を守る戦い』(有斐閣、二〇一一年)。

＊8　フランシス・フクヤマ『歴史の終わり』上下(渡部昇一訳、三笠書房、二〇〇五年)。

＊9　以上、自由民主党「政治改革大綱」一九八九年五月二三日。

＊10　この様子は、例えば野中尚人『自民党政治の終わり』(ちくま新書、二〇〇八年)で簡潔に描かれている。

＊11　「森下元晴代議士　今期限りで引退」(『朝日新聞』一九八九年一二月四日)。

＊12　最新の研究として、奥健太郎・河野康子編著『自民党政治の源流』(吉田書店、二〇一五年)。

＊13　比例選挙を行う北欧では、有力議員の地盤への利益誘導ではなく、社会階層や職域への利益再配分が行われやすい。Ethan Scheiner, *Democracy Without Competition: Opposition Failure in One-Party Dominant Japan*, Stanford University, 2005.

＊14　朝日新聞政治部編『田中支配とその崩壊』（朝日文庫、一九八七年）。
＊15　木曜クラブに残留した二階堂、江崎、小坂、山下元利らは「二階堂グループ」と呼ばれる。また小沢辰男や後藤田正晴など竹下派・二階堂グループのどちらにも与しなかった議員も存在した。朝日新聞政治部『竹下派支配』（朝日新聞社、一九九二年）。
＊16　中選挙区の変更は、八八年に安倍晋太郎幹事長に提出した彼らの案に既に盛り込まれていた。大嶽秀夫「政治改革をめざした二つの政治勢力」（同編『政界再編の研究』有斐閣、一九九七年）四～六頁。佐々木毅編著『政治改革一八〇〇日の真実』（講談社、一九九九年）二四四～二四五頁。
＊17　後藤田については、後藤田正晴『情と理』上下（講談社＋α文庫、二〇〇六年）。伊東については、国正武重『伊東正義――総理のイスを蹴飛ばした男』（岩波書店、二〇一四年）。
＊18　前掲『平成政権史』三四頁以下、前掲『永田町政治の興亡』一四七頁以下。
＊19　特に田崎史郎『竹下派死闘の七十日』（文春文庫、二〇〇〇年）。
＊20　社会党については、原彬久（よしひさ）『戦後史のなかの日本社会党』（中公新書、二〇〇〇年）。
＊21　前田和夫「高木郁朗の章」『民主党政権への伏流』（ポット出版、二〇一〇年）参照。
＊22　上住充弘『日本社会党興亡史』（自由社、一九九二年）二九一頁以下。
＊23　『社会党の崩壊――内側から見た社会党・社民党の一五年［対談］松下信之・江口昌樹』（みなと工芸舎、二〇〇六年）二九頁。
＊24　同前。
＊25　同前、三二一～三二三頁。
＊26　前田和男「松原脩雄の章」（前掲『民主党政権への伏流』所収）参照。
＊27　以下、山岸章の複数の回顧録を簡潔にまとめた谷口将紀「連合」（前掲『政治改革一八〇〇日の真実』所収）参照。
＊28　同前、三九〇頁。
＊29　同前、三九六頁。
＊30　中井歩（あゆむ）「『外からきた』改革派――日本新党と細川護熙」（前掲『政界再編の研究』所収）参照。

＊31　岩井奉信（ともあき）「第三章　細川内閣」（前掲『政治改革一八〇〇日の真実』所収）、前田和夫「金成洋治の章」（前掲『民主党政権への伏流』所収）参照。
＊32　しかも、改革派には二世議員が多く、派閥に頼らずに選挙を戦えたものが少なくなかった。それ故に改革に取り組めたともいえる。前掲「政治改革をめざした二つの政治勢力」参照。
＊33　添谷芳秀「吉田路線と吉田ドクトリン」（『国際政治』一五一号、二〇〇八年三月）。
＊34　五百旗頭真ほか『九〇年代の証言　小沢一郎』（朝日新聞社、二〇〇六年）三〇頁。
＊35　前掲「政治改革をめざした二つの政治勢力」。
＊36　共同通信社情報企画局篇『村山連立政権激動の五六一日』（共同通信社、一九九六年）一二六頁。
＊37　同前、七五～七六頁。
＊38　御厨貴・牧原出編『聞き書野中広務回顧録』（岩波書店、二〇一二年）二六五～二六七頁。また、連立政権の概観については、中北浩爾『自公政権とは何か――「連立」にみる強さの正体』（ちくま新書、二〇一九年）。
＊39　山崎拓『ＹＫＫ秘録』（講談社、二〇一六年）三〇頁。
＊40　同前、二一五頁、二一九頁。
＊41　それ故、五五年体制の終焉を一九九三年八月と位置づけるのではなく、結党後五三年一〇か月の長きにわたって衆議院第一党であり続けた自民党が選挙で敗北した二〇〇九年八月とするのも一つの考えであろう。この点については、武田知己「第四章『五五年体制』の終焉と危機」（季武嘉也・武田知己編『日本政党史』吉川弘文館、二〇一一年）を参照。
＊42　前掲『平成政権史』終章。
＊43　清水真人『官邸主導――小泉純一郎の革命』（日本経済新聞社、二〇〇五年）。
＊44　民主党政権の失敗については、薬師寺克行『証言　民主党政権』（講談社、二〇一二年）、日本再建イニシアティブ編『民主党政権――失敗の検証』（中公新書、二〇一三年）、前田幸男・堤英敬編著『統治の条件』（千倉書房、二〇一五年）参照。
＊45　経済財政諮問会議と小泉に関しては、竹中平蔵『構造改革の真実――竹中平蔵大臣日誌』（日本経済新聞社、二〇〇六年）。前掲『官邸主導――小泉純一郎の革命』。

＊46 （注45）参照。

＊47 政治改革以降の自民党に関する優れた研究に、（注1）に掲げた中北氏の一連の研究、濱本真輔『現代日本の政党政治――選挙制度改革は何をもたらしたか』（有斐閣、二〇一八年）、Ellis S. Krauss, Robert J. Pekkanen, *The Rise and Fall of Japan's LDP: Political Party Organizations as Historical Institutions*, Cornell University Press, 2011.

＊48 御厨貴「ポスト平成とは何か」（同『時代の変わり目に立つ』吉田書店、二〇二〇年）六〇頁。

＊49 ジェニファー・ウェルシュ『歴史の逆襲――二一世紀の覇権、経済格差、大量移民、地政学の構図』（秋山勝訳、朝日新聞出版、二〇一七年）。

＊50 佐々木毅「現代民主制の変容を読み解くために」（同編著『民主政とポピュリズム』筑摩選書、二〇一八年）一九三頁。

＊51 「天声人語」（『朝日新聞』二〇一九年一一月一九日）、国末憲人「民主主義　本当に限界か」（『朝日新聞』二〇一九年一二月二二日）。

参考文献

東田親司『現代行政と行政改革〔新版〕』（芦書房、二〇〇四年）

田中一昭編著『行政改革〔新版〕』（ぎょうせい、二〇〇六年）

季武嘉也・武田知己編『日本政党史』（吉川弘文館、二〇一一年）

佐道明広『現代政治史5　改革政治の混迷　一九八九～』（吉川弘文館、二〇一二年）

待鳥聡史『政治改革再考――変貌を遂げた国家の軌跡』（新潮選書、二〇二〇年）

●や 行

●ら 行

●わ 行

●ま　行

●た　行

●さ　行

索引

●配列は五十音順、＊は人名を示す。

●あ 行

●か 行

分担執筆者紹介

（執筆の章順）

五百旗頭　薫（いおきべ・かおる）

◎執筆章→2・5

一九七四年　兵庫県に生まれる
一九九六年　東京大学卒業
二〇一一年　博士（法学）（東京大学）取得
　東京大学法学部助手、同講師、東京都立大学助教授（首都大学東京准教授兼担）、東京大学社会科学研究所准教授を経て
現　在　東京大学大学院法学政治学研究科教授
専　攻　日本政治外交史
主な編著書　『大隈重信と政党政治』（東京大学出版会）
『条約改正史』（有斐閣）
『〈嘘〉の政治史』（中公選書）
『日本政治史の新地平』（共編著　吉田書店）
『戦後日本の歴史認識』（共編著　東京大学出版会）

松本　洋幸（まつもと・ひろゆき）

◎執筆章→4・9・12・14

一九七一年　福岡県に生まれる
一九九二年　九州大学文学部国史学科卒業
一九九九年　九州大学大学院比較社会文化研究科博士課程単位取得満期退学
二〇一八年　博士（歴史学）取得
　横浜開港資料館調査研究員、横浜市史資料室調査研究員を経て
現　在　大正大学文学部准教授
専　攻　日本近現代史
主な著書　『近代水道の政治史』（吉田書店）

手塚　雄太（てづか・ゆうた）

◎執筆章→7・8・13

一九八四年　千葉県に生まれる
二〇〇六年　國學院大學文学部史学科卒業
二〇一二年　鎌ケ谷市郷土資料館学芸員
二〇一六年　國學院大學大学院文学研究科史学専攻博士課程後期修了、博士（歴史学）取得
現　在　國學院大學文学部史学科准教授
専　攻　日本近現代史・日本政治史
主な著書　『近現代日本における政党支持基盤の形成と変容――「憲政常道」から「五十五年体制」へ』（ミネルヴァ書房）

武田　知己（たけだ・ともき）

◎執筆章→11・15

一九七〇年　福島県に生まれる
一九九三年　上智大学文学部卒業
一九九八年　東京都立大学大学院社会科学研究科博士課程退学
二〇〇〇年　博士（政治学）取得
現　在　大東文化大学法学部教授
専　攻　日本政治外交史
主な編著書　『重光葵と戦後政治』（吉川弘文館）
『日本政党史』（共編著　吉川弘文館）

編著者紹介

季武　嘉也（すえたけ・よしや）◎執筆章→1・3・6・10

一九五四年　東京都に生まれる
一九七九年　東京大学文学部卒業
一九八五年　東京大学大学院博士課程満期退学
二〇〇〇年　博士（文学）取得
現　在　創価大学文学部教授
専　攻　日本近現代政治史
主な編著書　『大正期の政治構造』（吉川弘文館）
『選挙違反の歴史』（吉川弘文館）
『原敬』（山川出版社）
『日本政党史』（共編著　吉川弘文館）

放送大学教材　1740148-1-2111（ラジオ）

新訂　日本近現代史

発　行　　2021年3月20日　第1刷
編著者　　季武嘉也
発行所　　一般財団法人　放送大学教育振興会
〒105-0001　東京都港区虎ノ門1-14-1　郵政福祉琴平ビル
電話 03（3502）2750

市販用は放送大学教材と同じ内容です。定価はカバーに表示してあります。
落丁本・乱丁本はお取り替えいたします。

Printed in Japan　ISBN978-4-595-32255-6　C1321